管理研究方法与学位论文写作

秦德智　刘亚丽　编著

科学出版社
北京

内 容 简 介

本书作为管理类研究生深入开展科学研究和学位论文写作的基础性必修教材，分为管理研究方法和学位论文写作两大部分。其中，管理研究方法部分对目前管理研究中经常涉及的研究思路和方法，进行了较为全面、系统的介绍，主要内容有管理研究选题与设计、资料收集与整理、资料分析方法等；学位论文写作部分对学位论文的写作知识技巧等做了详细的介绍，主要内容有学位论文的写作程序、学位论文框架与写作规范、学位论文答辩与评价，以及 MBA 学位论文体裁与写作技巧等。

本书的适用对象为管理类学科研究生和研究者，也适用于 MBA 学员，对于其他类型的专业学位申请者也有一定的参考价值。

图书在版编目（CIP）数据

管理研究方法与学位论文写作 / 秦德智，刘亚丽编著. —北京：科学出版社，2019.6

ISBN 978-7-03-057203-5

Ⅰ. ①管… Ⅱ. ①秦… ②刘… Ⅲ. ①管理学–研究方法–学位论文–写作 Ⅳ. ①G642.477

中国版本图书馆 CIP 数据核字（2018）第 072005 号

责任编辑：方小丽 / 责任校对：王丹妮

责任印制：赵 博 / 封面设计：蓝正设计

科学出版社 出版

北京东黄城根北街 16 号

邮政编码：100717

http://www.sciencep.com

北京天宇星印刷厂印刷

科学出版社发行 各地新华书店经销

*

2019 年 6 月第 一 版 开本：787×1092 1/16

2025 年 2 月第七次印刷 印张：13 1/2

字数：320 000

定价：68.00 元

（如有印装质量问题，我社负责调换）

目　　录

第1章 绪　论

1.1 研究方法论基础

研究方法是为科学研究服务的，那么在了解研究方法之前，首先要了解科学研究的相关概念。

1.1.1 科学、研究及科学研究

要了解科学研究的内涵，首先要了解什么是科学，什么是研究，什么是科学研究。

1. 科学

据《说文解字》，科，会意字："从禾从斗，斗者量也。"故"科学"一词乃取"测量之学问"之义为名。

从唐朝到近代以前，"科学"作为"科举之学"的略语，"科学"一词虽在汉语典籍中偶有出现，但大多指"科举之学"。最早使用"科学"一词之人似可溯及唐末的罗衮。

"科学"一词由近代日本学术界初用于对译英文中的"science"及其他欧洲语言中的相应词汇，欧洲语言中该词来源于拉丁文"scientia"，意为"知识""学问"，在近代则侧重关于自然的学问。

甲午海战以后，中国掀起了学习近代西方科技的高潮，清末主要通过走在近代化之路前面的日本学习近代科学技术。许多人认为，中国最早使用"科学"一词的学者大概是康有为。他出版的《日本书目志》中就列举了《科学入门》《科学之原理》等书目。

中国教科书上一般将科学分为自然科学（或称为理科）和社会科学（或称为文科）。而诸如心理学、哲学（有别于科学）在中国与自然科学、社会科学等概念被认为存在划分不清、界限模糊的情况，因而"科学"一词常被模糊地使用。

1）科学的定义

1888 年，达尔文给"科学"下过这样一个定义："科学就是整理事实，从中发现规律，做出结论。"达尔文的定义指出了科学的内涵，即事实与规律。科学要发现人所

未知的事实，并以此为依据，实事求是，而不是脱离现实的纯思维的空想。至于规律，则是指客观事物之间内在本质的必然联系。因此，科学是建立在实践基础上，经过实践检验和严密逻辑论证的，关于客观世界各种事物的本质及运动规律的知识体系。

目前人们对科学的认识并没有统一，贝尔纳就主张不要对科学下任何定义，他在1939年出版的《科学的社会功能》一书中就提出了科学具有整体性的指导思想。

如果一定要为科学下定义的话，我们可以参照以下不同角度的定义来综合理解科学的深刻内涵。关于科学的定义，可以分为静态的和动态的定义。

（1）科学的静态定义。

科学是指在某一个时间点上来对事物进行认识，指的是"现有的定律、知识、假设与原理，是存量的概念"，多指现在已经发展出来的有系统的知识，如心理学、物理学等。

（2）科学的动态定义。

科学是在一个时间段对事物进行认识，把事物当成一种活动或过程来加以认识，也就是说，科学不仅是知识体系，本质上还是一种探索活动。

科学的动态定义不仅指知识规律的本身，科学本身还代表着"方法"或方向，代表取得知识的原则、方法和途径，代表科学家的作为。

（3）现代科学观对科学的定义。

现代科学观认为，世界由物质、能量和信息三大基本要素构成，科学就是研究这三大要素的本质特征及其各层次的运动规律（机械、物理、化学、生物和社会运动），所要认识的对象是一个统一的整体。所以，现代科学就是以物质、能量和信息为中心，以科学和人文相结合为标志，将逻辑实证主义和技术功利主义与思想性、创造性、文化性和精神性结合为整体性的系统科学。

综上所述，科学既有静态的含义，又有动态的概念，还有现代科学观的定义。也就是说，科学既包括结果（知识体系），又包括过程（探索活动），还包括工具（方法论），更包括方向（价值）。正所谓观点科学、方法科学、过程科学、结果科学、现代科学、系统科学。

2）科学的类型

科学可以区分为自然科学和人文社会科学，这两种不同类型的科学在研究对象、性质、内容和研究方法上有着显著的区别。

（1）自然科学以物质世界及自然现象（如光、植物生长或化学反应）为研究对象，是人们对自然现象、规律采取必要的技术、手段进行的探索和解释，自然科学是最早具有科学性的科学，自然科学方法已经渗透到了人类生活、生产、社会活动的各个方面，自然科学研究和技术对现代社会、经济的发展有不可估量的重要性。

（2）人文社会科学在一定程度上可以说是"新科学"，它将世界划分为自然世界、人类世界和心灵世界，以人类社会和具有自我意识的人或组织为研究对象，主要研究人类生活及人文社会活动方面的各个问题。

3）科学的特征

关于科学的核心特征或者说科学精神，随着人类的进步，有不同的观点，目前一般认为科学具有如下特征。

（1）理性客观。

从事科学研究一般不以“神”“鬼”“科学上帝”为前提（一些科学家仍会信仰宗教，但是“科学”本身是理性思维的结果），一切以客观事实的观察为基础，通常科学家会设计实验并控制各种变因来保证实验的准确性及解释理论的能力。

（2）可证伪。

这是来自卡尔·波普尔的观点，人类其实无法知道一门学问里的理论是否一定正确，但若这门学问有部分有错误时，人们可以严谨明确地证明这部分的错误的确是错的，那这门学问就算是合乎科学的学问。

（3）存在一个适用范围。

也就是说任何理论都有适用的范围，任何理论的预测结果都只在一定的精度范围内是正确的。例如，牛顿万有引力定律在一定精度下是正确的，广义相对论和量子理论在极小极端引力情况下失效，即在这种情况下适用精度无限扩大，无法得出有意义结论。不过不少科学家仍然努力寻找与探索是否有某种理论可以囊括所有自然现象，即使哥德尔定理否定了公理系统实现这一目标的可能性。

（4）普遍必然性。

科学理论必然源于实践，也必须归回实践，它必须能够解释其适用范围内已知的所有事实。

2. 研究

“研究”这个词语是我们在工作中很熟悉的一个词语，但是对研究的界定却不一而论。可以说，在我们的观念中，进行文献的整理是研究，进行实证分析是研究，进行经验分析也是研究。那么，我们到底应该怎么来全面认识和理解“研究”的内涵呢?

1）定义

许多学者对研究进行了论述。已经提出的定义虽然相互并不冲突，但存在极大差异。

《韦伯斯特大学词典》（*Webster's Collegiate Dictionary*，1977年版）将研究定义为：认真地探索或调查，特别是针对事实的发现和解释所进行的调查或实验，根据新的事实对已接受的理论或法则进行修正，或将这些新的、已修正的理论或法则运用于实践。

安德鲁和希尔德布兰德将研究定义为“人类增长知识的有规则的程序”。

格布雷梅德欣和特威坦恩将研究定义为“运用科学的方法研究现象之间假定关系的假设命题”。

利迪认为研究是“我们试图解决问题的方式，目的是开拓人类未知的新领域，或对其他人可能已解决的问题的有效性进行证实”。

如果我们要给“研究”下一个相对准确、全面而简练的定义，可以这么说：研究是获取和证实新的可靠知识的系统探讨。

研究并非汇集数据和以某种形式表示出数据（有效性、条理性、论证性）；研究不是概括总结已有的成果，而是寻找对所研究问题的解释，确定因果关系（causal relationship）的过程，其目的是揭示事物的本质和规律；研究过程生成新知识并检验其有效性；研究活动的成果可以用作决策依据。

研究是一个探索新知识的过程，需要有条理地组织执行，以便能够对所获得知识的可靠性进行严谨的检验。

2）特征

这样一个简练的定义展示出“研究”具有如下特征：①研究并不限于诸如实验室做实验、实地调查或文献查找等某种活动类型；②研究是系统的、有规则的，作为一种探讨，研究遵循一定的顺序或一系列步骤；③研究的目的是获取新的知识，且这个知识必须是可靠的，即研究同时强调知识的新发现和可靠性。

3）实质

从“研究”的定义及其定义反映出的特征中可以看出，研究实质上包括发现和证实两个过程。

（1）发现过程是提出、判断和形成新的知识或信息的过程。它们之间具有内在的区别，但又相互交织，两者对研究和科学都非常重要。发现的本质是一个创造过程（任何学科的艺术方面），它要求进行探究、探索，以及寻求可选择的探索途径等。

（2）证实过程是辨别知识或信息的有效性或可靠性的过程。证实过程是确定知识的可靠性，它是一个更高的层次，其程序得到更广泛的认同，这一过程是一个学科的科学方面。一个学科没有发现则不能进行证实，但却可以没有证实而发现。

综上所述，研究不是偶然发现，不是数据搜集，不是在图书馆里查找已有的出版研究成果；而是寻求解释的一个过程，是认识世界、改造世界的过程。

4）分类

研究从不同角度可划分为不同类型，具体如下所述。

从研究的用途可分为理论研究、应用研究；从研究的目标分可分为描述性研究、解释性研究、相关性研究、探索性研究；从资料分析方法可分为定量研究与定性研究，如图 1-1 所示。

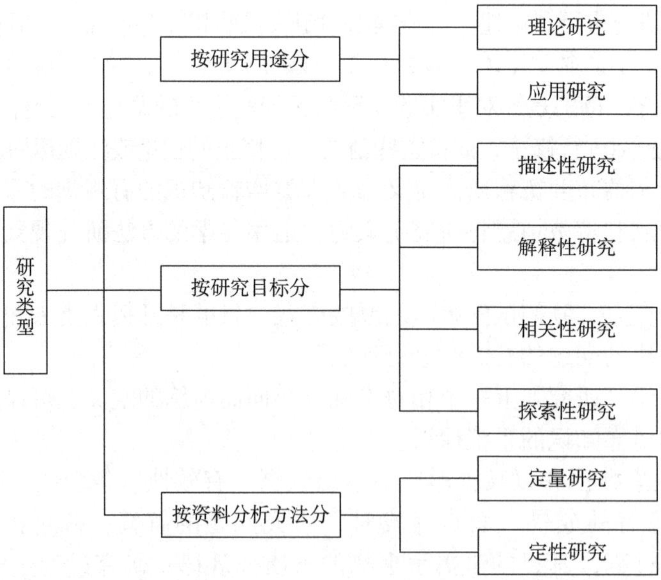

图 1-1　研究类型分类

3. 科学研究

科学研究是现代社会一项不可或缺的伟大事业，也是现代文明社会一项有组织的社会活动和社会建制。科学展现着人类文明的发展程度，促进着社会进步，提升着人们的智慧水平和生存质量。

1）定义

美国自然资源保护委员会对“科学研究”给予这样的界定：“科学研究的工作是对科学领域的探索和应用，包括对已经产生的知识的整理、统计、图表及其数据的搜索、编辑和分析研究工作。”

Lundberg 在 1942 年这样定义科学研究：科学研究包括系统性的观察、分类及数据的解释，推论与科学研究之间的主要差异在于严谨性、可证明性、普遍的效度①。

科学研究，也称科学探究（scientific inquiry），就是发现和创造知识的有组织、系统的探究活动。科学研究必须是系统的，并遵守一系列严格而标准的操作规程或流程。科学研究必须有计划、有组织，经过查阅前人的文献提出需要解决的问题，明确研究目标。

Kerlinger 在 1986 年这样定义科学研究：科学研究是对研究对象之间关系的命题所进行的，有系统的有控制的实证研究（Scientific research is systematic，controlled，empirical，and critical investigation of natural phenomena guided by theory and hypotheses about the presumed relations among such phenomena.）②。

2）科学研究的类型

现代科学研究包括基础研究、应用研究与开发（或发展）研究。

（1）基础研究主要是指对未知领域进行探索，以揭示和掌握自然界及社会经济生活中各种事物现象的本质和规律。简言之，基础研究就是先探讨某些特定问题如何被解决，以增加知识，然后再利用这些知识来帮助实践工作者解决（未来的）各种问题。例如，20 世纪初爱因斯坦等所做的“基础研究”推动了 20 世纪乃至当今科学技术的突飞猛进。

（2）应用研究与开发（或发展）研究主要是指如何将理论研究的成果应用到管理实践和生产生活之中，以解决管理实践中不断出现的具体问题和具体矛盾。简言之，应用研究就是实时解决目前实践工作中所面临的各种问题。例如，当前产品销售业绩不佳，管理者就会思考“什么原因导致业绩下降”这个问题，了解问题背后的各种原因自然有助于提出改进销售业绩的方案。

可以说，基础研究和应用研究与开发（或发展）研究是相辅相成、相互促进的关系。基础研究有助于增进社会的基本知识，是应用研究与开发（或发展）研究者所使用的大部分理论、思想与分析工具的来源。而应用研究与开发（或发展）研究中存在的问题又反过来促进基础研究的发展。在很多的学科领域，这两种类型其实是相互关联、相互渗透，难以严格区分的。

---

① Lundberg G A. Social research：a study in methods of gathering data. American Journal of Sociology，1942，12（6）：315-318.

② Kerlinger F N. Foundation of Behavioral Research. New York：Holt，Rinehart and Winston，1986.

3）科学研究的特征

（1）目的性。

即进行研究时必须有一个明确的目标或目的，这也是检验论文质量的一个标准。

（2）严格性。

即认真、谨慎、精确，以良好的理论基础和经过仔细思考的方法，在最小的偏差情况下，从适当的样本中得到正确的信息，并对所收集的资料进行适当分析。

（3）可验证性。

即某种假设可以通过统计检验的方法来验证。

（4）可重复性。

即假设不是偶然地被支持，是对研究对象总体真实状态的反映。

（5）精确性和可信度。

前者指根据样本得到的结果与真实情况相当接近；后者指我们有信心相信多少概率是真实的，多少概率可能是错误的。

（6）客观性。

即研究成果是依据实际资料的推导，而不是个人主观的或情绪性的判断得出结果。

（7）共性。

即研究成果要有一定的使用范围。

（8）简练性。

即复杂问题的简单化。

4）科学研究的一般过程

科学研究的一般过程有以下六个阶段。

（1）第一阶段，确定研究课题。研究人员要在自己的专业范围之内，确定自己的主攻方向，课题具体化之后，对新研究的问题提出大胆的假设，然后拟订研究程序和制订研究计划。

（2）第二阶段，搜集资料。这里分两部分，一部分是文献资料的搜集，它是研究的继承，同时可以帮助研究人员确定研究课题和研究方向；另一部分是经验事实的搜集，研究人员通过观察、调查与试验等方法和手段取得这些第一手资料（primary data），成为研究的基础。

（3）第三阶段，加工整理。研究人员对大量的资料先经过信度和效度的检查，然后进行分析、比较、综合、归纳、演绎等方法，对研究的问题做出解释与说明，并建立新的论点。

（4）第四阶段，研究人员通过对资料与事实的加工、整理，就可以得到研究的成果——建立理论。

（5）第五阶段，由于研究的探索性很强，有的很可能只是部分达到预期的目标，有的甚至会得到否定的结果，因此，研究成果必须进行鉴定和评价。

（6）第六阶段，结论。看看结论与最初的研究目的是否一致，并提出建议，最后还要说明研究局限，不但说明研究中存在的问题，也替后继者留下研究空间，起到启后的作用。

研究的过程是非常复杂的，不一定就硬性地分为以上六个阶段，但绝大多数的研究过程都是如此。

5）科学研究与知识的关系

前文中提到，研究是获取新知识的过程。而科学研究是用科学方法获取新知识的过程。

“知识”，是指已经获得的对某事物及其规律的认识，是所提出的、获得共识的对有关问题的答案。现有知识是研究的基础，研究是新知识的来源。

关于知识，有一个创造、扩散和应用的不同阶段，科学研究恰恰是处在“发现”（客观性）和“创造”（主观性）“知识”的这个阶段。科学研究，是不断地摒除主观性而逼近客观性的过程。

6）科学研究与思辨研究

在各种类型的求知方法中，以客观、实证和规范为特征的科学研究是获取新知识的最精确方法，而“思辨研究”是可以与“科学研究”相提并论的一种新知识探索方法，它同样可以获取新知识，其重要性并不亚于科学研究。

（1）两种研究方法的进展。

如果将物质世界划分为客观的自然世界和主观的社会世界，长期以来，科学主要是把客观的自然现象作为研究领域，而在主观的社会世界中，人们的行为、人生意义等社会文化现象，则主要靠思辨即直观的研究方法。

不过，两种研究方法取得的进展，却相差甚远。科学研究对于人类物质文明建设已起到“日月换新天”的作用，而思辨研究在精神文明建设中的成就却逊色得多。从学科角度来看，与科学研究相对应的自然科学成果辉煌、发展迅速，而与思辨研究相对应的人文学科相对来说却进展甚微。

美国麻省理工学院教授、系统动态学创始人富勒斯特（J. W. Forrest）曾说过：“如古希腊人重返地球，看到汽车、飞机、电话、计算机、核电站等将瞠目结舌，当惊世界殊。然而，古希腊人看到当今人们对人生哲理、社会管理思想的阐明却不会感到陌生，因为苏格拉底（Socrates）、柏拉图（Platon）和亚里士多德（Aristotle）的智慧和思想仍然在熠熠生辉。

（2）两种研究方法间的关系。

人类的思维方式基本上可以概括为逻辑思维和形象思维两类：逻辑思维处理抽象的概念信息；形象思维处理具体的形象信息。科学研究以逻辑思维为主，而思辨研究则以形象思维为主。不同学科要求选择相适应的思维方式，自然科学显然需要科学研究，人文学科则需要思辨研究。

科学方法与思辨方法的关系是典型的矛盾关系。实践证明，科学方法是一套有效果、有效率的研究方法，是理性思维的结果，其本质是一种受约束的集中思维方式，而思辨方法是一种自由的发散思维方式，更能够激发和服从人的内在、本能、本心的感觉，它把审美活动置于一个总体哲学框架之中。

总之，科学研究和思辨研究各有所长，各有局限，相辅相成，但不能相互替代。

（3）科学研究中思辨的重要性。

在自然科学领域，科学家也离不开思辨方法，爱因斯坦曾在谈及思维过程时说道："无论是在写作的时候，还是在论述的时候，所使用的单词或语言对于我正在进行的思维活动几乎不起丝毫作用，作为思维元素的心理实体只是某些符号以及时而清楚、时而模糊的意象，它们可以'自愿地再生和复合'，对于我来说，上面所说的思维元素是形象的，并在这种思维过程中，往往还伴随着一些无意识动作。只有当这种思维的前因后果已为我完全确定并能再现的时候，我才去努力寻找表达思想的语言或符号。"

爱因斯坦把上述以形象为思维元素并伴随无意识动作的思维过程归为第一阶段思维，然后才是第二阶段的逻辑思维，将前一阶段含糊的思维过程，"用语言或其他符号清楚地、合乎逻辑地表达出来"。爱因斯坦所指的第一阶段思维可以理解为直感思维。

还有些科学家描述了类似的模糊思维过程。法国数学家庞加莱（Henry Poincare）说："一天晚上，不同于往常的习惯，我喝了浓咖啡，因而辗转反复，难以入眠，众多思绪蜂拥而至，我感到它们在不断地冲突和碰撞……直至最后，它们一一相连，形成了一个稳定的组合体。"

高斯（Carl Friedrich Gauss）曾描述他的一次奇妙经历："有一个花费了好几年没有证明出来的算术定理，但在两天前，我突然证出来了，这简直不是我自己努力的结果，而是由于上帝的恩赐。如同一个闪电那样突然出现在我脑海中，而且问题就这样解决了，我自己也说不清现在这种思路与以前我所认为颇有成功希望的想法之间究竟存在什么联系。"

不过，需要注意的是，管理学科由于其自身的特点，管理领域的新发现又不是科学方法能完全"包办"的。正如爱因斯坦所说，在自然科学领域中，问题的发现、构思都离不开主观思辨，而涉及人的行为和活动的管理学科更是如此。例如，研究企业家成功之道或企业成功的发展战略，就有赖于对研究对象具体个性和特殊性的体察以及研究者本人的洞察力和直观判断，研究结果可以让读者从中得到启迪，但无法像做实验那样由其他人重新再实现一次。

1.1.2 科学研究方法论

方法是人们认识世界、改造世界不可离开的东西。人类的生活、实践与认识，都需要有一定的方法才能进行。方法有正误、优劣之分，正确的方法使人获得成功，错误的方法使人误入歧途；高明的方法可以收到事半功倍的效果，拙劣的方法则要付出事倍功半的代价。那么我们首先来看什么是方法。

1. 方法

在英文中，"方法"对应的单词是"method"。方法是由希腊文的"meta"（"沿着"的意思）和"hodos"（"道路"的意思）合成的，其意思即为"探索事物的是一种途径”。

在科学认识的过程中，人们不断变革和完善其手段和方法，借助科学方法获取科学知识，促进了科学认识过程的规范化和最优化，架设了科学认识成果通向应用的桥梁。

2. 方法论

“方法论”这一术语是由培根首创的，自从这一术语问世以来，众多科学家、哲学家都加入了方法论的讨论，并且提出了许多著名论断，日益丰富了方法论的内涵，逐渐形成了对方法论的多角度的理解。

方法论通常被看作各种方法的综合及关于方法的基本理论，它以方法为研究对象来对方法进行系统的研究，是关于规律性知识的体系。方法论是人们认识客观世界的根本方法，它对于科学的发展有着重要意义，方法的先进与否决定着学科本身可能的发展前景是否优良，每一种先进的方法都为科学的发展提供了强大的动力。

方法论是关于科学的一般研究方法的理论。方法论的学习主要包括探索方法的一般结构，阐述它们的发展趋势和方向，以及科学研究中各种方法的相互关系问题。我们常见的科学方法论主要包括自然科学方法论和社会科学方法论。

研究方法论是指用科学思维来探索提高研究工作效率的方法，或研究工作过程的科学化。研究逻辑和研究规范（即研究思维）是其核心内容。

3. 科学研究方法论

科学研究方法论，是关于科学的一般研究方法的理论，探索方法的一般结构，阐述它们的发展趋势和方法，以及探究科学研究中各种方法的相互关系问题。

为了方便科学研究，可以按照一定的标准对科学研究方法论进行分类，按照不同的标准可以分为不同的类型。

（1）根据科学研究方法研究对象的不同，科学研究方法论可以分为自然科学方法论、社会科学方法论和思维科学方法论。

（2）根据科学研究方法的逻辑性，科学研究方法论可以分为逻辑方法论和非逻辑方法论。

（3）根据科学研究方法论的结构，科学研究方法论可以分为简单的方法论和复合的方法论。

（4）根据普遍性程度的不同，科学研究方法论可以由低到高大体分为三个层次类别：①具体研究方法，如投入产出表、统计抽样、计量经济学等，它们属于各门科学本身的研究对象；②一般性研究方法，数学、逻辑学，适用于自然科学和社会科学；③哲学方法，认识论、辩证法，适用于所有学科。

科学研究方法论在管理的研究中十分重要，在我们日常的管理活动中除了使用思辨的研究方法以外，还应使用科学的研究方法使我们的研究更加系统、严谨，更有说服力。

1.1.3　管理研究

工业界和学术界对管理的共识之一就是管理学具有显著的科学特征。管理研究广泛存在于各类组织的各类管理决策之中，需要从该事件中收集、归纳、检测数据，提出假设，验证假设，从中抽象并总结出一系列反映管理过程中客观规律的管理理论和一般方法。

管理研究，从其字面意思上来看，就是对管理的研究。那么要理解管理研究，首先就要分别理解“管理”“研究”两个词语的内涵。在 1.1.1 小节内容中，我们谈过了什么是“研究”，现在我们就来谈谈何为“管理”。

1. 管理的内涵

众多管理大师从多个角度给出了管理的内涵。

科学管理理论创始人泰勒认为，管理是一门怎样建立目标，然后用最好的方法经过他人的努力来达到目标的艺术。法约尔认为管理就是计划、组织、指挥、协调和控制。韦伯认为管理就是协调活动。孔茨认为管理就是设计和保持一种良好环境，使人在群体里高效率地完成既定目标。德鲁克（Peter F. Drucker）认为，管理是一种客观职能，它取决于任务，也取决于文化条件，从属于一定的价值观念和生活习惯。西蒙认为管理就是决策，决策贯穿于管理的全过程。

这些定义从不同侧面、不同角度揭示了管理某一方面的属性，但共同强调了管理的目的就是有效地实现组织目标。

2. 管理学科的确立①

德鲁克早在 1946 年就写有《公司的概念》一书，该书为管理学科的建设奠定了理论基础，使管理领域逐渐摆脱混沌状态，显现出理论上的统一性和完整性。

在德鲁克看来，管理已经成为现代社会的主流意识而伴随我们左右，现代社会的前途系于管理，系于组织机构在管理上的有效性，即依靠管理的功能，维系组织机体的存在，维系社会的正常运行。也只有管理及管理学科的理论和方法，才有可能处理复杂的组织过程，确保现代组织机构和现代社会的正常运行。德鲁克的意图是要提高管理学科的地位，使之成为一门经世济民的学科，一门指导社会实践的学科。应该说他所奠基的管理学科及其管理知识范畴，更接近企业及其管理世界的真相，更合乎现代组织的发展趋势，更具有指导社会实践的意义。

德鲁克很清楚，管理作为一门学科还很年轻，只能算作一门新兴学科，还有许多未知的领域正等着人们去探索。然而，理论界似乎对此存有疑虑，按照理论界的科学标准，管理还算不上是一门真正意义上的学科，许多知识并未得到科学的检验，充其量只

---

① 该部分内容选自机械工业出版社出版发行的德鲁克《管理》中文版所作的“推荐序”。

能算是实践经验的总结和提炼。也许出于这个原因，人们习惯上把德鲁克归入“经验管理学派”。

管理世界并不是一个独立于人们心灵之外的物理世界，管理世界真实而客观的图像，是由人们共同的自由意志创造的。管理作为一门学科，并不完全合乎科学理性。管理作为一门学科，本质上是一套用于指导管理者实践的公理体系，包含着道德理性和制度理性的成分。管理学科的真理性，以及管理实践的有效性，在很大程度上取决于管理阶层的品格、才干和使命感，以及组织成员在道德信仰和行为规范上的一致性程度。

3. 管理研究的内涵

科学管理运动已经开展了一个多世纪，“管理科学”一词的问世也有数十年，尽管我们每天可能都会用到管理科学的术语，但要想真正讲清楚什么是管理科学，还有一定的难度。综合多数人的意见，我们对管理科学做出如下解释：管理科学是一门知识非常广泛的学科，它主张综合运用各门学科的科学方法，尤其是数学方法和计算机工具，对与定量因素有关的管理问题，提供决策制定的辅助性帮助。

从管理学科的确立和学者的观点可以看出，管理具有科学性。那么，承认管理的科学属性就意味着管理研究是科学研究的一种。

管理研究必然服务于管理，站在这个出发点，美国学者柯林格给出了管理研究的定义：管理研究是以系统、有控制、实验、严谨的方法来探讨管理决策需要认识的现象和需要解决的问题[①]。我们可以说，管理研究就是一个遵循一定顺序或一系列步骤，以系统方法寻找问题答案的过程，目的在于寻找解决管理问题的依据。

4. 管理研究的性质

管理研究是服务于管理本身的研究，尽管管理研究属于人文社会科学研究的一个分支，但同时它又是一个交叉的研究领域。所以，管理研究有着区别于自然科学研究和人文社会科学研究的一些特性。

1）管理研究的实践性

管理作为一门独立的学科，从诞生之初，就以管理实践活动的直接效用性为特征，以组织为对象，强调系统性，探察组织内部发生的各种现象的动因、结构、机制，并以提升绩效或达到组织目标为根本方向。

2）管理研究的多重目的性

一般而言，管理研究可以达到以下目的：①控制——能发现达到预期目标的方法和步骤；②预测——若这样做，会怎样；③指导——应该这样做；④建议——可以这样做；⑤启发——有人这样做，并取得了成功；⑥描述——有人这样做；⑦验证——这个道理成立的程度。

---

① Kerlinger. Foundation of Behavioral Research. New York：Holt，Rinehart and Winston，1986.

3）管理研究的复杂性

在管理研究中，对提出的理论或模型要准确地界定其前提和使用范围，如果其前提或范围不同，研究结论也会相差甚远。管理研究虽然可以借用自然科学和工程技术学科的研究思路和方法，其研究对象中人类行为的复杂性，使研究得到的管理理论并不会像自然科学和工程技术学科的理论那样确定和易于证明①。

4）管理研究的文化特性

在很多研究中我们都会发现，由于中西文化的差异，在西方国家适用的理论不一定适用于国内的管理实践活动；由于管理活动具有个体差异，所以在A公司适用的管理方法不一定适用于B公司。这就是我们在管理研究的过程中需要注意的文化特性的差异。

1.1.4 管理研究方法论

管理研究方法（research methodology of management）是指对管理活动的研究所采取的某种方式或手段。管理研究方法论指的是阐述管理学科研究工作的基本原则、途径和过程，在总结前人经验的基础上，提出有效的研究工作规范，包括问题阐述、文献综述、假设提出、数据收集、统计分析、信度和效度判断及研究报告或论文撰写等各个环节的规范。研究过程规范化、结构化和清晰化，提高研究效率是管理研究方法论的目标。

在管理研究活动［包括工商管理硕士（master of business administration，MBA）学位论文写作］中，应该选择什么样的研究方法呢？其主要考虑因素在于：首先看研究者如何看待管理活动；其次是研究者的习惯思维方式。如果研究者倾向于管理活动与其他社会活动分割开来，那么就会倾向于演绎主义方法；如果研究者倾向于根据数据系列来思考管理活动，就会倾向于实证主义分析方法，并依据事实来检验理论；如果研究者把管理活动看成普遍规律的外在表现形式，就会采用解释那些规律的方法；如果研究者把管理活动看成由部分和片段所组成的，并不是变化的，那么就会采用重视特定内容而非寻求普遍法则的方法。

关于管理研究的研究，是关于管理研究是什么、管理研究为什么、如何做管理研究、如何评价管理研究等的知识体系。其具体包括如何写绪论、如何写文献综述、如何进行理论架构、如何进行变量（variable）测量和数据收集、如何进行数据整理与分析、如何得出研究结论及创新性（originality）、如何写作学位论文等。

1.2 科学研究的学术伦理制度

伦理是指一定社会的基本人际关系规范及其相应的道德原则，讲的是人们的道德、

① 席酉民. 管理与管理研究. 中国科学基金，1996，（4）：297-303.

信仰和价值标准的东西。学术研究作为人类追求真理、创造知识的重要科学活动，更要讲究道德和伦理，它是从事学术研究工作的人应共同遵循的道德原则和价值体系。在此，我们将研究伦理视同人们常说的学术道德。

伦理有个人伦理、组织伦理和职业伦理之分，研究伦理是研究者的职业伦理或职业道德。

当今的中国学术界涌现出了一大批思想活跃、视野开阔、不乏建树甚至蜚声国际的研究学者，学术研究领域可谓硕果累累。但是，在数量繁荣的美好景象中，也出现了一些违反学术研究伦理和规范的事情，诸如抄袭、剽窃、造假等现象。

1.2.1 科学研究的基本伦理原则

研究伦理规定的是道德、价值观等学术研究者应该具备的内在修为，尽管在伦理准则中往往以什么该做，什么不该做这种外在形式表现出来，但最为核心的还是其基本学术原则，而研究伦理准则的各项规定也是建立在这些基本原则之上的。这些基本原则如下所述。

1. 诚实客观原则

研究者是真理的代言人，在提出命题、开展研究、分析解释数据和报告结果等研究的各个阶段，诚实客观都是不允许有任何质疑的最基本的伦理原则。诚实客观在学术研究中又可以体现在不同的方面，包括在获取数据时要忠实于数据的原貌；在解释数据分析结果时不夸大成果的学术、经济和社会价值；不能编造成果，无中生有；不能以任何理由伪造学术证明；等等。

2. 合作共享原则

促进整个学术界的共同繁荣和知识创新应该是不分国家、不分地区的所有研究者义不容辞的责任，这就要求研究者用合作的态度和开放的心态对待自己和他人的研究，也就是要坚持合作共享原则。坚持合作共享原则包括两个方面的含义：一方面，要乐于公开和分享自己的学术资源，在他人尤其是学术新人的学术活动中，能够起到启发和推进的作用；另一方面，要以开放和包容的心态接纳不同的学术观点和来自学术同仁对自己研究的评价、指正甚至批评。

3. 知识产权原则

在倡导研究伦理的合作共享原则的同时，也不得不强调研究者在共享自己的资源时也要注意保护自身的利益，保护自己的知识产权。保护知识产权和开放合作看起来矛盾，但在研究实践中两者却是相互促进的。

4. 平等原则

学术的繁荣离不开学术平等。学术平等，是指从事学术研究的人员，无论其年龄、性别、地域和地位等如何，在学术面前都应该受到平等的对待。无论是在学术争论、学术成果的评价还是荣誉的归属、责任的承担等问题上都没有高低贵贱之分，始终都应该贯彻平等的原则。

1.2.2　科学研究的反伦理行为

1. 剽窃和抄袭

剽窃和抄袭行为是违反学术研究伦理的重要问题之一，不过，当前的观点认为，严重的剽窃和抄袭行为还未涉及违反《中华人民共和国著作权法》。

无论学术界还是法律界对剽窃和抄袭的定义（把别人的思想和语言作为自己的发表就是剽窃和抄袭）都没有太大的歧义。但是，在现实的情况中，要划清合理引用和剽窃、抄袭的界限有一定的难度，主要是该如何把握一个“度”的问题。可以说，在适当的范围内引用他人的作品是合法的，一旦超过了“适当引用”的“度”就会构成侵权的剽窃、抄袭行为。

通俗地讲，剽窃是指论文研究结论中涉及和其他科研工作者研究结论中雷同的部分，无法提供明确的实验记录或调查论证作为支撑材料的，是属于小偷的行为；而抄袭则是指除结论之外，论文其他部分出现他人研究成果未注明出处的，“是借了东西忘打招呼”。

目前，学术界常见的集中剽窃和抄袭行为如下所述。

（1）做笔记时没有区分摘要（abstract）/转述和引文，写作时又要把笔记中的记录当成自己的话。

（2）直接从网络上复制文句，贴到自己的文章内，却没有加引号或注明出处。

（3）提出资料或数据而未注明出处。

（4）摘录和转述他人的文句却没有注明作者。

（5）使用他人的论点或意念而没有注明出处。

（6）购买或取得别人的研究报告，而把其中一部分或大部分或整篇当作自己的作品缴交。

例如，侵犯或损害他人著作权，故意省略参考他人出版物，抄袭他人作品，篡改他人作品的内容；未经授权，利用被自己审阅的手稿或资助申请中的信息，将他人未公开的作品或研究计划发表或偷漏给他人或为己所用等行为均属于剽窃或抄袭行为。

2. 欺诈

欺诈是指研究者明显极力地进行欺骗和错误地呈现研究的数据。欺诈行为虽然在学术研究领域发生的频率相对比较少，但是其危害程度比剽窃更为严重。如果在研究中有欺诈行为，伪造或者编造了研究数据而没有被发现，那么将使别人的研究建立在错误的数据、信息基础之上，从而给研究带来极大的浪费。

3. 一稿多投，重复发表

《中华人民共和国著作权法》第三十三条规定："著作权人向报社、期刊社投稿的，自稿件发出之日起十五日内未收到报社通知决定刊登的，或者自稿件发出之日起三十日内未收到期刊社通知决定刊登的，可以将同一作品向其他报社、期刊社投稿。双方另有约定的除外。"这条规定表明，作者将报社投稿 15 日以内或向期刊社投稿 30 日以内，只能选择一个出版机构，否则即构成一稿多投的事实。国际上的惯例是一篇论文绝不允许同时投向不同刊物，注意此处所界定的时点和状态是"投向"，而不是"发表"，也就是说，同时向两个期刊投稿已经属于一稿两投了。

一稿多投、重复发表有很多常见的形式。例如，有些研究者将主要内容相同的论文巧妙地改头换面，对题目稍做变化，或者将论文的结构进行调整，在不同的刊物发表；或者将一个完整的问题分成若干个小问题单独讨论，分别发表，从而实现发文数量的最大化；或者将同一篇文章以不同的语言（如中文和英文）分别发表在国内、国外期刊上。以上情形实质上就是一稿多投、重复发表的现象，都是违反学术伦理和道德规范的行为。

目前，国内很多高校和科研机构为营造良好的学术氛围，培养研究生诚实守信、团结合作、实事求是的科学精神，通常都依据教育部《关于加强学术道德建设的若干意见》（教人〔2002〕4 号）、《关于严肃处理高等学校学术不端行为的通知》（教社科〔2009〕3 号）、《国务院学位委员会关于在学位授予工作中加强学术道德和学术规范建设的意见》（学位〔2010〕9 号）、《学位论文作假行为处理办法》（教育部令第 34 号）等文件的要求，制定了适合本学校或本专业的学术道德管理规范或实施细则等文件。

1.2.3　管理研究中的伦理问题

在管理研究过程中，也会引出许多伦理道德问题。通常，管理研究过程中的伦理道德问题是由三个研究项目相关者的交往所产生的。这三个研究项目相关者是资助研究项目的组织、做研究项目的研究人员、研究项目所需信息的提供者。下面简要讨论一下与各方有关的问题。

1. 资助研究项目的组织

资助研究项目的组织，即研究成果使用单位，首先，不应该以研究的名义向公众误导或利用公众，不应该故意地传播与数据矛盾或不能得到数据支持的研究结果；其次，研究成果使用单位应该与研究人员保持公开坦诚的关系，应该给研究人员提供全部、准确的关于研究项目的目的、研究问题的性质、研究时间、成本及资源限制等方面的信息资料；最后，研究成果使用单位也不应该试图为了获取免费的咨询而从研究人员那里诱导一些建议或结论。

2. 做研究项目的研究人员

实际做研究项目的研究人员在从事管理研究过程中，应该自始至终遵守科学研究领域中共同接受的基本标准。首先，研究人员要遵守科学的研究程序，采用正确的研究方法，要客观，不抱个人偏见，要实事求是，不隐瞒事实真相，更不能弄虚作假；其次、研究人员应该对研究资料数据的保密性或可转载性进行思考，在未得到相应许可的情况下，不能把研究资料数据用作私人目的；最后，当做一项管理研究项目会损害第三方组织的利益时，研究人员就不应该再做此研究项目。

3. 研究项目所需信息的提供者

在管理研究中，研究项目所需信息的提供者就是充当原始信息源的被访人员，通常称作反应人员或反应者。因此，一方面，当访谈人员志愿同意参加一项管理研究时，他们就应该诚实、认真、合作；另一方面，反应人员有权知道研究项目的性质和目的，有权保留自己的隐私，也有权获取参与研究付出的时间或劳动而应得到的补偿。

1.2.4 学位论文写作的学术道德规范

学术道德规范是学术工作者从思想修养和职业道德方面提出的要求，它是学术规范的核心部分①。学位论文写作的学术道德规范具体包括以下三个方面。

1. 学位论文研究具备原创性

学位论文是研究生独立思考、在导师的指导下完成的成果，是一种创作活动，其研究应以知识创新和技术创新为直接动力和重要目标，自觉遵守学术研究的基本规范，研究或实验过程中要坚持严谨、严肃、严密的科学态度。整个学术界和研究生教育界都反对急功近利、贪图捷径，甚至不劳而获，在他人成果的基础上轻易署名，获取个人名利和地位的做法。

2. 学位论文评价应当客观公正

学位论文的学术评价应遵循客观、公正、准确的原则，如实反映成果水平。应在充分掌握国内外材料、数据的基础上，对研究课题和前人研究成果做出全面分析、评价和论证。不得刻意贬低别人，抬高自己，不可滥用“国际领先”“国内首

---

① 张积玉. 学术规范体系论略. 文史哲，2001，（1）：80-85.

创”“填补空白”等词语，坚决反对在学术评价中掺杂个人情感因素、个人关系甚至弄虚作假。

3. 学位论文写作坚持继承与创新的统一

学位论文的写作应当坚持继承与创新的有机统一。树立法制观念，保护知识产权，要充分尊重前人的劳动成果，在学位论文中应明确交代文章中哪些是借鉴、引用前人的说法，哪些是自己的发明创新。应按照国内外学术界通行的规矩，在学术论文中附加必要的注释，并列出足量的、与正文相对应的参考文献，以表明文章对前人理论、观点、材料和方法等的参考与借鉴。

1.3　学位论文写作概述

1.3.1　学位论文的含义

要了解学位论文的含义，首先要了解什么是论文。

论文常用来指进行各个学术领域的研究和描述学术研究成果的文章，简称为论文。论文的外延是文章，其内涵是讨论问题和研究问题，“讨论”和“研究”是论文的本质属性。它既是探讨问题、进行学术研究的一种手段，又是描述学术研究成果、进行学术交流的一种工具。

论文通常分为以下三类。

（1）期刊论文：刊登于学术刊物的学术论文，一般篇幅较短。

（2）会议论文：在学术会议上宣读或作为会议交流资料的学术会议论文。

（3）学位论文：为获取一定的学位资格而撰写的论文。

由论文的分类可以看出，学位论文是论文的一种，不过学位论文作为学生提交的用于获得学位的文献，有其创新性和规范性的要求。目前要遵循的就是现行有效的中华人民共和国国家标准《科学技术报告、学位论文和学术论文的编写格式》（GB/T 7713—87）和《学位论文编写规则》（GB/T 7713.1—2006）。在国家标准《科学技术报告、学位论文和学术论文的编写格式》中，关于学位论文的定义是：学位论文是表明作者从事科学研究取得创造性的结果或有了新的见解，并以此为内容撰写而成、作为提出申请授予相应的学位时评审用的学术论文。

学位论文是学生科研能力和培养质量的集中体现，是描述其研究成果、代表其研究水平的重要学术文献资料。学位论文是作者作为提出申请相应学位时评审和答辩用的学术论文，必须是作者本人独立完成的研究成果，应是一篇系统而完整的学术论文。学位论文应提供新的科技信息，其内容应有所发现、有所发明、有所创造、有所前进，而不是重复、模仿抄袭前人的研究成果。

1.3.2　学位论文的层次

按照中华人民共和国国家标准《学位论文编写规则》（GB/T 7713.1—2006）中的内容，学位论文可以分为三个不同的层次，即学士学位论文、硕士学位论文和博士学位论文。

1. 学士学位论文

学士学位论文表明作者较好地掌握了本门学科的基础理论、专门知识和基础技能，并具有从事科学研究工作或承担专门技术工作的初步能力。

国务院制定的《中华人民共和国学位条例暂行实施办法》第三条规定："学士学位由国务院授权的高等学校授予。高等学校本科学生完成教学计划的各项要求，经审核准予毕业，其课程学习和毕业论文（毕业设计或其他毕业实践环节）的成绩，表明确已较好地掌握本门学科的基础理论、专门知识和基本技能，并且有从事科学研究工作或担负专门技术工作的初步能力的，授予学士学位。"

学士学位论文的字数要求一般为 6 000~10 000 字。论文在指导教师的指导下完成后，一般都要参加论文答辩，由答辩小组（由 3~5 名讲师以上职称教师组成）给出答辩成绩和评审意见。

2. 硕士学位论文

硕士学位论文表明作者在本门学科上掌握了坚实的基础理论和系统的专门知识，对所研究课题有新的见解，并具有从事科学研究工作或独立承担专门技术工作的能力。

目前，我国硕士研究生学位有学术型学位（academic degree）和专业学位（professional degree）之分。因此，对应的学位论文的写作要求和规范也有一定的差异。

1）学术型学位

学术型硕士接收普通硕士教育以培养教学和科研人才为主的研究生教育，授予学位的类型是学术型硕士学位。学术型硕士学位按招生学科门类分为哲学、经济学、法学、教育学、文学、历史学、理学、工学、农学、医学、军事学、管理学 12 大类，12 大类下面再分为 88 个一级学科，88 个一级学科下面再细分为 300 多个二级学科，同时还有招生单位自行设立的 760 多个二级学科。

学术型硕士学位论文的字数要求原则上不低于 3 万字，不同高校的要求有一定差异。硕士学位论文一般从研究生完成培养计划所规定的课程之后就开始了，持续时间在 1 年以上。

2）专业学位

专业学位，是相对于学术型学位而言的学位类型。专业硕士对于大家来说或许很陌生，但说到 MBA、公共管理硕士（master of public administration，MPA）却是耳熟能详。其实，MBA、MPA 正是专业学位中的两种类别。根据国务院学位委员会的定位，专业学位为具有职业背景的学位，培养特定职业高层次专门人才。也就是说，专业学位的目的是培养具有扎实理论基础，并适应特定行业或职业实际工作需要的应用型高层次专门人才。

1996年4月国务院学位委员会第十四次会议通过的《专业学位设置审批暂行办法》第三条规定："专业学位分为学士、硕士和博士三级，但一般只设置硕士一级。"目前，我国经批准已经在工商管理、公共管理、教育、法律等 40 个学科举办专业硕士学位教育。

专业硕士学位论文主要是贯彻理论联系实际的原则，注重选择专业领域内有重要实践意义的理论和实务课题。选材的对象也要紧密结合工作实践，学位论文的形式也可以根据论文的内容而确定，如研究报告、调研报告、企业诊断报告、案例分析等。专业硕士学位论文的字数要求一般不低于2万字。

以 MBA 学位论文为例，各高校研究生院对该类学位论文的要求大致如下：理论联系实际，论文选题必须紧密结合当前企业管理的实践活动；论文的形式多样化，可以是专题报告、调查报告、案例分析等；论文应充分体现学生运用工商管理的理论与方法去解决企业管理中出现的实际问题的能力。

总之，学术型学位与专业学位处于同一层次，培养规格各有侧重，在培养目标上有明显差异。学术型学位以学术研究为导向，偏重理论和研究，以培养高校教师和科研机构的研究人员为主；而专业学位以专业实践为导向，重视实践和应用，培养在专业和专门技术上受到正规、高水平训练的高层次人才，授予学位的标准要反映该专业领域的特点和对高层次人才在专门技术工作能力和学术能力上的要求。由于学术型学位与专业学位在培养目标上各自有明确的定位，因此，其对应的学位论文在内容、形式、质量、字数等要求方面具有一定差异。

3. 博士学位论文

博士学位论文表明作者在本门学科上掌握了坚实宽广的基础理论和系统深入的专门知识，在科学和专门技术上做出了创造性的成果，并具有独立从事科学研究工作的能力。

博士学位论文是水平最高的一种学位论文，它要求论文均有较高的学术价值，所提出的创造性成果对于学科的发展具有重要的推动作用。

目前，各高校基本都规定了博士学位论文的字数，如不低于10万字或12万字等，但是，对于最高字数标准，则多数没有限制。也有高校认为，博士学位论文字数为10万~20万字，规模相当于一部学术专著（表1-1）。

表 1-1　不同层次学位论文的水平要求

水平要求	学士学位论文	硕士学位论文	博士学位论文
本门学科的基础理论	较好地掌握	掌握坚实	掌握坚实宽广
本门学科专门知识基本技能	较好地掌握	系统地掌握	系统深入地掌握
科学研究的工作能力	初步能力	从事	独立从事
专门技术工作	担负的初步能力	独立负担能力	在科学或专门技术上做出创造性成果

对于博士学位论文来说，其精髓是学术上的创新性。判断一篇学位论文的质量，首要的指标就是要看其学术上的创新性。有不少学位论文在学术上确有实质性的创新，也有一些学位论文表面上工作量很大，但实质上却无新意。例如，有的原来是五位作者分别做的实验，现在由一个人集中重复，工作量虽然很大，但作为博士学位论文的内容，是无创新性可谈的。又如，个别学位论文的主题是产品的开发与研制，作为基础学科的博士学位论文，缺乏学科上的理论性。博士学位论文应具有理论上的创新，而创新的东西则要求尽快发表。

1.3.3　MBA 学位论文写作

鉴于目前管理专业类研究生中的 MBA 研究生有一定的比例，此部分从管理学科的角度介绍 MBA 学位论文的写作。

MBA 与 MPA 和法律硕士学位在国外市场经济发达国家已经成为文科高层次职业研究生教育的三大支柱。

管理研究方法在MBA的培养过程中有着重要的作用和意义，MBA研究生可以通过科学高效的管理研究方法来分析管理实践中的问题，并提出解决方案；也可以运用管理研究方法来系统地完成 MBA 学位论文，将自己的管理实践经验上升为理论。

MBA学位论文写作，是MBA过程的一个重要组成部分，是对学生综合运用知识能力的锻炼和考核，也是能力培养的一个重要环节。MBA 学位论文属于应用性研究论文，主要强调理论联系实际，注重学以致用，其功能在于“反映专业水准、代表学术水平、检验学业成就”。

MBA学位论文是工商管理人员培养的一个重要环节。撰写MBA论文的过程是训练学生独立进行科学研究的过程，是一次系统、全面的实践机会。作为 MBA 培养的必要组成部分，MBA学位论文的撰写不仅有利于提高MBA研究生的理论修养水平，还能培养 MBA 研究生的科研能力，从而切实提高 MBA 研究生的综合素质。

1. MBA 学位论文写作的目的

（1）使 MBA 学员能运用所学的理论和技术进行某一专题性研究。

（2）使 MBA 学员能选择和运用不同的研究方法。

（3）使 MBA 学员能熟悉文献资料的查阅、数据的收集和运用的技巧。

（4）使 MBA 学员能运用所掌握的知识和技术，结合自己的发现，解决具体的管理问题，提高实际工作能力。

（5）使 MBA 学员和导师有进一步研究和发展的可能性。

2. MBA 学位论文的主要特点及与学术硕士论文的区别

1）MBA 学位论文的主要特点

第一，MBA 学位论文与管理科学硕士论文取向不同，具有显著的解决现实企业业管理问题的倾向，注重实战、调研和案例，注重现实问题的解决方案。

第二，MBA 学位是专业学位的一种，MBA 学位论文有自己鲜明的特色。论文的选题应在调查研究的基础上，紧密结合我国改革与建设、企业经营管理及学生所在单位的实际需要，注重前瞻性、实用性和重要性。

第三，MBA 学位论文是 MBA 在培养过程中运用所学知识解决管理实践中的实际管理问题，重点在于强调实践性、先进性和创新性。实践性是指对于实际问题有指导意义；先进性是指要体现国内外先进的管理思想、较新的领域；创新性是指创新地解决问题的思路，主要体现为创新点是什么（即定位要准确）、为何提出此创新点（即有一定的学术价值和社会价值）、创新点是否成立（即有严密的论证）。

2）与学术硕士论文的区别

第一，MBA 学位论文从实践中寻找问题，和现实生活贴得很近；学术硕士论文更多的是从一个理论出发，通过分析来论证自己的结论。

第二，MBA 学位论文强调实证性，用企业的实例和实际数据来进行分析论证，进行可行性分析，得出切合企业实际情况的分析结论；学术硕士论文则强调理论性，注重运用计量模型，用实际现象来证明理论的正确性。

第三，MBA 学位论文锻炼学生分析实际问题的能力；学术硕士论文锻炼学生分析理论问题的能力。

第四，MBA 学位论文强调现实意义，使论文有更大的实用价值；学术硕士论文则强调理论意义，使论文有理论价值。

第五，MBA 学位论文往往注重综合运用经济、管理知识解决综合性实际问题；学术硕士论文往往侧重于对某一方面的专业知识进行深入研究。

关于二者具体的比较详见表 1-2。

表 1-2　两类论文对比表

论文类别	学习任务	论题类型	阐释	问题示例	题目	研究方法
学术硕士论文	学术研究：解决科学问题 检验方法：对科学有贡献吗	理论研究	提出新概念；解决概念之间的关系问题	顾客满意能提高顾客忠诚度吗	顾客满意与顾客忠诚的关系研究	实证研究；案例研究（case study）即发现原创性问题，归纳-演绎推理
		方法研究	解决问题的程序、方法	如何测量顾客满意度	顾客满意度测量方法研究	归纳-演绎推理
		工具开发	专用工具、量表（如行为科学中的量表）	如何测量银行消费者的顾客满意度	银行顾客满意度量表开发研究	实证研究 归纳-演绎
MBA 学位论文	应用研究 解决实际问题 检验方法：对所在单位的发展有贡献吗	影响 X 企业经营的环境研究；X 企业战略研究；X 企业工资薪酬再设计				演绎法 归纳法

3. MBA 学位论文的要求

1）国务院学位委员会办公室对 MBA 学位论文的总体要求

第一，MBA 学位论文撰写时间应不少于半年。

第二，论文选题要在学员自己调查研究的基础上紧密结合我国改革与建设、企业管理或原工作单位的实际需要在导师组指导下进行。

第三，论文形式可以是专题研究，可以是高质量的调查报告或企业诊断报告等，也可以编写高质量的案例等。

第四，学位论文的字数一般在 3 万字左右。

第五，遵循学术道德。

2）国务院学位委员会办公室对 MBA 学位论文评价要点

第一，选题：主要考察其前瞻性、实用性、新颖性和重要性。

第二，理论及方法：主要考察学员理论应用，有一定的理论深度，有独立见解，能正确应用研究方法和理论知识。

第三，应用价值：主要考察其参考价值和借鉴意义，直接、间接的经济效益或社会效益、操作性。

第四，综合能力：主要考察学员全面、系统、综合运用知识和调查研究、分析问题、解决问题的能力。

第五，写作能力：主要考察其逻辑性是否强、结构是否严谨、文字是否通顺流畅，引注、参考文献（中外文）是否规范等。

3）多数高校对 MBA 学位论文的基本要求

一般来说，多数高校对 MBA 学位论文的基本要求主要有以下几点。

第一，体现工商管理学位的特点。

第二，反映出作者扎实的基础理论知识、现代管理方法及相应的专业技术知识。

第三，反映出作者具有综合、全面、系统的管理和经营决策能力，在实际工作中敏锐地发现问题、巧妙地提出问题、科学地分析问题和创造性地解决问题的能力。

4. MBA 学位论文的体裁

MBA 学位论文的体裁包括专题研究报告、调查研究报告、企业诊断报告、工商管理案例（business cases）和商业计划书（business plan）。

1）专题研究报告

专题研究报告是针对我国经济改革宏观、中观、微观管理中的某些或某种问题，运用管理学、经济学理论进行深入、系统的分析研究，并作一定的应用领域的拓展、移植或方法的创新，揭示问题产生的原因，提出解决问题的思路与对策及实施方案。它对实际应用的效果、效益、价值有相应的计算、论证或是说明，可以是针对具体政策的设计、分析、评估与论证。

专题研究报告主要着眼于实际应用研究，对所要研究的实际管理问题有清晰的阐述。

2）调查研究报告

调查研究报告是运用科学的调查研究方法，对某行业、企业或其他组织管理的某一方面进行调查研究，提出有关决策建议，并形成相应的研究报告。其特点是调查方法正确、调查资料翔实，结论具有说服力和普遍性。一般有介绍经验的调研报告和反映现象的调研报告。例如，《关于长安工业集团采购管理经验的调研报告》《重庆市小微企业发展现状的调查报告》。

3）企业诊断报告

“企业诊断”，又称管理咨询，是指由具有丰富经营知识和经验的专家，深入企业现场与企业管理人员密切配合，运用各种科学的方法，找出经营管理中存在的主要问题，进行定量或确有论据的定性分析，查明产生问题的原因，提出切实可行的改革方案，进而指导实施改善方案，提高企业素质，增强企业活力，谋求企业健康发展的一种改善经营管理的活动。

MBA 学员则是运用管理理论及方法，在对企业或行业调查分析的基础上，找出被调查的企业在经营管理中存在的一个或几个问题，进行定量或定性分析，找出问题的原因，提出具体的改善方案。

为保证企业诊断报告的质量和应有的水平，在撰写时必须注意这些要求：所完成的企业诊断报告必须具有一定的典型性和代表性；必须真实可靠，不允许虚构企业或杜撰其经营状况；应反映对企业进行调查、对资料进行分析、提出解决问题的措施或方案等全部工作；应符合企业诊断的规范要求；提交答辩前，应在所诊断企业举行诊断报告会，并由企业出具书面评价意见。

4）工商管理案例

工商管理案例是对某一特定工商管理情景的客观描述或介绍，是企业管理情景的真实再现。其主题在于对某种具体的管理理论的企业实践与应用。

按照论文的要求编写案例，就是案例型论文，主要包括描述型和问题型两种。描述型案例适合作为学位论文。MBA 教育鼓励 MBA 学生编写高质量案例型学位论文。

5）商业计划书

商业计划书是一份全方位的项目计划，主要作用是递交给投资人以便于他们对企业或项目做出评判，从而使企业获得融资。商业计划书有相对固定的格式，反映投资者所感兴趣的内容，从企业成长经历、管理团队、股权结构、产品服务、市场、营销、组织人事、财务、运营到融资方案等。

广义上的商业计划书不仅是企业项目融资所需要的文件，也是企业管理所需要的行动纲领。

中国企业的融资项目要获得海外投资者的青睐，良好的融资策划和财务包装必不可少，其中最重要的就是要做好符合国际惯例的高质量商业计划书。目前中国企业在国际上融资成功率不高并不是项目本身不好，而是商业计划书的草率和策划能力差。

5. MBA 学位论文写作过程中导师与学生的关系

MBA 学位论文选题应在学生自己调查研究的基础上，紧密结合我国改革与建设、企业管理或工作单位的实际需要在导师指导下进行。在具体选题问题上导师可以从三方面帮助学员选题。

首先，导师的经验帮助。导师的经验相对于 MBA 学员来说非常丰富，导师可以在与学员沟通交流的过程中很快做出判断，该 MBA 学位论文选题是否有价值，难度系数是否恰当等。

其次，导师的专业方向与学员的研究方向相吻合，这样导师可以充分发挥自身的优势判断选题的价值、创新性和实用性，甚至可以提供借鉴的研究思路。

最后，导师提供思维启发，帮助 MBA 学员建立研究的方法论。

第 2 章　管理研究的基本要素

学位论文和研究报告等形式反映的管理研究成果，犹如建造房屋离不开砖块、基石、支柱和连接件等基本构件，反映管理研究成果也需要一些基本要素，包括概念、变量、命题与假设、模型、理论与推理等。

研究者的水平和功底就体现在这些要素层次的细节中。

因此，要求大家能规范、准确无误地运用以下管理研究的要素。

2.1　概　　念

2.1.1　概念的含义

概念是思维的基本形式之一，反映客观事物的一般、本质的特征。人们在认识过程中，把所感觉到的事物的共同特点抽象出来，加以概括，就成为概念。然而，这个概念名词的本身并不存在，概念是通过概括和抽象而得到的。

概念借助名词、术语来表达。例如，人们对“狗”的概念指的是狗这种动物，如果将这个概念符号化就是汉字“狗”或英文“dog”。

2.1.2　概念的特征

内涵和外延是概念所具有的逻辑特征。其中，内涵是概念对事物的本质的反映；外延是概念对事物的范围的反映。

2.1.3　概念化

概念化（conceptualization）是清楚地定义名词的含义的过程，使一般的概念成为经过系统处理的、有秩序和结构的概念。概念化其实就是给出概念型定义，即使用其他概念或原始术语（primitive terms）、延伸术语（derived terms）来描述一种概念的定义。

概念的形成要经过一个概括相关事件（心象）共性的过程，人们把通过一组心象形成概念的过程称作概念化，指人们对某个概念（如豪爽、精明）具有共同知识，可以沟通，但人们的概念化过程各异。

当对象不在面前时，我们的头脑中浮现出的形象称为知觉形象，组织样式称为心象。心象的种类十分多样化，根据感觉通道可以将心象分为视觉心象、听觉心象和运动心象。视觉心象是指大脑中出现的具有视觉特征的形象；听觉心象是指大脑中浮现出的具有听觉特征的形象；运动心象是指与动作系统相关联的形象，如打乒乓球、游泳。

当人们听到某类概念时，大脑中自觉或不自觉地会涌现出与此概念相关的一组具体现象，心理学称之为思维心象（mental image）。

由于人们具有不同的经历和经验，接触的事物不同，各个人脑中就某一概念蕴含的思维心象也不相同。

研究者要对自己使用的概念进行清晰的界定（不一定要读者同意），并具有清晰的“心象”，以便沟通和理解。

总之，概念是对所观测事物本质的抽象表达，目的是简化思考，便于沟通，在一个名词下对事物的各种形态作出素描。

有些概念与事实或对象很接近；有些概念直接表达有困难，可从其他领域的语言中借用；多数情况需要自己定义概念，并给出专门用语。

由于概念本身并非实物，因此概念从本质上说是不可观测的。事实上，概念的可测性是指反映与概念相关联事件的心象集合是可观测的。

一个成功的研究取决于两点：①我们如何清楚地概念化（前后一致）；②他人如何适当地了解我们所使用的概念。

例如，关于“教师工作士气”的概念化过程如下所述。

（1）收集各种有关士气的解释，如“有信心、开朗、团结、努力的心理状态”。

（2）向教师请教，与工作有关的一些事物的感觉，如学校声誉、学生的学习态度。

（3）思考士气的分析单位（个人特质、团队特质，或兼有之）。

（4）概念与学位论文写作的关系。

有必要在学位论文写作或研究报告中明确界定所应用的概念，从读者的角度设想，这样的表述能否使读者和自己一样来理解此概念的含义。另外，同一个概念的含义在论文的前后部分要保持一致。

撰写学位论文或研究报告的前提条件是研究者自己对于所引用的概念要有清晰的“心象”。一组规范心象，并非是绝对的，任何场合都适用，但在一项研究中，研究者要对某个概念赋予一组规范心象，整个研究过程中保持前后一致。研究报告或论文中不能用简单、清晰的语言将一个概念表达清楚，实际上是作者对反映此概念特征的心象未能明确设定。对概念理解深刻就是要追究概念背后的规范心象。

学位论文或研究报告在界定概念时常见的问题有很多，包括：①同一概念，论文前后用不同的名词表示，或同一名词前后代表不同属性；②推出新名词而无后续内容，想当然；③内容创新变为名词创新。

2.2 变　　量

科学研究必须探索变量之间的关系。变量在管理学研究中处于核心地位，是管理学研究的主要因素之一。

2.2.1 变量的含义

变量是相对于常量而言的。常量是指在一个研究中所有对象都具有相同的状态或特征，如"云南大学"。

变量是指在一个研究中研究对象具有不同的状态或特征，具有不同的值，即研究中涉及的可以变化的因素，如"教学""科研"等。

在区别常量与变量的基础上，给出变量的通用定义，如下所述。

变量是指具有可测量性（measurable）的概念，其属性在幅度和强度上的变化程度可加以度量，如资产价值、存款额、教育程度、工作的满意度、劳动生产率等。

2.2.2 变量与概念的关系

变量是概念的一种类型，它是通过对概念的定义和解释而转化来的。可以说，它是对概念的具体化，反映了概念在具体形态上的变动性。

我们常用的理论概念常常是不可以直接观察的，如财富、知识和素质等。但是，理论概念的替代变量是可以观察的变量，其与前者之间存在代表性偏差，如家庭拥有资产价值（原值）、存款额可以量化一个家庭的财富、家庭成员的教育程度可以反映知识和素养等。

2.2.3 变量与属性的关系

变量和属性的概念密不可分，但属于两个层次，变量包含若干属性，属性总是依附于某个变量。属性指客体的某种特性，变量是按逻辑归类的一组属性。

2.2.4 变量的类型

1. 按形式划分，可分为连续变量和类别变量

（1）连续变量。

凡是在本质上能以连续数值表示其特性的变量，称为连续变量。

（2）类别变量。

凡是不能以连续数值表示，而需以类别表示其特征的变量称为类别变量，即不连续变量。

2. 按来源划分，可分为主动变量和属性变量

（1）主动变量。

凡是可以由研究者主动安排或操纵的变量，称为主动变量。例如，在一种刺激/反应关系的测量中刺激值就是主动型自变量（independent variable，IV），而反应值则是因变量（dependent variable，DV）。

（2）属性变量。

代表研究对象的各种属性，是研究者无法主动操纵、只能通过观察和测量得知其特征，称为属性变量。例如，受试者（物）的特征、年龄、性别、教育程度等。

3. 按变量间的关系划分，可分为自变量、因变量、无关变量、调节变量和中间变量

（1）自变量。

自变量又称刺激变量，即研究者掌握并主动操纵，能够促使研究对象变化的变量，是引起或产生变化的原因，是研究者操纵的假定的原因变量。它是影响或决定因变量的变量，是因变量发生变化的原因与前提。如图2-1所示。

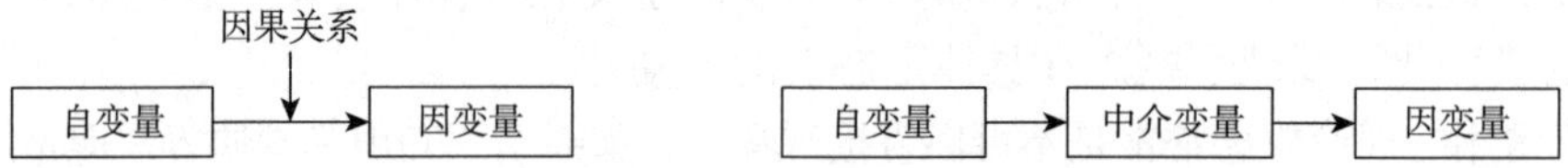

图2-1　自变量、中介变量和因变量间的关系

（2）因变量。

因变量又称反映变量，指因自变量变化而发生变化的有关行为、因素或特征。它会对自变量的变化做出发应。

（3）无关变量（extraneous/exogenous variable）。

无关变量也称控制变量或外生变量，是指与自变量同时影响因变量变化，但与研究目的无关，需要加以控制的变量。它是在自变量与因变量的对应关系框架之外作为外在条件而存在的变量，它用于说明或限定自变量与因变量的对应关系存在的外部环境。

（4）调节变量（moderator/moderating variable）。

调节变量又称减缓变量，是一种特殊的变量，具有自变量的作用，也叫“次自变量”。它界定着自变量和因变量之间关系的边界条件，是影响自变量和因变量之间关系强度或关系方向的变量。它的存在可能会强化或弱化因变量受自变量的影响程度。例如，A、B两种教学方法对学生学习效果的影响：A教学方法对智力高的学生学习效果影响显著；B教学方法对智力低的学生学习效果影响明显。

（5）中间变量（mediating/intervening variable）。

中间变量又称中介变量或插入变量，是介于原因和结果之间，自身隐而不显，起媒介作用的变量。它与自变量同时存在，并对因变量产生影响。如图 2-1 所示。

2.2.5　变量之间的影响与作用

在科学研究中，我们需要从自变量与因变量的核心关系出发，来研究如何操纵自变量，如何测量因变量，如何控制无关变量，以寻求自变量引起因变量变化的关联关系。

研究变量之间的相互关系，在一项研究中，自变量、因变量和无关变量三者之间的影响与作用的关系可用图 2-2 来解释。

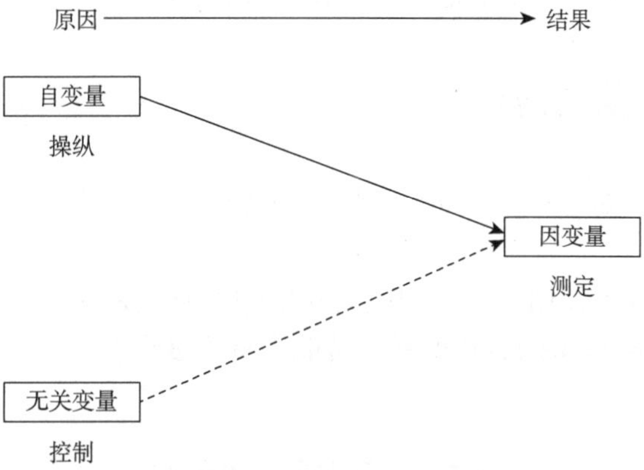

图 2-2　自变量、因变量和无关变量三者关系示意图

如图 2-2 所示，研究的目的是探讨自变量与因变量的对应关系，图中用实线表示，研究的焦点集中在因变量的测定上。自变量和无关变量都可能成为产生因变量效果的原因，当自变量和无关变量混淆在一起时，我们难以判断自变量与因变量的一一对应关系。为了获得准确的测定结果，必须对无关变量进行有效的控制，尽可能排除无关变量对因变量测定的影响，图中虚线表示无关变量会影响因变量的测定结果，需要加以控制。

要推断自变量和因变量之间是否存在因果关系，要同时满足以下三个条件。

（1）具有共变关系，即自变量和因变量要共同变化，自变量变化了，因变量也要随之而变化。

（2）具有时间顺序关系，即自变量的变化必须发生在因变量变化之前，因变量的变化取决于自变量的变化。

（3）对无关变量的控制，即排除无关因素对自变量和因变量对应关系的影响，使自变量和因变量的关系“凸现”“纯化”。

2.2.6　变量之间的关联性质

变量之间的关联性质有相关关系（correlational relationship）、因果关系、虚无关系（null relationship）几种。

（1）相关关系：是一种相互作用、相互影响的关系。如果变量 X 发生变化，变量 Y 也随之发生变化，并无根据认定这种变化是由另一变量所引起的，那么就可以说两个变量具有相关关系。

（2）因果关系：（$X \rightarrow Y$）如果变量 X 发生变化，变量 Y 也随之发生变化，反之则不然，即一个变量的变化明显地是由另一个变量所引起的。其中 X 是 Y 的原因，Y 是 X 的结果，X 是自变量，Y 是因变量。因果关系存在的三个必要条件：①在时间顺序上先有因后有果；②变量之间有真实的相关性；③变量之间的真实相关性不因为第三个变量的存在而存在。

在研究中，可以通过求同法、求异法、剩余法或共变法来寻找因果关系。

（3）虚无关系：表示两个变量之间没有必然的联系。

2.2.7 变量测量的方法

（1）直接测量（如 King 等以默会性、稳健性、嵌入性和一致性直接地衡量核心能力①）。

（2）替代性变量（如用企业之间能力水平的差异性来测量企业能力的稀缺性）。不过，进行研究时实际取得的替代变量值可能含有测度误差。

2.3 命题与假设

2.3.1 命题的含义

命题是指对某概念的描述，这种描述可根据观察现象判别真伪。命题大多进行陈述式或数学式的推演，并不做实证。

2.3.2 命题的类型

命题，就是一个论点、一个观点，可以分为三种。

（1）第一种是已经被证明是正确的，如动能、势能可以转换。

（2）第二种是目前还没有证明是正确的，但也没有被证明是错误的，如很多社会命题和管理命题大多都是这样的，最著名的是数学问题哥德巴赫猜想。平时所说的伪命题，一般出现在第二种中。

（3）第三种命题，是被证明了是错误的，或者只在局部是正确的，如关于万能永

① King A W，Fowler S W，Zeithaml C P，Managing organizational competencies for competitive advantage：the middle-management edge. The Academy of Management Executive ，2001，15（2）：95-106.

动机的命题。严格来说，第三种命题是伪命题。但不是我们平时关注的，因为已经证明是错误的东西，大家都是不会再注意的。

2.3.3　假设的含义

假设，亦称假说（hypothesis），是由概念（或变量）构成的，以一种可检验的形式加以陈述，并对变量之间的特定关系进行预测的命题。

当命题的建立系基于实证检验之目的，则谓之假设（假说）。也就是说，假设是为进行实证目的所形成的命题。

假设具有试验与猜测的性质，若研究者提出研究假设，则必须进行实证。

2.3.4　假设的特征

（1）推测性。

任何假设都是对外界各种现象的猜测，尚未达到确切可靠的认识，因而有待于进一步通过科学研究来检验或证实。

（2）科学性。

假设不是随意的幻想和毫无根据的空想，而是人们根据已经认识并掌握了的有关科学知识或经验知识，以一定的确实可靠的关于研究对象的事实材料为基础，并按照科学的逻辑方法推理而成。

（3）逻辑性。

假设不是经验事实的简单堆砌，而是由概念、判断、推理构成的逻辑体系。

（4）多样性。

即对同一现象及其规律可以做出两种或多种不同的理论假设。所以，假设具有多样性。

2.3.5　假设的类型

关于假设的类型，从不同的角度有不同的分类，学术界多从以下几种视角来分类。

第一，按照假设提出的思维方式或者假设的形成过程来分，假设可以分为归纳假设和演绎假设。其中，单独的归纳或演绎可以形成假设，综合归纳及演绎也可以形成假设。

（1）归纳假设是在观测基础上对事实的概括，是人们通过对一些个别经验事实材料的观察得到启示进而概括、推论提出的经验定律的假设。

归纳假设的例子：①我在世界各地观察了 100 次天鹅，每次都发现天鹅的颜色是白色，因而世界上所有天鹅都是白色的；②美国、欧盟成员国、日本都是发达国家，它们都采取了保护农业的政策，因而所有发达国家都实行保护农业的政策；③日本、韩国等随着经济发展水平的提高，在政策上都由剥夺农业转变为扶持农业，因而经济发展水平决定农业政策的取向。

（2）演绎假设是从相关研究领域的某一理论或一般性陈述出发，运用逻辑推理提出的新结论，推论出某特定假设。它是根据不可直接观察的事物现象或属性之间的某种联系的普遍性，通过理论综合和逻辑推演而提出的理论定律和原理的假设。

演绎假设的例子：大前提是“价格下降后消费者的需求会增加”；小前提是“价格下降了”；那么，结论是“消费者会购买更多的商品”。

第二，按照研究问题在认识事物过程中所处的阶段来分，假设可以分为描述性假设（descriptive hypotheses）、相关性假设（correlational hypotheses，也称为预测性假设）和解释性或因果性假设（explanatory/cause hypotheses）。

（1）描述性假设。

这类假设主要是对“是什么”或“什么样”问题的回答，是对客观事物存在的某些情况，如规模、形式、分布、结构等，尤其是差异情况做出推测判断。在科学探索的最初阶段，常用到描述性假设。它可以向我们描述认识对象的结构，提供关于事物的外部联系和大致的数量关系的推测，使我们对研究对象的大致轮廓或外部表象有粗略的了解。例如，实验组和控制组的绩效具有显著差异、教育发展对人口出生率变化的影响、医学临床研究中观察性研究的描述性研究，通常会提出描述性假设。

（2）相关性假设。

这类假设主要是对“如何”或“怎么样”问题的回答，是对客观事物相互联系的性质、方向、密切程度做出的推测判断，也称为预测性假设。但这种假设是在对现实事物的更深入、更全面的了解基础上提出的更复杂的一种假设，只是说明了变量以某种特殊的方式共同发生，而不能说谁影响谁，只是在我们相信它们有共同的影响因素或者是尚没有足够的证据来肯定某种更强的联系时使用。

例如，要对我们“实施全面二孩政策”对之后五十年“我国社会结构和社会关系带来的变化以及对教育结构与发展的影响”这样一个问题提出科学预测，这是一项比较困难的研究课题，要求我们不仅要对当时的人口构成和社会经济发展条件下的社会结构和社会关系非常了解，而且对西方（其他国家可参照的类似现象）人口出生率下降引起的社会在各方面的变化也要有所了解。

仅仅具备这些知识对于制定一个长期的科学预测还是不够的，解决制定科学预测的关键性问题是找出研究对象在未来发展中的决定性因素，揭示这种决定性因素对社会过程的影响以及社会过程对研究对象在未来发展中各要素的反作用。

（3）解释性或因果性假设。

这类假设主要是对“为什么”问题的回答，是对客观事物之间因果联系的推测判断，即推断因为某一变量的存在或变化导致了另一变量的发生或变化。解释性假设是揭示事物的内部联系，指出现象质的方面，说明事物原因的一种更复杂、更重要的假设。这是比描述性假设高一级的形式。在研究中，处于解释这个层次的假设，是从整体上揭示事物各部分相互作用的机制，揭示条件与结果、研究主体的最初状态与最终状态的因果关系原理。这时原因变量称为自变量，而结果变量称为因变量，如临床研究中观察性研究的分析性研究，通常提出解释性假设。

而对“什么条件”等问题的回答则是任何一个假设里面所隐含的条件，即由具体研究程序和操作定义所规定的假设成立的背景。

第三，从假设表述的方式来分，假设可以分为陈述假设、对立假设（alternative hypothesis）和虚无假设（null hypothesis）。

（1）陈述假设。

一般用来表述两变量之间的关联，表达研究者对研究结果的预期。这是管理研究中最常用的假设形式，一般用“如果……，那么……”的条件句来表达，如“如果员工的身体较健康，那么请病假的频率就较低”。

（2）对立假设。

表达两变量之间关系或两组群之间差异的陈述，不代表研究者凭观测或推理对研究结果的某种预期。

（3）虚无假设。

陈述两变量之间绝对且明确关系的命题，亦即它说明总体中两变量之间的关系为零，或两组群的平均数差异为零。

虚无假设存在的目的在于可验证是否有被拒绝的可能，如果虚无假设被否定，就表示支持所有对立假设，该原理使研究者对研究调查产生的对立假设具有信心。

第四，从假设的性质分，假设可以分为一般假设、特定假设和虚无假设。

（1）一般假设。

一般假设是推测一般种类之间关系的假设，指向普遍、抽象、可推广的事例。

（2）特定假设。

特定假设是推测特定对象之间关系的假设，指向个别、特定、具体的事例。

（3）虚无假设。

虚无假设又称统计假设，是推测某种不存在、无倾向的关系的假设，指向中性、无差异、无区别的事例。虚无假设的本意是想通过事实的检验来否定自己，否定了虚无假设，结果的倾向性也就明显地显现出来了。

第五，从假设中变量关系变化的方向分，假设可以分为条件式假设、差异式假设和函数式假设。

（1）条件式假设。

条件式假设是指假设中两个变量有条件关系，在表述上采用“如果……，那么……”的标准逻辑句型。

（2）差异式假设。

差异式假设是指假设中两个变量之间在一定程度上存在差异关系。

（3）函数式假设。

函数式假设是指假设中两个变量之间存在因果共变关系，并且用数学形式表达，即 $Y=f(x)$。

第六，从假设在表述变量关系上的倾向性来分，假设可以分为定向假设和非定向假设。

（1）定向假设。

定向假设在陈述中示意假设结果的预期方向，指出变量之间差异的特点和倾向。

（2）非定向假设。

非定向假设在陈述中不提示假设结果的预期方向，而是期望通过收集数据、检验结果来揭示变量间的差异，常用虚无假设来表示。

2.3.6 假设在研究中的角色

（1）假设的提出和验证是研究工作的主线。

（2）假设是设计研究方案的指南。

（3）假设是采集资料的向导。

（4）假设是探究客观真理的桥梁。

既然假设在研究中有如此重要的地位和作用，那么，假设的提出就需要考虑一些要求，如假设以现有理论为基础，假设必须以一定的客观事实为依据；假设需要明确地表述变量之间的关系，包括清晰地界定自变量、因变量，明确因变量与自变量之间的关系；假设必须是可以验证的。

一个“好”的假设应该具备以下三个条件：①能够表现理论或命题中预期的变量关系；②不应过于空泛，它必须可以进行验证；③尽可能简单扼要。

2.4 模　　型

1. 模型的含义

模型是介于理论与资料之间的层次的东西，是理论与资料间的媒介，而且它能自成一体。

模型是对事物一种简化的表达形式，管理学中的模型，尤其是概念模型是理论的一种特殊表达形式。

2. 几个典型模型

（1）竞争战略与竞争优势模型（潜在进入者、替代品、购买方、供应商、现有竞争者），如图 2-3 所示。

（2）钻石模型（要素禀赋、需求状况、相关行业与支持行业、公司战略结构与竞争），如图 2-4 所示。

（3）静态均衡模型。

供给方程：$S_t = f_s\left(P_t/Z_t\right)$

需求方程：$D_t = f_d\left(P_t/W_t\right)$

市场出清条件：$S_t = D_t$

如图 2-5 所示。

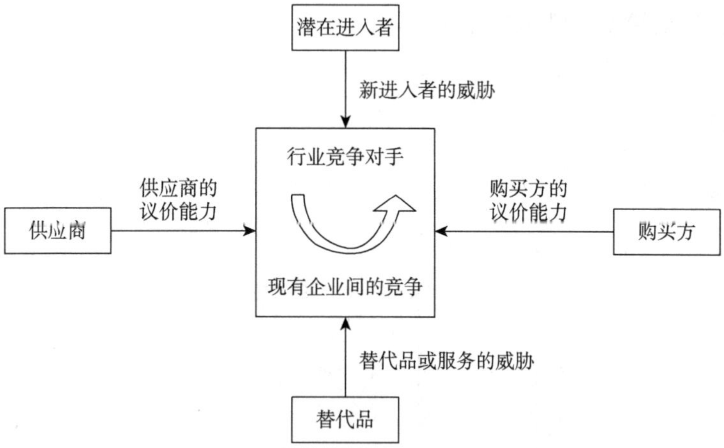

图 2-3　竞争战略与竞争优势模型

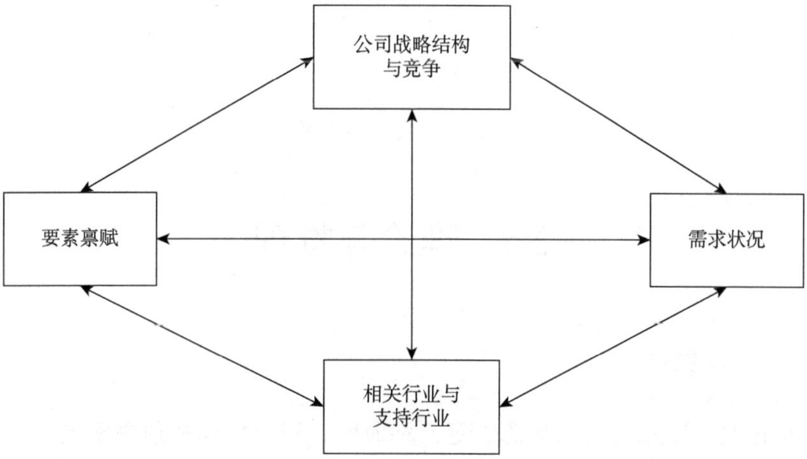

图 2-4　钻石模型

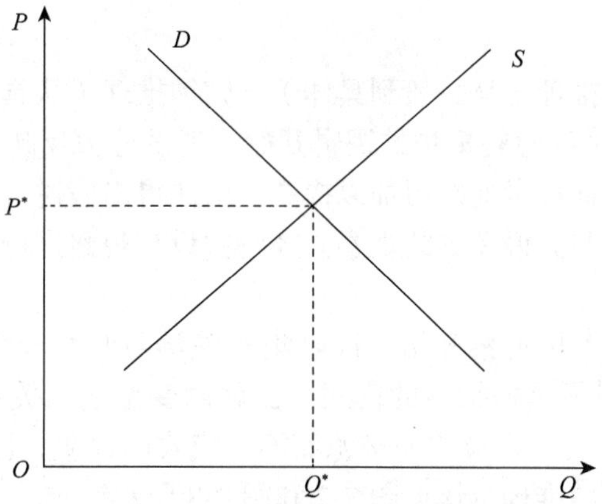

图 2-5　静态均衡模型

（4）动态均衡模型（蛛网模型）。

供给方程：$S_t = f_s\left(P_{t-1}/Z_t\right)$

需求方程：$D_t = f_d\left(P_t/W_t\right)$

市场出清条件：$S_t = D_t$

如图 2-6 所示。

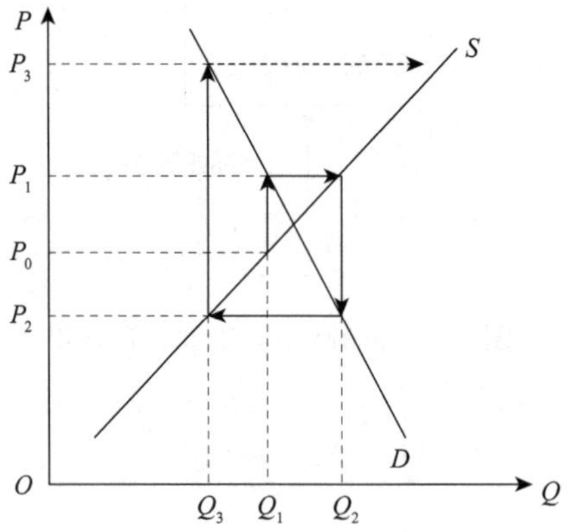

图 2-6　动态均衡模型

2.5　理论与推理

1. 理论与推理的含义

（1）理论是一组结构化的概念、定义和命题，用来解释和预测现象。

（2）推理指的是从命题出发，逻辑地推出另一命题。

2. 推理的类型

推理可以分为演绎推理（从一般到具体）和归纳推理（从具体到一般）。

（1）演绎推理：①从检验事物的逻辑开始，考试分数反映学生记忆和使用信息的能力，这两种能力可以通过考前复习加以提高。由此得出假说，即复习时数与考试分数有正相关关系。②进行与假说有关的观察。③将假设与观察进行比较，根据两者的接近程度判断假设是否成立。

（2）归纳推理：①从观察开始，即收集有关学习时数与考试分数两者关系的资料。②找出对观察资料最具概括性的模式。③就两变量之间关系的模式做出暂时性结论。④由于所做的观察仅仅是模式的来源而不是模式的检验，因此结论是暂时性的。

关于演绎推理和归纳推理具体如图 2-7 和图 2-8 所示。

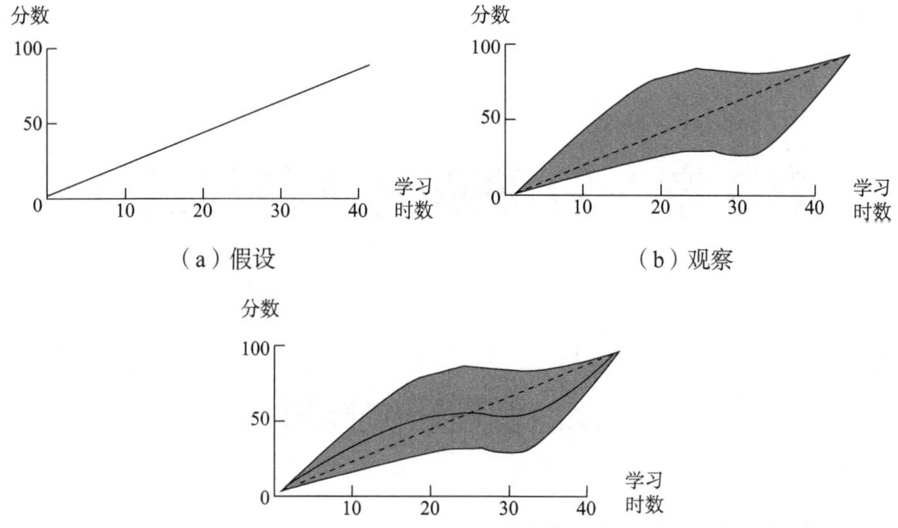

（a）假设　（b）观察

（c）接受或拒绝假设

图 2-7　演绎推理示意图

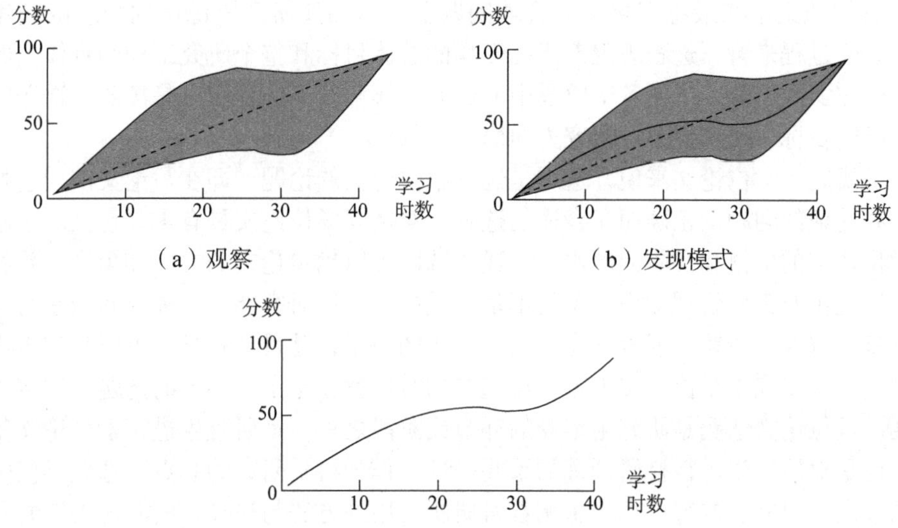

（a）观察　（b）发现模式

（c）暂时结论

图 2-8　归纳推理示意图

第3章 管理研究选题与设计

3.1 管理研究选题

3.1.1 管理研究选题的意义

管理研究的选题是指研究者根据客观需要和自身的研究兴趣及条件等因素来确定研究题目的过程。首先，从研究工作的效益来看，一个合理的选题过程可以使有限的研究资源有效地集中在最急需解决的管理问题上，从而使研究资源得到合理的利用；其次，从研究过程来看，选题规定着研究工作的总体目标和整个研究工作的具体内容；最后，从研究实践来看，后面各个阶段中的研究工作都在不同程度上是按照在选题阶段所确定的研究目标、研究视角及研究方向而进行的。

对于研究生学位论文来说，选题是选择学位论文的论题，即在写论文前，选择确定所要研究论证的问题。正确而又合适的选题，对撰写学位论文具有重要意义。选题能够决定学位论文的价值和实际应用水平。通过选题可以确定论文的方向和角度，弥补管理专业类研究生对工商管理知识储备的不足，提高其运用研究能力。提出问题是解决问题的第一步，选准了论题，就等于完成论文写作的一半，题目选得好，可以起到事半功倍的作用。许多研究生学位论文失败，在选题的时候就注定了。不当的选题，注定论文不会成功。学位论文选题是研究生培养的环节或阶段之一，是研究生进行学位论文工作的开端，也是对研究生进行科研训练的重要一环。作为科学研究的起点，选题不仅关系到科研的方向、目标、内容，直接影响着科研所运用的方法与途径，同时还决定着科研成果的水平、价值及发展前途。

3.1.2 管理研究选题的标准与角度

1. 选题的客观标准

选题客观标准的基础理论在于选题要符合管理实践或理论发展的客观需要。在此基础上要根据重要性、新颖性和可行性的原则来选择研究题目。

2. 选题的主观标准

首先，研究者在选题过程中要受自身价值观和社会态度的左右；其次，研究者在选题过程中还受其学术兴趣的引导，尤其是在一些理论性的研究项目中，研究者在选择题目时往往会倾向于选择他们更喜欢的题目。

3. 选题的角度

研究选题的角度一般有这么几个：一是研究选题的内容，即要研究什么问题；二是确定研究的视角，即从什么角度、方面去研究该问题；三是确定题目层次，是宏观、中观还是微观的题目；四是确定研究的目标，是解决理论问题，还是解决实际问题，或者二者皆有。

管理类研究生学位论文或 MBA 学位论文选题的角度大致可以从以下几个方面进行。

（1）在组织中现存的，亟待解决的问题。

（2）管理者认为企业需要改善的领域。

（3）与现有认识相矛盾的事件。

（4）要证实某一结果或预测某一事件。

（5）有关管理的环境、对象、活动等规律的假说。

（6）由理论演绎引致的对管理现象的新认识。

（7）基础研究者想进行实证的研究问题。

（8）研究者的兴趣及对某事的独特看法。

3.1.3　管理研究选题的基本要求

选题的基本要求有三点：一是符合学术发展规律及趋势，只有符合学术研究的规律与趋势，才具有研究的可行性与持续性。二是符合社会经济发展规律与趋势。科学研究的实践已经证明，没有脱离经济社会发展的学术研究，也没有脱离经济社会发展需要的学术前沿。不了解社会，不认识社会，就很难把握真正的学术前沿。三是不能脱离现行的研究环境与条件。我们选择的问题，虽然目的很好，意义也非常重大，但如果所在的研究机构没有相应的设备与资料条件，开展不了有关研究，也是不行的。学位论文的选题是否符合要求，大致可以通过以下几条来自我判断。

（1）你的选题是你长期关注与积累形成的吗?

（2）你的选题的专业根据（文献、实践）如何?

（3）在已有研究基础上你想解决什么样的问题?

（4）目前你及支持体系具备解决问题的条件吗?

（5）你想长期研究这一问题吗?

（6）你是发自内心想研究这一问题吗?

3.1.4 管理研究选题的原则

鉴于研究者的自由性，选什么题本质上应该是没有原则的，但是实际研究中不可能如此，能选什么题，不能选什么题，总有一定之规。例如，研究管理学，选题就不能偏离管理学的基本领域，可以借鉴其他学科的方法或嫁接其他学科的观点，但不能太像经济学或心理学研究，或者整篇文章都是统计学公式，这在管理学中就很难说得过去了。除此之外，管理研究选题还有一些基本原则。

1. 价值性原则

即研究问题要有理论价值和实践价值，或者说要有一定的学术价值和现实意义，如能够帮助解决某个重大问题，对自己、单位或社会都有贡献。

2. 创新性原则

即研究前人未研究的问题，研究要有新意和时代感。可以选择抓住有一定理论意义的社会热点或行业关键问题。

3. 可行性原则

即研究是否具备客观条件和主观条件，是否能够获得足够的资料和数据，研究范围不应过大而致使自己无法完成，应考虑自己的时间和精力。

4. 能力匹配原则

与学员自身的优势能力相匹配，如数字能力低的同学应尽量避免复杂的统计分析，而文字能力差的同学应避免过多涉及人文学科的内容。

5. 适时性原则

即研究要符合时代精神，应抓关键性时机，使理论与当代实践相结合。

6. 兴趣原则

兴趣是创造的源泉，是研究的不竭动力。

7. 伦理原则

研究过程应促进其研究对象的发展，不损害其基本利益。

3.1.5　管理研究选题的途径

一般来说，选题的来源有以下几种常见的途径。

1. 大量阅读文献

对自己所感兴趣的课题迄今为止国内外已发表的研究成果有一个充分的了解，从阅读中把握前人已经做了哪些研究，研究到什么程度，哪些问题尚未得到解决，哪些领域中存在进一步研究的空间，进而了解还存在什么需要进一步探讨的问题，自己能做什么。通过对有关学科、专业领域文献资料的搜集和阅读，掌握本学科的国内外研究现状和最新进展，了解不同学者的思路特点及研究倾向，摸清前人所做的工作及达到的水平，从中萌发个人见解，进而确定选题。

2. 参加专业研讨会

参加国际、全国或地区的专业探讨会是选题的另一个来源，实际上，许多研究人员都是通过这些研讨会成功地找到了自己的研究课题。参加研讨会与阅读文献相比，一个主要区别是，一方面，由于科研成果的发表周期较长，期刊上的成果往往要滞后，而学术研讨会上的信息往往是最新的，从中能了解其他学者最近在从事什么研究，有什么新的观点、新的发现，通过了解会议主题和参加专题讨论，可以把握同一领域内的其他学者所关注的热点问题和前沿问题；另一方面，参加研讨会可以接触资深专家，与一些著名专家近距离地交流，向他们请教并建立学术联系。

3. 向专家咨询

向同一领域的专家咨询是选题的另一个重要来源，一般来说，之所以某位学者成为某一领域的专家，其必然在该领域进行了较长时间的研究，对该领域的研究现状与未来发展有一个准确的把握，哪些是需要研究的，哪些热点问题还需要解决或解决得还不够，前人的研究还存在哪些不足，等等，这些问题都可以向导师请教，也可以通过导师联系专家，还可以在专题研讨会上获得资深专家的指点。

4. 研究课题

研究生导师一般都有自己特定的研究方向，并且在该方向已经有一定的研究积累，取得了一定的成果。因此，研究选题要尽可能与导师的研究方向一致，以便获得导师在学术上的支持，有助于按期完成研究工作。研究生的导师一般都承担着一项甚至多项科研项目或横向研究课题，这些课题都是当今学科发展的趋势和国家的需要，并体现着导师的研究基础及特色。因此，研究选题应首先考虑导师的研究课题，由此通过师生共同研究，不仅能在短时间内取得成果、完成科研项目，研究生在科研能力方面还能迅速得到大幅度的提高。

5. 现实需要

实践是通向知识的大门，许多学科的课题研究都是问题导向，从实践中的实际问题提出研究课题是选题的重要来源之一。在实践中会产生许多人们从未研究、解决的全新问题，而这些问题无疑可以成为我们的研究对象，许多横向课题都属此类。

6. 个人兴趣

兴趣与好奇心是走向成功的基础，研究生可根据自己的能力与水平，选择感兴趣的问题进行研究，这样能激发和调动研究生从事课题研究的积极性和创造性。因为，只有有了兴趣，才会产生想象力。可以说，想象力是知识的延伸，是知识新的生长点。

3.1.6　管理研究选题的来源

管理研究选题的来源大致有几类，如图 3-1 所示。

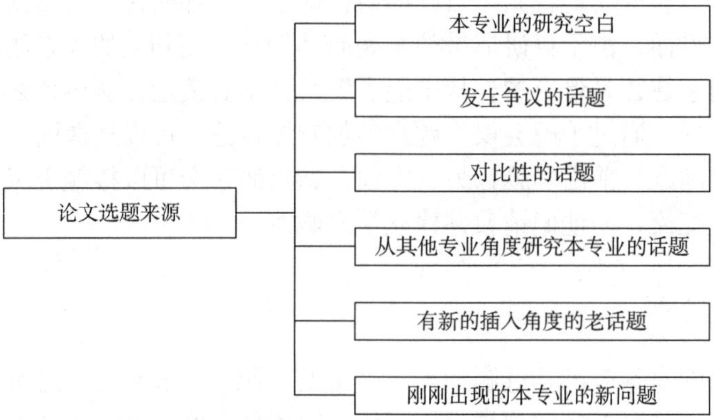

图 3-1　研究生学位论文选题来源

3.1.7　管理研究选题的方法

常见的选题方法如下所述。

1. 揭示课题的中心内容

这一方法具有高度明确性，便于读者把握论文内容。

2. 交代研究的范围

这类标题不反映作者所持有的观点，只对各章节的内容做出限定，其作用是给读者提供有关内容的信息。

3. 用提问题的方式

这类标题用提问句形式，作者的主张和见解已经隐含在其中。

3.1.8　管理研究选题的技巧

爱因斯坦说，在科学的发展中，提出一个好的问题比解决一个有交织的问题更为重要。任何管理研究项目都会花费大量的时间和精力，因此在选题时要仔细考虑这些项目是否值得花费时间和精力。选题有两点需要注意：一是该课题是否有研究的必要，有无研究的价值，研究成果是否有所创新；二是该课题是否能够帮助人们提高认识，或是否能够引导出新的思想、新的应用，或是否能够为进一步研究打下基础。

选题中需要注意避免以下问题：其一，不专业，即与专业、研究方向联系不多，甚至无关；其二，大而空，即平庸、浅薄或宽泛，大题小做，虚题空作；其三，经验化，即经验色彩过重，避开理论只谈经验。

研究题目的表述尽量做到以下几点：

（1）最好能囊括研究范围、对象、内容、方法。

（2）题目内容最好涉及两个变量。

（3）题目不要用疑问句形式或结论形式。

（4）题目不能只有范围没有问题。

（5）避免道德或伦理上的价值判断。

3.1.9　MBA 学位论文选题需注意的问题

1. 选题过大

有的 MBA 学员有这样一种想法，既然是写论文，就应该好好论一番。所以选题很大，如企业资源管理（enterprise resourse planning，ERP）在中国企业的应用（应该具体到什么类型的企业）、管理层收购（management buy-outs，MBO）若干问题研究（面太广，应谈一个重点问题）等这样的选题就有点大。

2. 选题过难

例如，我国国有企业改革历程及其方向研究（很难有新的观点）、私营企业融资难及成因分析（世界性难题）等。

3. 选题陈旧

缺乏创新精神，照搬别人的材料和结论，缺乏新意。

4. 选题过虚

论文选题显得过于宽泛，收集资料与写作难度较大，很难联系实际应用和寻找相关案例，如企业财务风险管理研究（太空泛）、企业战略信息规划（什么类型的企业不具体）等。

5. 题目太长

有的MBA论文题目太长，甚至超过40个字以上，不仅啰唆，读起来费力，也不便于读者理解和记忆，还严重影响论文的美感。一般来说，论文的题目控制在 20 个字以内为好。

3.2 管理研究设计

研究设计（research design）是指研究者针对自己所提出来的科学问题，计划怎样去解答，采用什么样的方法和技术收集数据并分析数据。简言之，就是研究者对研究课题的规划，也是谋求新发现的策略，是一项研究的起点。

研究设计的核心在于完成一项研究时，总体逻辑是否清楚，构成研究项目的各部分之间联系是否清晰①。

其目的在于：第一，辨识问题，提炼主题；第二，论证和验证主题，预期取得什么结果以及选择论证此预期结果的技术方法。其主要目标是提高整个研究的科学性水平，即保证研究结果、结论能真实地反映客观规律。完整的研究设计所包含的环节大致如图 3-2 所示。

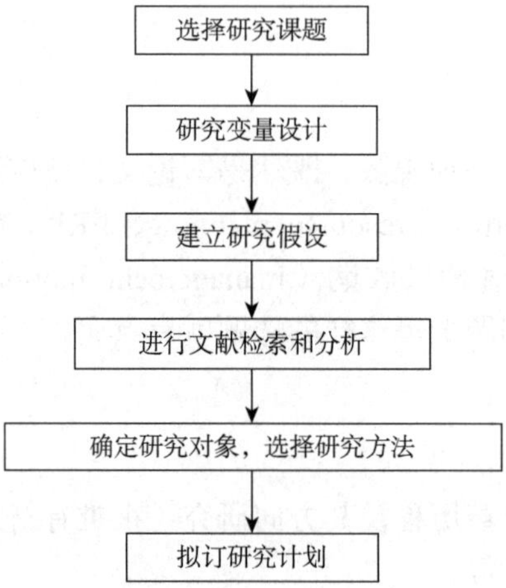

图 3-2 研究设计环节图

---

① Royer I，Zarlowski P. Research design//Thietart R A. Doing Management Research：A Comprehensive Guide. Thousand Oaks：Sage Publications，2001.

3.2.1　研究问题的提出

1. 研究问题的概念与特征

研究问题是研究者在对科学背景知识进行分析的基础上提出疑难、发现矛盾时产生的。一般来说，研究问题具有以下五个特征。

1）科学性

问题是对理论的质疑或不满引出的，即问题都是在一定的科学理论和相关背景知识的基础上提出来的，相对已有的理论来说，问题是重要的、有吸引力的，问题的解决能够增加知识和发展理论。

2）实践性

科学研究本身是一种社会实践，也是社会实践的需要所推动的，研究能够改变人们看问题的方式，能够解决现实中的问题，具有一定的应用价值或潜在的应用价值。

3）可解答性

问题不能有显而易见的答案，但是必须是人类目前的认识基础和科学研究条件所能够解决的。

4）明确性

问题阐述的是概念或变量之间的潜在关系，用清晰明确的术语隐含研究要探讨的内容，问题陈述中隐含假设及研究所期待的结果。

5）客观性

即价值中立，问题是客观的，其陈述不带任何主观好恶等感情色彩，也不带任何道德和伦理的判断。

2. 研究问题提出的方法

问题是逐渐暴露出来的，随着文献阅读的深入，随着研究过程中对实践的深入了解和对研究中出现的偶然现象及反常现象的观察，通过不断的探索和论证形成的。在研究过程中，研究者可以采取一些具体的策略帮助自己有效地提出科学性的研究问题。

1）文献综述法

文献综述既是提出问题的一种方法，也是研究中形成问题的环节。文献综述是展开研究的必然要求，人们在研究时，几乎所有的问题或领域别人都可能已经涉足过，这对于每一个后来的研究者来说，既是一件幸事，也是一种不幸。幸，是指人们可以像牛顿所说的那样“站在巨人的肩膀上看问题”，可以站得更高，看得更远，可以让自己少走弯路。不幸，则是指任何问题都要涉及大量的文献，要求研究者既要从文献出发，又要能跳出文献的局限或驾驭文献。

在文献综述中，通过对某一领域或问题历史与现状进行梳理，了解人们对哪些问题进行了探讨，有哪些成果，经历了哪些发展阶段，形成了什么理论和流派，存在什么样的问题，以及哪些是未涉及的领域。既要了解已有的研究成果，又要了解已有研究的完成质量，所忽略的问题，或存在的矛盾，以及研究本身的缺陷。这可以帮助自己找到现有文献中存在的“黑洞”，也可能找到新的增长点和突破的可能性。

2）模型建构法

事物或现象是普遍联系和动态发展的，其基本状况可以用一个结构或框图来表示。模型构建的意义在于以简洁直观的方式提炼出关系系统的局部或全貌。

一个模型通常包括：①组成研究问题的重要概念及这些概念之间的各种关系。②研究问题的范围、内容维度和层次。

建立模型的作用，一方面是将研究者想象中隐蔽的一些假设明朗化；另一方面是进一步加深对问题的理解，发展自己原有的理论。通过模型建构，可以解释研究者事先没有想到的联系以及现存理论中的漏洞或矛盾，帮助研究者找到解决这些问题的办法。

研究时人们经常用的模型包括以下几种。

（1）描述性模型，简单说明系统中的行为要素。

（2）解释性模型，扩展已经得到验证的理论的应用范围，或促进对关键概念的理解。

（3）模拟性模型或仿真性模型，阐明概念的结构关系，或揭示出各概念相互联结的过程。

建构模型时需要注意，不要设计没有任何风险的模型，即图中列出所有可能探讨的方面，并且所有的概念之间都存在相互影响。要突出研究的重点，有效帮助研究者思考问题。设计概念图不仅需要严谨的思维条理，还需要一定的创造力和想象力。

3）条件变换法

任何理论都是相对的，都有其应用的范围和条件。即除了对“是什么”、“怎么样”和“为什么”的回答，还有其具体应用的范围，即“什么时候”、“什么地方”和“什么人”等限制条件。在研究时考虑到理论的限制条件，既有助于提出具体的问题，又有助于进行有效的理论概括。

4）重复验证法

重复验证不是单纯为了重复而重复，而是为了新的发展或解决必要的质疑，采用不同的范式、视角或方法重新验证已有的问题。问题是客观存在的，是独立于学科而存在的，不同学科往往只看到或解决问题的某一个侧面，而问题本身又是整体的、内在一致的。采取不同的切入点，采用跨学科的方法对有关问题进行探索，从不同的侧面揭示出对象或内容的多侧面性和复杂性，既有可能促进跨学科或交叉学科的新领域，又有可能实现问题的创新。

综上所述，任何方法或取向对于问题来说既有其合适的一面，又有其局限性，而理论在发展过程中，既超越于方法，同时又受到方法和技术的局限。随着理论的发展和方法技术的提高，重新审视一些旧的问题，或者采取不同的视角或研究范式、理论范式，都有可能形成新的突破和新的学科。例如，通过引入文化人类学的方法到组织研究，学者开辟了组织文化的研究领域。

3. 研究问题的陈述

研究问题的陈述是指为寻找答案，对所研究的问题或议题做清楚、完整并简洁的报述。问题是研究项目的核心，研究项目的清晰表达是研究开始的标志。因此，在问题选定之后，需要用准确的措辞描述整个研究目的。

研究问题的陈述需要考虑以下几个方面。

1）问题表述要完整

问题表述是否清晰应以读者是否理解为标准，否则可能在以后的研究中陷入麻烦。要把问题表述清楚，一般至少要用一个或多个合乎语法的完整句子来表述。一些不完整的表述如下：

（1）一个社会保障学专业的学生：社会保障与人们的态度。

（2）一个技术经济及管理专业的学生：用创新创造企业的空间。

（3）一个企业管理学专业的学生：动态竞争战略。

（4）一个农业经济管理学专业的学生：农业产业化发展。

以上四个表述都不完整，有必要把上述不完整的表述用一个或多个完整的句子加以扩展，来构成对研究问题的描述。

2）研究思路要清晰

问题表述清晰之后，不要急于投入研究，最好能有一个切合实际的思路。由于问题的解决需要投入时间、经费与精力，在较短的时间之内和有限的经费制约下，我们不可能不受约束地开展研究。例如，一项研究计划是对我国企业创新能力进行研究，其目的在于……然而，我国企业千差万别，有大型企业、中型企业和小型企业，有国有企业、私营企业、三资企业，有沿海企业、中西部企业，有传统产业的企业、新兴产业的企业、高新技术企业。就创新而言，也不尽一致，有技术创新、管理创新，有独立创新、合作创新等。因此，就研究的问题本身来说，不可能对所有企业的所有创新都进行研究，这样时间、经费、精力等方面都不允许，甚至是不可能的。因此，研究者只能选择有代表性的企业进行抽样调查，从中归纳出一般性结论。这样既节约时间与经费，又能得出有说服力的结论。

3）思想表达要准确

学术界通行的基本原则是：学者的每个陈述都应当是绝对真实和完整的。问题的陈述不能含糊不清，更不能词不达意，也不能想当然地认为别人明白你所表达的意思，因为读者注重的是你说了什么，而不是你所说的意味着什么。例如，上例关于企业创新能力的研究，可以这样表达：本书建议，在我国西部地区选择部分有代表性的大型国有企业进行抽样调查，以研究其独立技术创新的现状与问题，进而提出提高创新能力的具体建议。如此一来，给出了原先陈述中所没有的限定，这种限定会使人明白什么是所要研究的，什么是可能做到的，维护了我们作为学者的诚实而严谨的学术声誉。为了准确表达思想，建议初学者多看本专业学术期刊中文章的摘要或内容提要，在摘要中常见这样的语句：“本文的目的是……”“本研究旨在……”“通过研究以……”等，这些表述无须背景铺垫，直截了当地直奔主题，所有问题都应该如此准确清晰地加以表达。

4）文稿编辑要仔细

文稿的编辑要舍得在修改润色上下功夫，它不仅可以去掉文稿中无用的冗词赘句，使陈述更加清晰，还可以进一步提炼升华思想。在文稿编辑上不能有“差不多”的想法，要追求完美。

3.2.2　研究问题的确定

1. 研究问题有效界定的标准

（1）问题界定必须充分，它能在可使用资源范围内提出。

（2）必须以客观的词汇陈述问题，避免“价值判断”的语言。

（3）问题必须得到充分的描述，以使其他人能够理解。

（4）问题虽然可能来自直觉，但它应该在逻辑层次上得到进一步开发。

（5）研究可以始于一个研究目标，但问题的揭示应扩展到证明目标的合理性。

（6）在对问题的描述中合理地使用数据。数据常常被作为揭示尚未被发现问题的手段。因此在问题陈述的形成过程中建议寻找和考察有关的数据。

2. 研究问题确定的十条建议

（1）有时，在确定应该回答什么特定的研究问题之前，需要做部分的研究，才能使研究问题更趋明朗。研究问题有两项重要的功能：一是协助研究者将焦点放在研究上（即问题与目的及研究的基本框架或概念图之间的关系上）；二是给研究者进行研究的指引（问题与方法及效度之间的关系）。

（2）要避免问题太过宽泛或者太过分歧。

（3）不要太过集中，太窄，存在狭隘的观点，而忽略了对研究目的很重要的事情。精确地重构研究问题，需要一个循序渐进的过程。

（4）不要把未经检验的假设带到研究问题中，如政府如何处理国有企业工作时间过长的问题?

（5）不要为了开题而提出一些假冒的问题。当然也不排除这个问题有可能但不常见。没有理由提出一个已经知道答案的研究问题，或是与研究者认为实际上发生了什么事情之间并没有明确关系的问题，也不要提出一个没有可行性的研究能够回答的问题（资料无法取得或者结论主观，无法证明）。待提出的研究问题的关键在于，科学研究是要发现变量和因变量之间新的关系。

（6）辨别实际议题、研究问题、访谈问题：①实际问题，研究者想要完成什么，放到研究目的中，而不是直接地纳入研究问题中。②研究问题，研究者想要通过这项研究了解什么？LeCompte 和 Preissle 曾说过：“在想出可行的研究问题时，辨别研究目的和研究问题是第一个难题。”[①] ③访谈问题，研究问题界定出研究者想要知道的事情，研究者的访谈问题则为其所需了解的事情提供资料。

（7）研究问题和研究假设：研究问题陈述出研究者想要知道的；相反的，研究假设是研究者对这些问题暂时答案的陈述（暂时带有研究者的主观判断和猜测）。

（8）研究中的五类问题：①描述性问题，询问有关可观察的（或极有可能可观察的）行为或事件，来表示实际上发生了什么；②阐述性问题，询问有关这些事情对于涉及的人们的意义，即他们的想法、感觉和意图；③理论性问题，询问为何发生这些事情，以及它们如何被解释；④推论性问题，在多大程度上发生和说明或解释，也称广泛性问题，涉及样本大小和抽样程序；⑤评价性问题，研究现象如何被评价，涉及规范的价值判断，最好不要直接纳入研究问题中，在研究目的提及，在研究启示部分加以讨论为好。

（9）构建研究问题并不是一件简单或直接的任务，要经历“写出研究者的初步清单—不断修改—逐渐形成”的过程：①一开始先将研究者的所有研究问题放在一边，并且开始进行研究框架的构建；②接着，拿出原始的研究问题，并将它们和概念图以及研究者从其中获得的问题作比较；③对于研究者写下研究目的的备忘录也经历同样的过程；④然后，集中焦点；⑤将研究问题与可能运用的方法连接；⑥从效度的角度来评估所研究问题的可能答案（别人怎么能知道研究是有效的？）

其中，描述效度的主要威胁是资料的错误和不完整；阐释效度的主要威胁是没有好好了解受访者的观点，以及他们说某些话、做某些事的原因，而勉强用自己的意识形态去做解释；理论效度的严重威胁是忽略或不去收集矛盾的资料，或是对所研究的现象，不去考虑其他可能有的解释或原因。

（10）研究设计方案和计划书要避免“菩提金村落”现象，即“以华丽的外表或设计来隐藏不好的事实或状况”。要多到一线观察或体会、多读相关的研究文献、多与专家或同行交流探讨，同时，要少些想当然主观判断。

3.2.3 研究变量的设计

在管理研究中，变量是研究的基本要素之一，因而变量的测量是一个重要方面。

从测量的角度来看，变量至少可分为两种：一种是具有客观性且能精确测量的变量，如工龄、技术职称、销售量等；另一种是只有主观性且无法精确测量的变量，如满意度、感受、态度等。对于前者来说，测量相对直接一些，也简单一些；对于后者来说，由于缺少客观的测量工具，还要做一项工作，即对这些主观感觉变量给予明确界定。例如，将动机、投入程度、满意度等变量概念化或进行电仪，测量可观察的行为及特质，由此可降低其抽象程度。

在形成研究问题时，关键在于概念的应用及假设的提出。此时，必须将概念转化为可以度量的变量。当一个概念可以用数值来量度时，这个数值就称为变量。

---

① LeCompte M，Preissle J. The rolo of theory in the research process//Anderson R E，Leslie L L，Breneman D. ASHE Reader on Finance in Higher Education. New York，London：Ginn & Company，1993.

在定义研究变量之前，先要确定研究变量的类型。也就是说，首先要确定研究选题对应的主要变量有哪些，相关变量有哪些，控制变量有哪些，并对其分别进行明确定义。

给变量下定义，要尽可能清晰、准确，不得含糊其词。给变量下定义的方法通常是：先提示抽象性定义（abstract definition），然后再作操作性定义（operational definition）。先用抽象性定义描述变量的基本特征，然后再用操作性定义规定操作程序和测量指标，这样便于把握操作性定义的方向和意义。

1. 抽象性定义

抽象性定义，又称概念性定义，是对研究变量共同本质属性进行概括的定义。例如，“智力”可界定为“思维的敏锐”或“抽象思考的能力”；“兴趣”可界定为“人对现实世界的对象和现象的特殊认识倾向”；“动机”可界定为“激发一个人去行动或抑制一个人行动的主观原因”；等等。对变量进行抽象性定义的方法如下所述。

（1）经典的定义方法。

（2）从文献中寻找合适定义的方法。

（3）自行定义的方法。

2. 操作性定义

操作性定义是根据可观察、可测量、可操作的特征来界定研究变量的含义。操作性定义是从行为的维度或属性将其转化为可测量的要素，使其成为可观察的行为，并确定测量指标，即用可感知、可度量的事物、事件、现象或操作对变量或指标做出具体的界定、说明。

如果对应抽象性定义，“智力”界定为“用《韦克斯勒儿童智力量表》测量所得的分数”；“合作”界定为“对别人的活动给予支持，并直接参与活动，成为其中的一员”等。

例如，人们“追求成功的动机”是一个抽象的概念，但如果要进行测量，就必须对其进行操作性定义。我们可以从“工作驱动”“注意力集中”等维度来展开，进一步分析每个维度的要素，如第一个维度的要素有全日工作、不休假、勇于面对挫折等。Sekaran 所列举的一个例子很有说服力：“口渴”是一个抽象概念，我们无法“看到”别人的口渴程度，然而，我们可以预期一个口渴的人会喝大量的流质液体来补充。也就是说一个口渴的人，他的反应会是喝许多的液体，因此，我们可通过测量口渴的人喝多少液体来得知他的口渴程度①。所以，即使“口渴”本身是一个抽象且含糊的概念，我们仍能测量口渴的程度。这一通过适当方法降低概念的抽象程度量，用客观的方法加以测量的过程叫作概念操作化。

在研究中，概念或变量的操作性定义与假设的具体性程度需要匹配一致。假设中的

---

① Sekaran U. Research Methods for Business：A Skill Building Approach. Hoboken：John Wiley & Sons，2003.

变量关系对应于理论或问题中的概念关系，从实证的假设上升到抽象的理论存在一定的风险，因此，研究者在建立假设用以回答自己所提出的问题时，需要对其条件做出限制和进一步精确化，既要注意假设的水平、具体化程度，又要兼顾问题与理论发展上的目标。这样便于说明假设是有效的、有理论依据的，同时又能够说明假设对自己的问题而言是充分的，是可以通过自己的研究进行回答的。

1）操作性定义的目的

对变量进行操作性定义的目的在于：①能客观准确地测量变量；②为他人重复验证提供具体的做法；③便于别人和同行之间的学术交流。

2）操作性定义的方法

对变量进行操作性定义的方法主要有：①条件描述法；②指标描述法；③行为描述法。

3）操作性定义的注意事项

给变量下操作性定义要注意以下几点。

（1）对研究课题中重要的变量要下操作性定义，如研究假设中涉及的变量、在整个研究中起关键作用的新概念、新名词等。

（2）应根据研究目的、内容及变量的性质来下操作性定义。操作性定义要与变量的原意相符，要与抽象性定义的内涵和外延相符。

（3）操作性定义的设计要具体、明确。所提示的测量或操作必须具有可行性，要使别人能理解操作内容和过程并能重复验证。操作性定义的指标成分应分解到能直接观测为止。

（4）操作性定义在使用过程中应该是独特的，它是研究者为了研究需要而规定的特殊解释，并非是对变量全面、唯一的解释。

（5）操作性定义并非描述概念之间的相关性。例如，上述提到的“追求成功的动机”、“工作驱动”与“注意力集中”之间不是什么相关性问题，而是将概念“追求成功的动机”具体化的过程，也就是降低其抽象程度的过程。正因为如此，我们测量“追求成功的动机”这一抽象概念时，就不能将“工作绩效”作为“追求成功的动机”的维度来考虑，即使大部分追求成功的动机高的人，其绩效较好，换言之，也可能二者之间存在高度相关关系，但我们不能把“工作绩效”作为“追求成功的动机”的维度，因为绩效表现可能就是追求成功的动机的结果，而非追求成功动机本身。反过来讲，某个具有很高追求成功动机的人，也可能由于某种不可控因素的影响，无法取得较好的工作绩效。因此，如果我们用“工作绩效”来衡量“追求成功的动机”，就犯了一个错误，即我们并非测量我们感兴趣的概念“追求成功的动机”，而是测量了“工作绩效”。

由此可见，概念的操作性定义并非描述概念之间的因果关系或相关关系，而是描述可观察的特性，以便能够具体测量研究结果。如果在研究过程中，没有给予概念正确的操作性定义，或与其他概念相混淆，则可能导致无效的研究结果。

能简单解释所发生的现象或问题并找出答案，通常比考虑太多无法控制的因素的复杂研究要好，而且太多无法控制的变量还会完全超出研究者的控制范围。当我们设计研究框架时，如果以较少的变量来解释方差，远比采用复杂变量更有效率，这样的研究模型是相当经济的。要达到变量设计的简练性，就必须充分了解问题，即影响它的主要因素。如果能通过结构化与非结构化的访谈，并且对该问题领域先前的研究成果做详细的文献回顾，就可以得到良好的概念模型，从而使变量设计得更为合理。

3. 两种定义的优缺点

（1）抽象性定义的优缺点：抽象性定义可以对变量的基本性质进行概括、描述，可以涵盖变量的属性特征，便于与其他变量相区别。但是，抽象性定义不能把概念与可观测的客观世界联系起来，研究中也无法据此来测量或操纵研究变量。

（2）操作性定义的优缺点：操作性定义对变量的界定清楚明确，便于操纵和测量。但是，操作性定义往往只能涉及变量的少数特征，具有明显的排他性，难以表达完整意义。

3.2.4 研究假设的建立

假设是对问题推测性的尝试性回答。在研究中，要建立什么样的假设，可以按照所提问题类型来选择。至于如何建立假设，主要说的是建立假设的思维过程。

1. 研究假设的内涵与作用

所谓研究假设，简言之，就是对选题提出的问题作假想性的回答，是研究者根据一定的经验事实和科学理论，对研究问题做出的一种推测性和假定性说明。对此，我们可以从三个方面加以理解：第一，必须是对问题的解答，假设的提出不是无缘无故的，它是用来回答特定问题、解释一定事实和现象的；第二，必须是对未经证实的问题的解答；第三，必须有相关事实或理论依据。

研究假设在表述上有以下特征：①设想两个变量之间的期望关系；②应用陈述句形式简洁明确地描述；③变量之间的关系应当是可检验的。

研究假设的作用在于：研究假设是研究的核心，能明确规定课题，是通向理论的桥梁。

2. 研究假设建立的方式

科学研究的假设可能来自研究者的猜想，可能是以往的研究的暗示，也可能是从某一理论推论而来。总之，研究者可以用各种各样的方式提出假设，但从根本上说，不外乎两种：一种是演绎法，从一般到个别，即从某一理论或一般性陈述出发来考察某一特定的对象或现象，根据逻辑推论的法则，对这一对象或现象的有关情况做出推论；另一种是归纳法，即从许多个别事实中概括出有关事物、想象的一般性认识或结论，考察特定现象或事件，据此提出一般性假设。前者往往是在较成熟的学科研究中建立假设所常用的方法，而后者往往在新学科或新建理论中常见，采用归纳法所获得的结论，可以用于建立新的理论或据以修改原先所根据的理论。但有了理论后，又可以继续采用演绎法导出新的假设、新的研究，周而复始，从而不断完善科学知识。因此说，演绎法和归纳法不是对立的，而是交叉使用、互相配合的。研究者应根据研究的性质来决定是否需要正式提出假设。

（1）通常，定量研究、验证性研究、涉及两个变量相互关系的研究要求明确提出研究假设。

（2）定性研究、描述性研究、单一变量的研究则不一定要预先提出研究假设，其假设往往隐含在研究过程之中或在研究过程中形成。

3. 建立研究假设的两个思维过程

在科研中，研究者建立假设需要两个思维过程。

1）疑问

评述别人的研究回答了整个问题中的哪些小问题，尚需回答什么，自己要回答什么，从理论到问题解决尚有多大距离。

2）推测

在理论和逻辑推理（归纳和演绎）的基础上做出假设来跨越已知和未知之间的鸿沟，要能大胆假设，但在具体研究过程中，则需要小心求证。

在建立假设的过程中，要掌握循序渐进的原则，即当探索研究阶段假设不明确时，应在前人的研究分析上提出一个方向性的具体假设，然后进行先导性研究；在先导性研究的基础上再结合相关理论提出一个对整体研究具有指导价值的具体假设，再通过系列的正式研究验证。

4. 良好的研究假设应符合的标准

1）科学性

假设应有一定的事实和理论依据，应符合逻辑，理由充分，能解释与假设有关的事物与现象。

2）预测性

假设应具有预测性，假设的正确与否有待于事实的检验，它对因果关系的解释是不确定的、或然的，即两个变量的关系非真则假，非此即彼，要么接受，要么拒绝，不存在中间道路。

3）新颖性

假设是对变量之间关系的大胆设想，应具有创新意义，不要总是用现成的结论来代替假设。

4）可验证性

假设涉及的概念、变量应是可以操纵、测量的，具有被证实或被证伪的可能性。每一个假设都要接受检验，能被验证的假设肯定要比不能被验证的假设要好，已被证实的假设肯定要比一个未被证实的假设要好。

5）简明性

假设在表述上应简要明晰，易于理解。当简单的假设和复杂的假设具有同等解释能力时，应选择简单的假设。

6）概括性

好的假设大多能产生或推演出大量的推论，并且在所涉及范围内具有较大的概括性，一般来说，能演绎产生大量推论的假设必定是好的假设。

3.2.5 研究方法的选择

在明确了研究变量之后，就要考虑并确定研究方法，以收集完整、可靠的研究资料，聚焦并深度分析研究资料。

研究者要根据研究的目标、性质、研究对象和研究的各种条件等因素来选择采用何种方法。从程序上看包括：研究方式、确定具体的研究方法和安排研究工作的组织方式及工作程序。选择研究方法的第一步是选择研究方式［调查研究、实验研究、文献研究、实地研究（filed study），可用一种或多种］；第二步是选择资料收集（data collection）方案（收集资料的内容和各种收集资料的具体方法）；第三步是设计资料分析方案（内容、方法、技术）。

描述性研究可以通过提出研究假设来引导研究的展开，但更多的时候是通过研究问题来构建研究过程。描述性研究的设计包含以下程序：确定所要描述的对象、选择可以利用的信息源、通过观测工具获取数据、对所获取的数据进行分析、形成研究结果和评论。

需要注意的是，一项课题的研究虽然可以采取多种研究方法，但不能无所不包，罗列大量的研究方法，使读者感到眼花缭乱，难以判断研究者究竟采用了什么方法及如何采用这些方法进行研究，更不能在方案设计中点明采用某种方法，但文中又难以找出，使读者有前后脱节之感。同时还需要注意的是，方法创新难度较大，但毕竟也是创新的一个方面。

有时因为时间与成本的关系，研究者可能不得不迁就于较不理想的研究方案，如因资源有限制选择横剖面研究而放弃纵贯研究，选择实地研究而放弃实验研究，选择小样本而放弃大样本，由此研究者就无法选择最优的研究设计，而被迫接受较低的科学严谨度。研究者必须按研究的范围在严谨度与资源之间进行取舍，审慎地做出抉择，并在研究计划书中明确地加以表述。

收集和分析研究资料的方法多种多样：无论哪种方法，既有优势，又存在不足。人们通常是根据课题研究目的和条件来选择资料收集方法，并注意各种方法的独立性及相互关系。

本书中关于研究方法的介绍详见第 5 章相关内容。

3.2.6　研究计划的设计

无论是为了获得课题基金支持，还是学位论文要通过学术委员会的评审，一份清晰而完整的研究计划是最基本的。因为它将证明作者是否拥有这方面的能力。可想而知，如果一份研究计划重点模糊、组织松散、缺乏细节，就会给人以这样的印象：此人不具备完成工作所需要的逻辑和系统的思考能力。

简单来说，制订研究计划的意义大致在于以下几个方面：①研究内容的细化；②课题申报或论文开题的形式；③研究行动的指南；④评价检查的依据。

1. 研究计划的基本要求

准备一份研究计划，需要回答这样一些问题：研究什么？为什么研究？如何研究？有何成效？研究计划由对这些问题的回答组成。研究计划所要回答的这四个问题及其对应内容如图 3-3 所示。

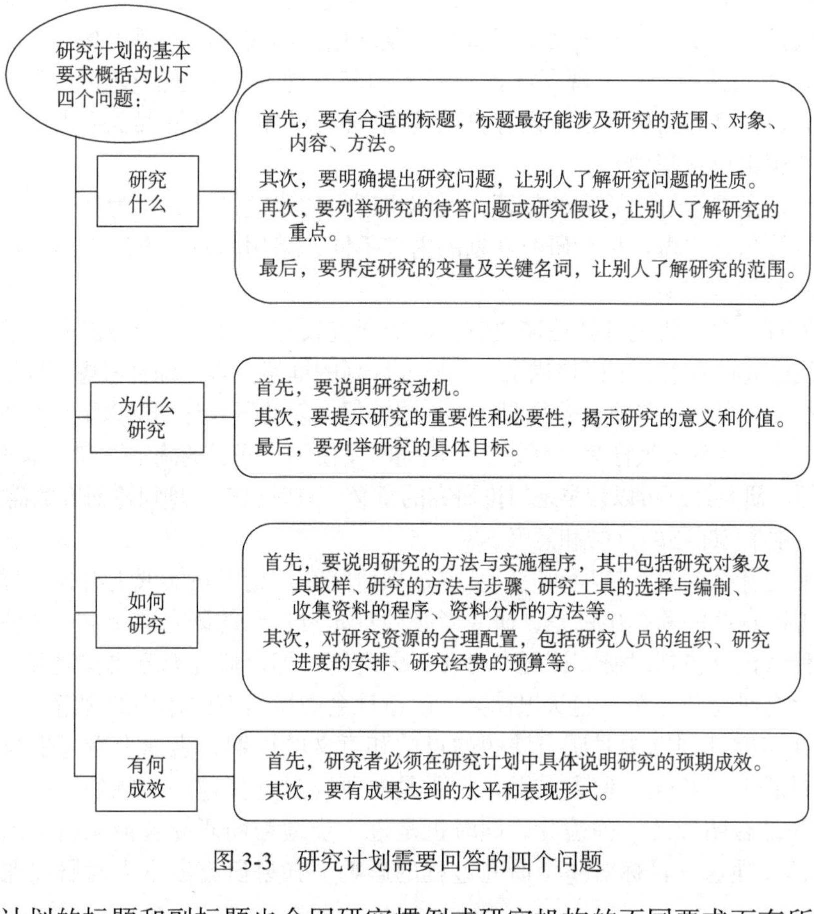

图 3-3　研究计划需要回答的四个问题

研究计划的标题和副标题也会因研究惯例或研究机构的不同要求而有所不同，例如，一些标题是“过程”，另一些则是“行动的描述”，或者“方法论”。然而，研究计划具有一种普遍的形式，从在适当背景下提出问题的部分到为研究提供一个做判断的结论部分，要具有逻辑一致性。

研究计划的长度根据研究问题的内容而有所不同，这些内容包括研究问题的重要性及拟采取步骤的复杂性。但无论如何，总的内容框架和各组成部分或建议应当是协调一致的。研究计划所有的组成部分有一个一般的标准：文字简洁；各部分内容要保持连贯性；描述得要完整而又不烦琐；各部分之间要安排得当，以使判断者容易理解研究者的思路，体会研究者的意图。

2. 研究计划的基本框架与主要内容

Sekaran 认为，研究框架是一个概念模型，通过它可以建立理论，或找出研究问题中几个重要因素之间的合理关系[①]。理论的依据来自先前与问题相关领域的文献资料，而在调查研究问题的过程中，将个人理念与已发表过的研究相互整合、考虑影响情景的限制条件等，都是相当重要的。总体来说，研究框架所讨论的是找出研究情景中的重要变量之间的关系。

研究框架建立在文献分析基础之上，通过文献分析可在过去研究发现的变量中辨析对本书哪些是重要变量，再将其他逻辑关系概念化，形成理论模型的基础。研究框架阐明了变量之间的关系，也解释了在此关系下的基本理论，并描述变量关系的性质与方向。文献分析为良好的研究框架设计打下基础，而良好的研究框架也提供了发展可检验假设所需的逻辑思考基础[①]。

研究计划是关于管理研究的打算，说明要进行的研究是什么，为什么要进行这一研究，以及打算怎么去做。尽管研究计划的内容不同，采用的研究方法也不一样，但是研究计划的基本结构类似。

在实际研究中，研究者往往需要将自己的研究设计和研究计划写出来，形成书面文件，这就是研究计划书。下面提供了一个研究计划的框架内容（综合考虑了课题申报与学位论文写作）。尽管某些项目的称谓有所不同，但一般的研究计划都以下述步骤展开。例如，有时一个主要部分被称为“介绍”，但同时又使用“问题的确定”和“术语的界定”作为副标题。研究计划可以较早地讨论研究的意义，有时也较早地讨论研究的需求。

1）说明研究课题的目的和意义

即说明为什么要进行这项研究，从事这项研究在理论或在实践上有什么样的价值。当然，要说明这些的前提条件是，研究者必须首先对自己的研究课题有一个清楚明确的认识。这种认识既包括对研究课题本身含义的理解，即该研究究竟要探讨和回答什么问题，也包括对研究课题在人们认识社会、改造社会中所具有的作用的理解。

这种在研究计划书中对研究课题的目的和意义的说明，表面上看起来与实际研究中的操作过程并不相关，但事实上，它既是对研究者选择这一课题的动机、意图、方向、价值等是否明确的一种检验；同时也是进一步地帮助研究者强化和突出这一课题的总目标，加强这一目标对整个研究过程的影响。如果研究者本人对研究课题的目标

---

① Sekaran U. Research Methods for Business：A Skill Building Approach. Hoboken：John Wiley & Sons，2003.

和意义都说不清楚，那么，这一课题是否值得去做，以及是否能够真正做好，显然就值得怀疑了。

2）说明研究的内容

研究内容是对研究问题的具体分解和细化。在研究计划书中，要详细说明研究的内容，这是落实目标十分重要的一环。如前所述，研究课题的确定只是指出了我们所研究对象的大致范围或基本方向，至于在这个题目下，究竟应该研究哪些具体对象，则是在研究计划书中所要解决的问题和所应完成的任务。假定我们所确定的研究课题是“北京市城区交通状况及问题研究”，那么，在研究计划书中，就可以将城区的交通状况分解为交通车辆状况、道路建设状况、交通管理状况及人员流量状况等几个大的方面，然后再在每一个大的方面中，根据课题目标的要求和现有的条件，对研究内容进一步细化。例如，将交通车辆状况细化为机动车与非机动车、客车与货车、大车与小车等具体的研究内容。这样就可以为研究指标的选择、问卷的设计等打下较好的基础。

3）说明研究的理论假设

尽管不是每一类研究都必须有理论假设，但对于那些必须有理论假设的研究来说，则应该在研究计划书中对理论假设进行一番陈述和说明。一般来说，探索性研究的主要目的是通过了解情况来发现问题，建立不同现象之间的联系，直至建立起解释这种联系的理论假设。因此，探索性研究显然是不需要事先建立起理论假设的，它可以作为一项独立的研究，也可以为进一步周密深入的研究做准备；描述性研究的主要目的是全面系统地描述和了解某种社会现象的状况、特点及其发展过程，为进一步分析和探讨不同现象之间的联系打下基础，解答是什么的问题。因此，它一般也不需要建立明确的理论假设；只有在解释性研究中，才必须事先建立起明确的理论假设。所以，在解释性研究的计划书中，不能缺少对理论假设的陈述和说明，以解答为什么的问题。

4）说明研究的分析单位和抽样方案

指明研究课题的分析单位，可以使研究者有针对性地收集研究所需的资料，同时也可以使研究者避免犯层次谬误或简化论的错误。而抽样常常涉及研究对象的选取问题，它也是社会研究中一项十分重要的工作。从总体中所抽出的那一小部分研究对象对总体是否具有代表性、有多大的代表性，与我们的抽样方法、抽样过程紧密相关。在研究书中，我们需要说明：①研究的总体是什么，即对研究对象所选取的总体进行界定；②采用什么样的抽样方法和程序进行抽样，即是以某一种抽样方法单独进行抽样，还是采用几种方法结合进行，抽样的具体步骤又是如何，等等；③样本规模的大小及样本准确性程度的要求等。

5）说明资料的收集与分析方法

社会研究中的资料收集方法有各种不同的形式，每一种具体的资料收集方法都有其特定的优点和不足，它们分别适用于各种不同的条件和场合。研究者的任务，就是要根据自己所从事的研究课题的具体情况，从中进行选择，以达到最好的研究效果。资料收集方法的选择要依据多种因素综合考虑，如研究总体的性质，样本规模的大小，研究的目标和重点，研究课题完成的时间要求，研究者的人力、物力是否充足，等等。研究计划书中的这一内容，正是要在研究实施之前，系统地分析和考虑上述各项因素，做出恰当的安排。根据研究类型的不同，资料的分析方法也有一定的差别。例如，探索性研究主要依赖于定性分析方法；描述性研究主要侧重于基本的描述统计和推论统计；而解释性研究则主要依赖于双变量与多变量的相关分析及其他一些更为复杂的统计分析方法。具体分析方法的选择同样要紧密结合研究课题的目标、内容和要求来进行。

6）说明研究人员的组成、组织结构和培训安排

对于一项较大规模的研究课题来说，往往需要不止一个研究者的共同努力才能完成，同时还可能会涉及挑选、培训调查员的问题。因此，在研究计划书中，必须对研究课题的组成人员及其在研究中所承担的任务进行说明，明确分工，制定相应的组织管理办法。对调查员的挑选、培训工作也要事先进行规划，制订出切实可行的培训方案，以保证研究工作的顺利进行。

7）确定研究的时间进度和经费使用计划

一项社会研究课题从定下题目到完成报告，往往有时间上的限定或要求。为了在规定的时间范围内保质保量地完成研究任务，顺利达到预定的研究目标，研究者应该在开始课题研究之前，对整个研究工作的时间分配和进度进行安排。每一阶段所分配的时间要合适，还要留有一点余地。特别要注意给研究的设计和准备阶段多安排一些时间，不要匆匆忙忙地开始收集资料的工作。此外，对于课题经费的使用，也应有大致的考虑和合适的分配，以保证研究各个阶段的工作都能顺利进行。

3. 研究计划书的格式

研究计划书的基本格式有多种，图 3-4 是四种主要的格式（综合考虑了课题研究和论文写作）。

课题名称：
一、研究动机与目的
二、待答问题或研究假设
三、研究变量与范围
四、文献综述
五、研究方法与设计
六、预期成效
七、研究进度、经费及人员
八、参考书目

（a）格式一

课题名称：
一、研究主旨（包括对象、缘起与目的）
二、问题背景与现状
三、研究过程与方法
1. 基本理论与假设
2. 运用资料的范围
3. 收集资料的程序
4. 分析资料的方法
四、研究进度及每一阶段预期完成的项目
五、研究预期发现及效果
六、研究经费的分配
七、研究进度、经费及人员

（b）格式二

一、课题	1. 提出要研究的课题
	2. 有关文献评述
二、科研方法	3. 项目设计
	4. 收集数据的方法和步骤
	5. 数据分析程序
三、课题意义	6. 预示研究结果
	7. 理论意义和现实意义
四、科研队伍	8. 科研人员学历、经历、科研成果
	9. 经费预算、阶段性成果等

（c）格式三

标题（计划名称）
摘要
目录
一、绪论
　1. 问题背景（或研究缘起）
　2. 研究的重要性
　3. 研究目的
　4. 待答问题或研究假设
　5. 名词及变量定义
　6. 研究范围
二、文献综述
三、研究方法
　1. 研究对象及取样方法
　2. 研究主要方法与设计
　3. 研究工具
　4. 实施程序
　5. 资料处理及统计方法
四、预期成效
　1. 预期结果（或发现）
　2. 预期效用
五、研究进度
六、研究经费预算
七、研究人员
八、参考文献（及附注）
附录

（d）格式四

图 3-4　研究计划书格式

4. 研究计划书的撰写

一份好的研究计划书，应该文字简洁，各部分之间衔接连贯，安排得当，描述综合全面而又不烦琐，要使读者容易理解研究者的思路。

在研究计划书中要阐明所要研究的问题，通常有一些介绍性的评论，包括对一些相关文献的引用，以便为阐明所研究的问题提供来龙去脉。介绍性用语包括“本项研究的意图是……”“本计划研究的问题是……”等。

随后便是相关的假设和有关研究问题的术语定义。描述管理研究问题时所用的术语都必须加以界定，包括任何有可能产生歧义或较宽泛的术语，有时，在用来描述测量的方法论部分需要提供所测变量的操作性定义，尤其是操作性定义较复杂时更需清晰地界定。

文献综述提供研究问题的背景和来龙去脉，使人们认识到研究的必要性，表明研究者对该领域的丰富知识。也有人建议在文献综述部分要涉及研究的意义，如果研究的意义与研究的需求相关，可以在此陈述，如果意义重大，最后在文献综述后，如计划的末尾附加专门的部分讨论研究的意义。文献综述应该表明，研究者对要研究的领域有良好的把握，有能力去选择相关的资料，把它们联系在一起，为要研究的问题提供一个可以理解、准确的背景知识，并表明文献的思想与研究问题之间的连续性。

在研究计划书中，方法论和方法步骤是核心部分。这部分的内容和长度会因研究类型的不同而不同。像“设计”“样本”“数据分析”这类标题不仅确定和描述了研究者要从事的各种活动，还会帮助读者了解各种研究活动之间的连贯性。例如，定性研究这一部分应涉及以下的问题：场所选择和抽样是有计划的，还是随机的实地抽样；研究者的角色与搜集资料的方法（观察、访谈、问卷）；资料呈现和归纳分析资料；设计的局限。对于定量研究，除了一般的研究设计，还应包括描述下列具体的活动和材料：要使用和要发展的测量手段；参与到研究中的个体（被试）；样本（设计和容量）；实验步骤（如果要实施一个实验方案）；资料搜集的方法，资料分析（要使用的具体分析方法）。

不论采取什么方式的研究，都要描述研究设计的局限所在，这将影响问题推广的范围。如果设计有潜在的弱点，或者实际研究工作有潜在的困难，作者要说明准备如何弥补或消除它们。例如，自变量中可能混进无关变量，就要论述它们可能产生的影响，指出将怎样控制或消除它们。如果要抽样，就要说明样本的选取和具体的操作性定义。

在研究计划书中，对方法的论述还包括相应的时间顺序和怎样实施的内容，总之，要具体描述各种活动的细节，它们之间的连贯性要明显。

不论何种类型的研究，都应该为拓展该领域的知识做出贡献。回答下面的问题，有利于提出不同形式的研究成果：是否填补了某项空白？是否回答了先前研究所提出的问题？是否为后继研究提出了建议或界定了问题？是否形成了某类数据？为管理带来了什么改善或改变？成果对管理实践人员意味着什么？……

当讨论研究的意义时，重要的是要指出预期结果将如何与文献所报告的结果联系起来，计划书撰写人要不含糊地使用以前在这一点上的有关引证，或者附加参考。

第 4 章　资料收集与整理

资料收集和调查设计是做好学位论文的关键。有价值的学术观点只能从数据中产生，有说服力的学术观点只能靠资料支撑。因此，在了解学位论文写作要求的基础上，学生应该学习相关领域的最新理论、知识和研究方法，从理论、方法和资料上为撰写论文做准备。通过初步资料收集和整理，明确研究问题的背景，了解已有的与有关现象相联系的理论和研究成果，从中得到启发和借鉴。

4.1　资料收集概述

4.1.1　资料的定义及分类

1. 资料的定义

资料是人类的科学文化知识、各种思想和各种实践活动赖以记录、保存、交流和传播的一切印刷品和视听材料的统称。它通常指书籍、报纸、期刊、科技报告、专利说明书、技术标准、产品目录、产品样本、设计图纸、实物样品、历史档案、电子出版物（如光盘、录音带、录像带）及网络出版物等。

资料收集，也称为材料收集，是从研究和成果写作的目的出发，从各种渠道获取资料的过程。有说服力的学术观点需要资料的支撑。真实、准确和完整的资料是研究结果科学性和真实性的基础。

2. 资料的分类

根据资料来源的不同，可将资料分为直接来源资料和间接来源资料，对应到资料的类别上，即是第一手资料和第二手资料（secondary data），如图 4-1 所示。

其中，第一手资料（直接来源资料）可以通过访问调查、问卷调查、观察法、实验法等方式来获取，第二手资料（间接来源资料）可以通过出版物、年鉴、网络等方式获取。

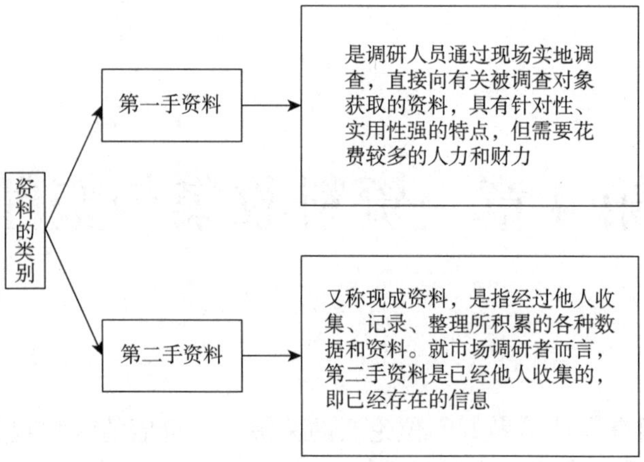

图 4-1　资料的类别

4.1.2　资料的作用

梁启超曾说："资料，从量的方面看，要求丰备；从质的方面看，要求确实。所以资料搜罗和选择，实占全工作十分之七八。"

语言学家王力先生曾说过："一个小小的题目，我们就要占有很多的材料，往往几十万字，要做几千张卡片。别看写出来的文章只有几千字，一万字，收集的材料却是几十万字，这叫作充分占有材料，材料越多越好，材料不够就写不出好文章。"可见，查阅、收集资料对科研的作用和意义有多重大。

搞任何科研，都要以资料作为基础，资料是研究的前提。没有资料，就无从研究，更谈不上观点和创见。资料是研究过程观点形成的基础，也是动笔写论文的重要依据。资料是论文写作的基础，没有资料，"巧妇难为无米之炊"，研究无从着手，观点无法成立，论文不可能形成。可以说，资料收集与阅读是一切科学研究的入口！

对于学位论文的写作而言，收集资料的作用主要体现在以下几点。

（1）了解前人的研究成果，掌握学科历史、现状、发展。

（2）选择、缩小或调整论题。

（3）提炼学术观点。

（4）支撑学术创新，明确论点的支柱、论据。

在学位论文写作的前期：查阅与选题相关的资料，了解目前的研究现状，可确定分辨研究的课题是否可行，是否有价值。

在学位论文写作的中期：不断查阅资料，可证实先前的设想，可从别人的方法或思路中获得启示，可佐证论文的观点或答案，支撑论文的创新点。

4.1.3　资料收集的原则

无规矩何以成方圆。资料收集工作一般要遵循"先内后外""先近后远""先易后难”的原则。“先内后外”是指先查找本部门收藏的资料，再到其他部门查找、补充、核实；“先近后远”是指先查找年代近的资料再查找年代远的；“先易后难”是指先查找常见的资料，如档案、书、报刊、图、照等，再集中力量征集难度较大的资料，如流散、遗缺的资料。在具体收集资料中，应注意以下几个原则。

1. 客观性原则

这是收集科研资料的首要原则。有些人在进行科研时，往往是从已有的观念或假设出发，再去寻找材料，或任意裁剪客观材料来证明自己当初的假设。这种做法是不对的。所有的结论与规律都来自对客观、充分材料的分析。只有坚持客观性原则，才能获取可靠的科学事实。

2. 可靠性原则

也称为真实性原则。收集的资料最好是原始资料或来源于权威部门，有些来自网站查询的资料需要进一步核实。收集资料时必须注意到哪些是真实的，哪些是虚假的，不要被活动的假象或表象欺骗了。

3. 针对性原则

坚持围绕研究课题的指导思想，选择与课题相关的资料。就某一课题而言，应收集的资料是有范围的。只有有的放矢，才能事半功倍。

4. 全面性原则

力求收集与课题相关的各方面资料，不但要收集和自己观点一致的资料，而且要收集和自己观点不一致的资料，做到全面占有资料，学会比较分析，使自己研究的结论比较科学、全面。

5. 时间性原则

尽量选择最新出版或发表的资料。

6. 典型性原则

保留那些质量高、作用大的典型资料，去掉重复、过时的资料。

4.1.4 资料收集的步骤

第一步：根据课题研究需要，设计资料收集、数据采集的计划。
第二步：设计科学、明确的搜集资料的工具。

第三步：采用适当科学的方法，主要通过查阅文献档案、调查访问、发放问卷、实验观察、实验测试、学生作业等多条渠道、多种手段，结合传统手段与现代手段，广泛搜集能够反映研究对象实际的包括文字、实物、声像等在内的各种资料。

第四步：按计划进行收集和采集，力求收集基础资料，采集原始数据。

4.1.5　资料收集的来源

资料收集的来源，或者说资料的获取途径，主要有以下几类。

1. 中文数据库

（1）《中国知识资源总库》，该库内容包括杂志、博士/硕士学位论文、报纸、会议论文等。

（2）万方数据资源系统，该系统可以提供数字化期刊、学位论文全文、会议论文全文、西文会议全文、法律法规全文等。

（3）人大复印资料全文数据库（full-text databases），该数据库报道人大复印资料全文。

2. 网站

网站属于一种目录型检索工具，在互联网非常发达的时代，很多网站的搜索功能也非常强大，如一些为人们熟知的网站：百度、Google、新浪、中国知网、小木虫论坛、中国教育和科研网等。

3. 资料的间接来源

资料的间接来源很多，诸如《中国统计年鉴》《中国统计摘要》《中国社会统计年鉴》《中国工业经济统计年鉴》《中国农村统计年鉴》《中国人口统计年鉴》《中国市场统计年鉴》《世界经济年鉴》《国外经济统计资料》《世界发展报告》……

4.1.6　资料收集过程中存在的问题

当前，在课题研究和论文写作时的搜集资料方面，存在的问题主要有：①文献资料不注明出处；②事实性材料没有时间、地点，没有背景；③对资料的可靠性缺乏考证；④对代表性的事实性资料没能科学选择，有时使用数据前后自相矛盾，经常看到采用举例法，不知道该典型在所属群体中的位置；⑤搜集资料的方法、使用的工具、调查问卷，往往缺乏科学性；⑥对资料缺乏综合分析，有时变成资料堆砌，不知道为了说明什么问题。

这一系列问题都反映出学生在完成学位论文的过程中没有对资料搜集的环节予以足够的重视，也未能掌握资料搜集的要点和方法。

4.2　资料收集方法

资料收集的方法有很多，本节介绍课题研究和学位论文写作中常用的几种收集资料的方法。

4.2.1　文献检索

文献检索是为科研服务的，但它只是科研的辅助工具、敲门砖。在学位论文的写作过程中，通过文献检索来收集资料是最常用的方法之一。在检索文献的实际过程中，首先应当知道在哪里才能找到所需的文献，或者说，如何才能发现这些文献的具体存在位置，否则所谓搜集文献就是一句空话。要做到这一点，就必须掌握文献的定义及分类、来源，以及文献检索的作用、工具、途径、步骤。

1. 文献的定义及分类

文献的现代定义为“已发表过的，或虽未发表但已被整理、报道过的那些记录有知识的一切载体”。所谓一切载体，不仅包括图书、期刊、学位论文、科学报告、档案等常见的纸面印刷品，还包括有实物形态在内的各种材料。从定义中可以看出，文献有三个属性，即知识性、记录性和物质性。

按照信息被加工的程度，文献可以分为以下几类。

（1）零次文献，即经历过特别事件或行为的人撰写的目击描述或使用其他方式的实况记录，是未经发表和有意识处理的最原始的资料。

（2）一次文献，直接记录事件经过、研究成果、新知识、新技术的专著、论文、调查报告等文献，包括图书、期刊、论文、调查报告、会议记录、实验报告，是实践的记录与总结，具有原创性。

（3）二次文献，检索性文献，是由一次文献提炼出来的，如目录、索引、文摘等。在二次文献中，我们不能获得作者的观点，只是为了给研究者提供检索的方便，使我们更快地找到所要的资料。

（4）三次文献，是作者经过对一次文献和二次文献的系统整理后得到的包含自己观点在内的文献资料，如综述与述评的文献。从三次文献中可以大致了解到某一主题（或议题）的总体情况。在综述中，所看到的也是渗透了综述者思想的东西，要真正看到原作者的思想，还得翻阅原始文献，即一次文献。

2. 文献的来源

1）书籍

一般来说，书籍包括专著、论文集、教科书、资料性工具书、科普读物等。

（1）专著是就某一学科或某一专门问题系统全面的论述，多是作者多年研究的结果，有较高的学术水准。

（2）论文集是某位或众多专家的学术论文，论题集中，观点各异，信息量大。

（3）教科书阐述基础知识、基本理论、科研成果和有待讨论的问题等，教科书追求学术上的稳定性，名词术语规范，结构系统严谨，叙述概括，可读性强。

（4）资料性工具书就某一学科有关问题的历史与现状、方法与结论及各种争论观点做广泛客观的阐述，不涉及作者本人的见解，类型分明、叙述简练、小型实用、查阅方便，如《管理学大辞典》《中国大百科全书》等。

（5）科普读物。面向广大群众的以普及教育科学知识为宗旨的通俗读物，提供实用类信息。

2）报纸

以刊登新闻和评论为主，信息量大而快，但材料分散，不够系统。不过，专业性报纸常开设理论专版或专栏，这些文献往往属于学术性作品，值得研究人员阅读使用。

3）管理期刊

管理期刊分为学术理论性期刊、情报性期刊、事业性期刊和普及通俗性期刊。

（1）学术理论性期刊：反映管理理论研究的动态与成果，如《管理世界》《管理科学学报》《管理评论》《管理学报》《经济管理》《管理现代化》等。

（2）情报性期刊：文摘及复印资料，如中国人民大学书报资料中心编选的《复印报刊资料》（月刊），并附有一定时期内主要论文的编目索引，可以帮助研究者及时掌握某一特定课题的文献概况。

（3）事业性期刊：按领域和地区可进一步划分为两类，前者如《华东经济管理》《上海管理科学》等，后者如《冶金经济与管理》《技术经济与管理研究》等，介绍各级各类或各地区管理的发展情况和改革业绩。

（4）普及通俗性期刊：面向普通读者及管理实践者，介绍管理新思维、新观点、管理理论与方法，如《企业管理》《中外管理》等，实践性强。

4）管理档案

管理档案是在管理实践活动中直接形成的具有保存价值的原始文献资料，包括统计年鉴、学术会议文献、学位论文等。

（1）统计年鉴是系统汇集一年内重要事件、学科进展与各项统计资料的信息密集性工具书，分综合性和专业性两种，如《中国经济年鉴》以条目形式分门别类地概括了各个年度各个地区经济的发展成就、法规、统计资料及重大事件，是管理研究的重要工具书。

（2）学术会议文献，包括学术会议报告、纪要与提交会议的论文，能反映出一个学科领域的研究动向与成果，代表国内外管理研究的发展水平，是研究者的重要资料来源，应该注意收集。

（3）学位论文，是研究生进行专题研究后为取得某种学位而撰写并提交的科学论文，带有一定的独创性，一般选题论证充分，文献综述全面，探讨问题比较专业且深入。

3. 文献检索的作用

文献检索就是按照文献用户需求查找出有关文献或文献中包含的信息内容的过程，其在科研中的重要作用如下所述：

（1）可以从整体上了解研究的趋向与成果。

（2）可以梳理并确定研究变量。

（3）可以为如何进行研究提供思路和方法。

（4）可以综合前人的研究信息，获得初步结论。

4. 文献检索工具

公开发表的文献是文献的主体，数量十分巨大，我们必须充分利用现有的图书情报资料和网络资源，到专门的图书情报机构（图书馆、情报所等）或互联网查找，其检索方法也相对复杂，往往需要借助一些专门的文献检索工具。

1）人工文献检索

迄今为止，人工文献检索仍然是查找公开发表文献的主要方法之一。这种方法主要借助两类工具，即有关机构编制出版的文献检索工具和图书情报机构编制的目录。

有关机构编制出版的文献检索工具，按其著录形式可分为目录、索引、文摘和全文等几种形式。

图书情报机构（主要是图书馆）编制的目录是更为常用的检索工具。各级各类图书馆都有自己的馆藏目录。目录的种类很多，目前我国图书馆仍普遍采用卡片式目录，大致有分类目录、书名目录、著者目录和主题目录四种。

2）计算机文献检索

计算机用于信息检索的研究始于20世纪50年代初。60年代中期，人们主要利用单台计算机输入输出装置进行过期文献的追溯检索和新文献的主题检索，提供脱机检索服务。70 年代初，计算机检索进入联机检索阶段，单台贮存信息的主机可通过通信线路连接多个检索终端，利用分时技术，多个用户可以同时与主机“对话”，即检索文献。目前，我国多数图书情报机构建立的可在计算机上阅读的机读检索工具（磁带式目录）即属此类。进入 80 年代以后，计算机信息检索进入信息-计算机-卫星通信三位一体的新阶段，即国际联机信息检索阶段，使信息、文献不受地区、国家限制而真正实现全世界信息资源共享的目的。到了80年代末90年代初，用光盘制成的数据库取代了一部分联机检索的市场。特别是计算机信息检索已逐渐发展成计算机网络（互联网）检索系统。互联网上提供联机信息检索服务的数据库现在已从文献型逐步过渡到数值型和事实型数据库，并且全文型数据库也开始不断增加。数据库内容的存贮形式向多媒体方向发展，从单纯的字符模式过渡到图文并茂的图形方式，在不久的将来，还会提供大量实时的声音和动画的文献存贮模式。目前，计算机文献检索更重要的就是指利用互联网的文献检索。

在互联网上查找文献，主要有两种方式。

一是登录专门网站检索。目前，国内外绝大多数图书情报机构、政府部门、学校、科研机构、大众传媒机构、企事业单位都有自己的网站，其中建有各种数据库。只要按照其网址上网登录，即可从容查找有关信息。即使不知道其网址，但只要按其中文或外文名称查找登录，一般也可以达到目的。

二是利用大型门户网站的搜索引擎查找。例如，著名的“Google”和“百度”网站，人们就常用其搜索引擎检索文献，具体操作办法主要是主题概念（文献名称或主题词）检索。计算机文献查找法使用起来非常便捷，并且可以找到大量并未公开出版、只在网上公开发表的个人文献、官方文献和机构文献。但是目前许多网络资源尚在建设过程之中，文献还不系统、完全。例如，北京图书馆所建网上图书馆，储存图书量不到全部馆藏图书的10%；许多机构由于种种原因，未把全部文献在网上发表，所以这种方法虽然很重要，却还不能取代其他文献检索方法。这一点是需要引起特别注意的。

5. 文献检索途径

1）馆藏图书

查阅馆藏图书有一个基本原则，即查阅最新版本的图书，出版日期越近的图书越能提供该领域的最新观点，越能为研究提供最新的研究成果。借助图书馆的目录来查找所需图书是一个好的办法，既可以通过书库目录卡查找，也可以通过内部网络在线查找。在线查找方便快捷，或者在图书馆的计算机终端进行，或者在家里或宿舍通过互联网查找。

2）学术期刊

目前学术期刊数量繁多，良莠不齐，阅读学术期刊的文章要注意期刊的级别，虽然不少人反对给期刊定级别，但是进入社会科学引文索引（Social Sciences Citation Index，SSCI）、中文社会科学引文索引（Chinese Social Sciences Citation Index，CSSCI）的期刊一般来说还是值得花费时间去看的。

一般来说，规范的期刊文章后面都排列了一些参考文献，这些文献尤其是引用率较高的文献，是资料的一个重要来源。另一个重要的资料来源是与自己研究主题相关的综述性文章，这些是研究必看的文章，这些文章的标题往往表述为“……评述”“……综述”“……评介”“……新进展”“……述评”等，这些文章对某一领域国内外研究历史与现状及未来的发展方向进行了概括，可省去研究者大量的阅读时间，直接把握研究的前沿动态。

3）索引与摘要

参考书目的索引与摘要能给研究人员搜集资料提供方便，索引汇集了各种领域的论文和研究报告，摘要主要是论文的研究成果的概要。《中国学术期刊文摘》由中国科学技术协会学会学术部与国家自然科学基金委员会计划局联合主办，是我国唯一的综合性科技文摘检索刊物。其内容涉及自然科学、农业科学、医药科学、工程与技术科学和人文与社会科学五大门类。收录我国约350种优秀的科技期刊作为源期刊，按照文摘的标准注录格式，每期登载3 000多条学术论文摘要和综述文章摘要，可查寻到论文作者姓名和单位、论文出处，以及国家自然科学基金资助编号等多种信息。

4）数据库

数据库包括储存于磁盘或光盘中的原始资料，有关统计资料、财务资料、文件等计算机资料都可以买到。计算机网络的连接，使这类数据库可以分享，并定期更新。

基本数据库的类型主要有以下三种：

（1）书目数据库（bibliographic databases）。只陈列书目引用资料，如作者姓名、文章或图书名、出版来源、年度、卷册、页码。这些信息与馆藏图书中的幅目索引基本相同，包含期刊、报纸、书籍等，并定期更新。

（2）摘要数据库（abstract databases）。除上述资料之外，还提供文章的摘要或总结。

（3）全文数据库。提供文章全文。

5）网络资源

目前，数字图书馆具有的便利优势，使其在学术研究中的地位变得日益重要。数字图书馆目前能提供大量的学术研究资源，包括在线图书目录、交流论文、期刊、文献索引、论文摘要、作者的联系地址和数据库等。虽然大多学术价值较高的网站都收取费用，但研究者也可以从部分免费的网站获取一些有价值的资料，如一些学者的个人网页、一些国际组织（官方和非官方的）网站、学术研讨会主办者的网站等。

在线搜索有许多好处，除了可以节约大量的时间、精力与成本之外，还可以列出完整的信息，让研究者专注于资料分析。要在网上搜集资料，首先需要找到帮助检索所需特定主题信息的搜索引擎，如常用的搜索引擎百度、Google 学术等，进入这些网站后，输入关键词（key words）就可以检索了。这样的学术搜索引擎和数据库可以提供全文搜索功能。除此以外，学术搜索引擎通常提供复杂的排名算法来帮助发掘最相关的文献。

6）其他途径

许多专业性协会、研究会、学会都有自己的网站，这些网站也是资料的重要来源，举例如下。

（1）美国经济学会会刊。《美国经济评论》（*American Economic Review*）主要发表的是原创论文；《经济文献期刊》（*Journal of Economic Literature*）、《经济展望期刊》（*Journal of Economic Perspectives*）主要发表的是综述性和介绍性的论文。

（2）美国管理学会会刊。*Academy of Management Journal* 和 *Academy of Management Review* 是管理类的顶级期刊。前者主要发表原创性论文，后者主要发表综述性论文。

6. 文献检索方法

（1）顺查法：以课题相关内容研究开始的时间为起点，逐步推进到当前新出版的文献。一般能查全，但范围较广，耗时较多。

（2）逆查法：即与顺查法相反，从当前的文献逐年回溯过去的文献，直到满足需要为止。多用于搜集新文献，省时，但难查全，易漏检。

（3）抽查法：选择某课题领域发展迅速、研究成果较多的时期进行重点检索。节省时间，但容易漏检。

（4）追溯法：也称为参考文献查找法，利用手头的文献所附的引文注释和参考文献目录作为线索，逐一追查原文，再从这些原文所附的参考文献目录逐一扩展。追溯法查找的文献比较集中，省时省力，并且往往能及时捕捉到一些最新的研究成果，但易受所据文献之作者的影响。

（5）综合查找法：也叫循环查找法或分段查找法，即把以上各种方式结合使用，循环查找。

7. 文献检索步骤

（1）分析课题，确定需检索的信息。

分析某一数据、概念、观点涉及的学科范围，分析课题需要信息的内容、特征、年代范围。以课题的主题为核心，避免无限扩大检索和查找的范围。

（2）选择检索工具。

选用百科全书等参考性工具书，还是报刊索引等检索性工具书，采用手工检索，还是计算机检索（参考性工具书有词典、百科全书、年鉴、图录等；检索性工具书有书目、索引、文摘）。

（3）确定检索途径。

去图书情报机构借阅，还是从互联网上的有关数据库中查阅；向专家咨询，还是向教师请教；采用分类、主题词途径检索，还是采用作者、书名、篇名途径检索。在为学位论文的写作检索文献时可以选择多种不同的途径来进行。

（4）选择检索方法。

从最近出版的书籍、期刊开始往前查，还是限查某几年的书籍、期刊；是采用追溯法还是采用抽查法。可以综合不同的检索方法。

（5）实际操作。

先根据检索范围确定主题或关键词，再根据主题或关键词进行多线索查找。这样就可以从矿山般的文献资料中尽快找到自己所需要的核心资料。在此，关键词的确定非常重要，恰当选择关键词的最大作用在于有效地给研究者所需要的文献划定边界，以帮助研究者少阅读一些与主题关系不太密切的文献资料。如果关键词选择不当，检索到的文献就很可能是偏离自己研究主题的文献资料。

（6）整理检索结果。

进行筛选，去粗取精，去伪存真，找出与主题相关性最为密切的文章或信息。绘制文献图（分类、要点、出处），建立类别目录索引文件夹，使之条理化。

4.2.2 统计调查

统计调查研究指向研究对象询问问题的方法：问卷调查法和访谈调查法。

问卷调查是一种标准化调查，调查者与被调查者没有直接的语言交流，信息的传递依赖于问卷；通过某种方式将调查表或问卷送至某调查者手中，由被调查者填写，然后将问卷寄回指定收集点。调查问卷根据填答或使用的方式不同，可分为自填问卷和访问问卷两种。

访谈调查是调查者与被调查者通过面对面地交谈而获得资料。一般来说，可分为标准式访问和非标准式访问。

1. 调查问卷的结构

调查问卷的基本结构包括封面信、指导语、问题和答案三个部分。

1）封面信

封面信上主要有以下几项内容。

（1）调查的主办单位或个人的身份。

（2）调查的目的。

（3）调查对象的选取方法：合适的说明能消除被调查者心理上的压力与顾虑。

（4）填答问卷的方法、要求，回收问卷的方式和时间。

（5）致谢辞。

2）指导语

指导语是用来教被调查者如何正确填答问卷，教访问员如何正确完成问卷调查工作的一组陈述。有卷头指导语和卷中指导语之分。其中，卷头指导语一般以“填表说明”的形式出现在封面信之后；卷中指导语一般是针对某些较特殊的问题所做出的特定指示，如“可选多个答案”，“若不是，请跳过 10~14 题，直接从 15 题开始答起”。

3）问题和答案

问卷中的问题在形式上可分为开放形式和封闭形式两大类；不同类型的问题对被调查者的要求、填答所需时间、所获资料的丰富性、后续统计处理的难易不同。在内容上可分为有关事实的、有关态度的和有关个人背景资料的三大类。

2. 问卷设计的基本原则

（1）语言要恰当。

问卷所使用的语言应接近回答者所能理解的水平，通俗易懂，遣词造句适合回答者的态度、感受。避免使用一些生僻、欠准确、专业性太强的语句，如一般人可能不理解“治理结构”是什么意思；避免同一问题可能会引起相互矛盾的回答，如“认为该产品市场前景不错，而且销售很好吗？”；避免使用使回答者感到模糊不清的问题，如“有多高兴？”；避免暗示有个人倾向性的问题。

（2）满足研究需要。

一方面，要求问卷设计者全面考虑研究目的，尽可能地搜集所需资料；另一方面，要求问卷设计者能够准确地理解研究目的，将测量指标转换为问卷中的适当问题。

（3）考虑被调查者。

第一，需要考虑被调查者的受教育程度；第二，需要考虑被调查者的语言习惯；第三，需要考虑被调查者的文化心理背景；第四，避免设计过长、过于复杂的问卷，达到简单易答；第五，需要保持问卷卷面的简洁明快，排版整齐；第六，尽量避免设计太多复杂的回忆性问题。

（4）与资料分析方法相结合。

首先，问卷设计者应当明确对调查后的资料是进行手工分析还是计算机分析；其次，应当明确对调查后的资料主要是进行定量分析还是进行定性分析；最后，应当明确对调查后的资料是进行简单的描述统计还是复杂的统计分析。

（5）考虑具体调查方式。

如采用邮寄问卷或通过报刊、网络刊发问卷的方式进行调查，需自己填答的，问卷卷面、致调查者信、填答指南，问题的数量、表述、排列等都有更为严格的要求；如通过电话进行访问，应设计适当的调查内容，严格控制问卷的长度、注意提问的简洁；如聘请访问员对调查者进行面访，问卷中的问题可以适当多一些，相对复杂一些。

3. 问卷设计的具体方法

1）问题的形式

选择用填空式、是否式、多选式、表格式等。

2）答案的设计要求

穷尽性和互斥性；根据研究需要来确定变量的测量层次。

3）问题的语言和提问方式

（1）尽量用简单的语言。

（2）问题要尽量简短。

（3）避免双重含义问题。

（4）问题不要带倾向性。

（5）不用否定形式提问。

（6）不问回答者不知道的问题。

（7）不直接问敏感性的问题。

4）问题的数目和顺序

（1）问卷不宜太长，问题不宜太多，一般以回答者能在 30 分钟内完成为宜。

（2）被调查者熟悉的、简单易懂的问题放在前面，比较生疏、较难回答的问题放在后面。

（3）把能引起被调查者兴趣的问题放在前面，把容易引起被调查者紧张和顾虑情绪的问题放在后面。

（4）把开放式问题放在问卷的结尾部分。

（5）先问行为方面的问题，再问态度方面的问题，最后问有关个人背景资料的问题。

5）相倚问题

相倚问题是指在调查问卷中使用的一种设问形式，只适用于样本中的一部分调查对象，并且某个被调查者是否需要回答这一问题，常常要依据其对前面某个问题的回答结果而定，这样的问题，称为相倚问题，我们把前一个问题叫作过滤性问题。

对于这类问题，回答者必须按顺序回答问题，即回答者回答后一个问题时必须根据对前一个问题的回答情况作答。

例如，上过大学吗？是多少岁上的大学？参加了昨天的数学考试吗？觉得这次考试难吗？

4. 问卷的发放和收集

调查问卷的发放和收集可通过如下途径来展开。

1）研究者亲自到现场发放和收集

如果调查问卷将在某一企业中收集，而此企业的管理者又同意现场集中收集问卷，研究者亲身到现场发放和收回问卷是最有效的办法。其优点如下所述。

（1）可以快速地收集到众多的问卷。

（2）可以激励员工参与答卷，并向参与者强调坦诚答卷的重要性。

（3）可以现场解释和解答有关问卷的问题。

（4）可确保答案者身份的真实性。

2）邮寄调查问卷

如果调查问卷在多地或多处采集，或企业的管理者不同意将员工组织起来答卷，邮寄问卷是切实可行的方法。其优点如下所述。

（1）答题者可自行决定何时答卷。

（2）答题的环境没有同挤压力（在企业统一答卷时，有的员工可能并不想参与问卷调查，但看见同事都参加了，亦迫于同事压力不得不参加），有利于保证答卷的质量。

3）网上答卷

网上答卷是信息化技术的产物。其优点如下所述。

（1）拥有邮寄问卷同样的优点，然而少了邮寄的费用和手续，更为便捷。

（2）数据可以立即计算机化，去除了输入数据的工作员及输入时可能出现的人为误差。

这三种途径中，研究人员亲自到现场将员工集中起来答卷，是最快捷的方法，但这种方法不太适于用大规模的多地、多处采样。网上的答卷效率很高，然而较适用于白领参与者。

综上所述，问卷的发放和收集方法是因时、因地和因人而定的，数据的可靠性是选择方法的最主要的出发点。

5. 调查访谈

1）访谈的类型

关于访谈的类型，大致有以下几种类型。

（1）结构式访问，又称标准化访问，是一种高度控制的访问，即按照事先设计的、有一定结构的访问问卷进行的访问。访问者有一张事先准备好的题项清单，按照事先设计好的问题来询问受访者，当受访者表达意见时，研究者会加以记录，同样的问题也可以相同的方式询问每个人。当得到足够信息时，就可以结束访谈，并将信息列表显示，进行分析。

（2）无结构式访问，又称非标准化访问，与结构式访问相反，它事先不制定统一的问卷、表格和访问程序，而只给访问者一个题目，让访问者就这个题目自由交谈。其目的是引进一些初步的议题，以便研究者决定可对哪些变量作进一步的深入调查。

（3）重点访问，又称集中访问，它是局限于某一经验及其影响的访问。

（4）深度访问，又称临床访问，它是为搜寻特定经验及其行为动机的主观资料所做的访问，常用于个案调查。

（5）客观陈述访问，又称非引导式访问，其最大特色是促使被访人对他自己和他所处的工作生活环境进行一番考察，再客观陈述出来，即访问者鼓励被访问者把自己的价值观念、行为及他所生活工作的环境客观地加以描述。

（6）座谈会是一种集体访问方法，即将许多调查对象放在一起同时进行访问，也就是通常说的“开调查会”。

（7）头脑风暴法，即调查会会议主持者不说明会议的明确目的，而只就某一方向的总议题，请到会者自由地发表意见，会议主持者不发表意见，更不对别人的意见提出批评。

（8）反向头脑风暴法，即调查会会议首先列出某方面的问题，参加者不仅自己发表意见，并且必须针对别人的意见展开批评与评价，以寻求解决问题的途径。

（9）小组访谈法，指调查者邀请若干被调查者，通过小组座谈的方式研究管理问题的方法。小组访谈法是访谈法的一种扩展形式，同个案访谈法一样都是进行直接的口头调查。特点是同时访谈若干个被调查者，是若干个被调查者之间互相影响、互相作用的过程。围绕着某个专门的题目展开，这类调查方法被称为“专题小组访谈”或“焦点小组访谈”。其缺点是容易受到其他受访者的影响、保密性差、比较费时。

2）访谈法的特点

访谈法的优点是信息量大、灵活性高、适用范围广、控制性强，访谈法可以与其他方法相结合。访谈法的缺点是开放式的访谈标准不一、其结果难以进行定量研究、成本较高、访谈通常时间长、匿名性不够强、受访谈对象周围环境的影响大。

访谈法比观察法更深入地了解被调查对象的内在信息，调查者常常也要观察被调查者的非语言信息，最基本的获取信息途径是通过直接语言交流。

访谈法有时候要利用问卷进行，这类访谈一般被称作问卷调查访谈，但很多时候调查者并不是按照事先拟订好的问卷来与被调查者访谈，而是围绕相关主题与被调查者进行比较自由、广泛和深入的交谈。

3）访谈实施

在访谈前需要做一系列的准备，包括熟悉调查内容、了解被访者的组织特征、确定并了解访谈对象、拟订实施访谈的工作计划、准备工具。

在访谈之初容易出现的问题有：出于陌生感而使被调查者拘束无言；调查对象以各种原因拒绝受访，访谈者因此产生怯场或不耐烦情绪；出于调查者与被调查者地位不平等，产生不自然感。因此，作为访问员，除对访谈对象表示礼貌外，可以先谈谈调查对象具备或熟悉的方面，形成有利于调查的气氛后，就可详细说明要调查的内容，提出第一批问题。

对访问员进行培训是必要的，具体内容包括：访问员作简要介绍；阅读问卷、调查员手册或访谈指南及其他与该项研究有关的材料；举行模拟访谈；结合模拟访谈，集体讨论；建立监督管理办法。

小组访谈主持人的指导与控制要有技巧，具体有：打破短暂的沉默、创造良好的访谈气氛、开展民主平等的讨论、把握访谈的主题、做一个谦逊客观的主持人、做好被调查者之间的协调工作、应当场做好访谈记录。

Leedy 和 Ormrod 在综合多位学者观点的基础上，结合自己的体会，提出了访谈的一些技巧：确定被访者在群体中具有一定的代表性、选择适宜的地点、花几分钟时间协调相互关系、征得记录许可、关注事实而不是关注抽象与假设、让别人说话、逐字记录回答、注意自己的翻译①。

4.2.3　实验研究

实验研究是获得科学结论的一种十分重要的方法，也是科学研究中一种常用的研究方法，在早期的管理理论创立中占有非常重要的地位。但是，在我国管理研究中，使用该方法的成果相对较少。

1. 实验研究的含义

实验研究是指运用科学实验的原理和方法，以一定的理论及假设为指导，有目的地操纵某些因素或条件，从而观察变量之间的因果关系，探索规律的一种研究方法。它包括实验系统的设计、仿真模拟等。

实验研究是一种受控的观测方法，通过一个或多个自变量的变化来评估它对一个或多个因变量产生的效应。

实验研究的基本要素包括操纵与控制、实验组、控制组、前测、后测、实验刺激和因果关系等。

2. 实验研究的基本特征

由于实验可以人为地控制有关条件，因此，实验研究具有如下特点：①可以使人观察到在自然条件下所遇不到的情况，从而扩大研究的范围；②可以把某种特定的因素分离出来，以便于分析某一特定因素的效果；③便于测量，从而获得比较可靠的研究成果；④可以重复验证。因此，实验研究可以人为设定观察情况、直接建立研究结论，但实验结果易受实验人员和实验对象的主观影响，会产生自觉或不自觉地只注意那些与假设一致的现象，研究结论不全面或不真实，或自觉或不自觉地诱导或暗示实验对象，使实验结果产生偏向。

---

① Leedy P D，Ormrod J E. Practical Research：Planning and Design. New York：Person，1993.

3. 实验研究的一般原理

实验研究的一般原理可表述为：先测量在没有受到 A 的影响之前 B 的情况（前测），然后施加实验刺激 A 并保持其他条件完全相同，再对受 A 影响后的 B 进行测量（后测）。最后通过比较前后两次测量的结果是否存在差异来判定 A 和 B 之间是否存在因果关系。如果前后两次情况发生变化，则能够初步认为 A 是导致 B 变化的原因，即 $A \rightarrow B$。因此，实验的实施阶段可以概括为：选择合适的实验对象；在随机原则下组合实验对象，并对其进行实验必需的指导；对因变量进行前测；进行实验刺激；进行实验后测；向实验对象说明实验的真实目的和原因，询问其实际感受。

4. 实验研究的基本构成

管理学实验研究由实验者、实验对象和实验手段三个基本部分组成。

1）实验者

实验者是实验活动的主体。实验者必须进行一系列操作活动，这些活动包括对实验变量的控制，实验者借助感觉器官或仪器在实验过程中获取信息、逻辑思维与理论分析等活动，如企业经营决策仿真实验、企业产销模拟实验、群决策实验、物流实验等，在这些实验中，研究者是实验的主体，通过一系列实验活动获取信息资料，并进行分析对比，从而总结出其中的规律。

2）实验对象

这是实验活动的客体。管理学实验研究的对象主要是管理过程中的个体或群体。他们可以是作为社会成员的人，可以是有思想、有意识、有主观能动作用的活生生的人。此外，管理学实验研究对象也可以是物。

对人的实验存在某些禁区，与自然科学不同，物理学家、化学家可以随意变化实验条件，实验对象（物质）都可以承受。而管理学研究的实验对象是员工，在实验中，给实验对象的刺激作用是有限制的，不能给实验对象带来精神或肉体上的痛苦，也不能人为地安排某些有损身心健康的环境去施加影响，这不仅是实验的禁区，也是实验者必须具备的道德修养。

3）实验手段

在管理学实验研究中，主要的实验手段是现代媒体及某些测量仪器和其他实验装置。实验手段的基本功能主要是刺激、干预、控制和检测实验对象的活动，或对实验对象施加影响，以及记录和分析实验结果。

不过，对实验手段的这种划分并不是绝对的，因为有些难以归类或者彼此之间有交错。但不管怎样，实验手段的基本功能不外乎是取得信息、传递信息、加工信息。实验手段作为人的感觉器官和思维器官的延伸，可以有效地克服实验者感觉器官的局限性，提高人的认识能力，使人的认识更加准确、精细、客观。

4.2.4 实地研究

实地研究在社会科学研究中是一种既老又新的方法。多少个世纪以来，它一直为社会科学研究者所使用，但近年来，它在方法论中受到注意并被引用到管理研究之中。从某种意义上说，无论何时我们观察或参与社会行动并试图去理解它，就是在做实地研究。无论何时我们问其他人讲述自己所观察到的情况，就是在报告实地研究的结果。

1. 实地研究的含义

实地研究是指让研究对象处于自然状态下，观察其行为取得数据资料信息，研究对象与环境的关系。

实地研究的主要特征是被研究的对象不与他们所生活的自然环境相分离，典型的实地研究是霍桑实验。

实地研究的基本要素有参与观察、研究者的角度、投入理解、扎根实际等。

2. 实地研究的特点

实地研究与问卷调查、结构化观察、实验研究相比较有很大的差异，其主要表现如下所述。

1）研究范畴

问卷调查、结构化观察和实验研究都属于量的研究的范畴，而实地研究却属于质的研究的范畴。

2）资料采集

在问卷调查、结构化观察和实验研究中采集的观察资料基本上都是数据，而在实地研究中采集的观察资料则基本上是文字与图片。

3）研究重点

问卷调查、结构化观察与实验研究的研究重点是用变量来观察与解释世界，力图寻找现实中存在的模式与规律，而实地研究则用丰富的细节与描述来探索事物发生的社会环境和事物所传递的社会意义。

4）研究规模

观察资料与研究重点的不同，自然造成了研究规模的不同，问卷调查与实验研究选取的样本至少包括数十人，在问卷调查中，数千人的样本也很普遍；而实地研究的研究对象至多不过数十人。在很多情况下，实地研究等同于个案研究，研究对象仅为一个或数个个案。

3. 实地研究的基本方法

实地研究者是事先不形成待检验的假设就开始研究的，而常常是从正在进行的活动过程中发现有意义的事情，而这些事情是事先难以预知的，通过对认为是有意义的事情进行反复、深入的参与观察和实地调查后才形成观点。

实地研究的基本方法如图 4-2 所示。首先不带假设，进入现场，开始做初始的观察，从中发现暂时的一般性结论，从这些结论中，研究者发现哪些应当做进一步的观察，而进一步的观察又导致结论的修正。在对反复观察所得结果进行归纳与推演后，形成结论，产生理论。

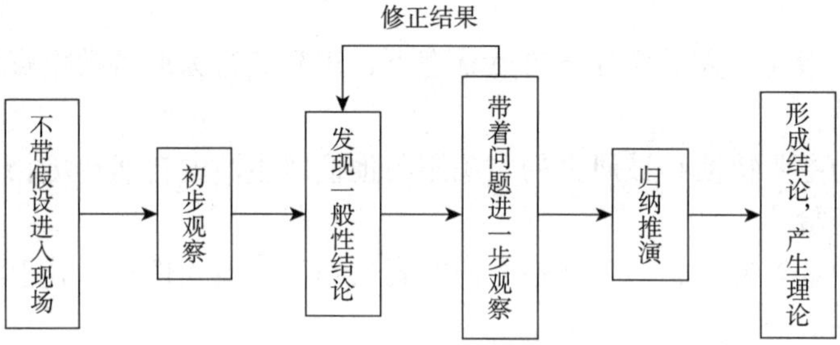

图 4-2　实地研究的基本方法

4. 实地研究的过程

实地研究与问卷调查和实验研究有一个很大的不同点，后者在研究开始之前一般都经过周密的计划与筹备，研究一旦开始以后，改动的余地很小；而实地研究最大的特点就是研究的方向与过程改动的余地很大。事实上，进行实地研究的管理工作者在研究开始时往往只有一个大致的研究设想或计划，并且随时准备根据实际情况进行修正或改动。

因为这个原因，实地研究不像问卷调查和实验研究那样，有相对固定、明显的步骤顺序，我们至多可能给出实地研究的几个大致阶段。

1）选择观察点

实地研究开始最重要的是选择观察点。实地研究的重点在于实地，而这个实地就是管理研究者选择的观察点。根据研究课题的不同，观察点可以设在不同的地点，可以在车间、班组、电子阅览室、图书馆，也可以在个人办公室、上网交流的场所。

对于观察点的选择，一般遵循三个原则：其一，尽量选择资料丰富的观察点。因为所能观察到的资料越多，越翔实。其二，尽量选择自己不很熟悉的观察点。对于越熟悉的东西理解也就越是深刻，为什么管理研究者要选择自己不很熟悉的观察点呢？其主要原因是希望研究者对事物保持敏锐的感觉，而在观察熟悉的事物时，人们往往容易对一些现象与关系习以为常，从而失去了这种敏锐的观察力。其三，尽量选择适合自己的观察点。在特定的情况下，管理研究者在研究时可能会受到一些自身情况，如语言和生活习惯等的影响，要尽可能减少这些影响。

2）进入观察点

在选定观察点以后，研究者要决定以何种角色进入观察点。

如果决定以一个完全观察者的角色进行研究，那么，在观察过程中尽量做到不引人注目就可以了。

如果决定以一个完全参与者、参与观察者或者观察不参与者的角色进行研究，那么，如何介绍自己、如何与被观察对象建立起联系、如何取得被观察对象的信任，都是实地研究者面临的问题。

3）与被观察者交流

从某种意义上说，实地研究就是去看和听，但有时也有必要提问题和做记录。与问卷调查法中的事先设计问卷不同，实地研究一般采用事先不作设计的访问，即非事先访问。

非事先设计的访问是访问者与研究对象之间的交流。在访问过程中，访问者只有一个大致的调查计划，并没有事先准备好的问题。访问者主要是倾听研究对象讲述，但是谈话的大方向由访问者掌握。不要轻易打断研究对象的谈话和思路，但是要注意因势利导。

4）记录观察内容

实地研究的基本工具是笔记本或实地观察日志。录音机和照相机有时反而不能捕捉管理过程的一切方面。如果可能，应当在观察当场记录，如果做不到，则做事后记录。

实地观察日志包括观察与理解。应当记录“知道的”，同时记录“想到的”。例如，当研究者记录某人发表的不赞同目标管理的意见时，会认为他可能是管理理念未有转变或者是这种方法存在问题。这时研究者也要把自己的看法记录下来。

5）资料整理

观察后尽快整理笔记对于一个实地研究者是绝对重要的。应当以观察记录为线索，回忆整理出详尽的笔记。实地研究通过观察，获得包罗万象的原始观察资料，这些资料多以文字资料为主，但还必须对这些原始观察资料进行分析和解释，才能从中发现行为的模式和意义。因此，研究者需要对资料进行分门别类的整理，建立档案，这是发现行为模式和意义过程的第一步。

为了发现可能的行为模式与事物潜在的意义，需要建立何种档案，应依据研究性质及数据分析的需要而定。档案种类很多，一般可以分为背景档案、人物档案、文献档案、直观档案、分析性资料等。

6）资料分析

在实地研究中，观察和分析是紧密结合在一起的。按照一般规则，研究者需要在观察的资料中发现相同点和差异点，以期对被观察对象做出一个全面、准确的把握和描述。一方面，研究者要在被观察的事件中寻找共同的模式，通常称为行为的规范，即研究对象的共同行为模式；另一方面，研究者必须发现差异，即发现违反一般规范的异常行为。

资料分析的重点在于对资料的诠释。诠释是指研究者对事物、事件或人物关系的理解。但是，这种诠释不是研究者主观的理解，必须尽可能以被观察的事物、事件或人物关系的理解为基础。实地研究的目的，是要求研究者去发现被观察对象如何看待事物、如何定义情景及这些情景对被观察对象的意义，而不是为了阐述自己个人的观点。

7）得出结论

实地研究得出的结论通常以理论的形成或者论文的完成为标志。但是许多专家认为，在形成结论方面，有几个问题需要注意。

（1）主观偏见。

即实地研究者可能会从自己认为有意义的方面来解释观察对象的行为，使研究结论缺乏客观性。

（2）分类误差。

即实地研究者可能仅仅通过对观察资料的分类就做出结论，因此应当仔细检查度量尺度的正确性。

（3）原因误差。

即实地研究者可能会简单地把一个因素作为另一个因素产生的原因，忽略了可能还有其他多种原因的思考，这样会使结论简单化。

（4）潜在因素。

即实地研究者通过直接观察访问和在图书馆查阅资料，积累了大量信息，但在做结论时没有对这些信息进行筛选和淘汰，使结论存在潜在误差。

（5）观点片面。

即实地研究结论形成时，研究者往往只会强调某一观点而排斥其他一切观点，这样得出的论断忽略了其他可能性而犯了片面性的错误。

显然实地研究的步骤可以大体分为上述 7 个阶段，但是，在具体实践中，各阶段之间的分隔并不明显，有时，各阶段之间还可能出现重复与交叠现象。例如，实地研究中最重要的观察与分析阶段就常常同步进行，研究者每天整理观察笔记的时候，往往会把自己的诠释与分析同时记录下来。研究者对观察结果的分析可能导致研究者放弃原来的观察重点，修正自己的计划，转向新的观察重点。从这个意义上说，实地研究的过程是一个非线性过程。线性过程遵循一系列固定的、按时间顺序排列的步骤，而非线性过程在进行时有可能前进，也有可能后退，甚至可能侧行。显然研究者的最终方向是前进，但这种前进可能以螺旋状进行，研究者在每一轮的盘旋或重复中，获得新的观察资料，得到新的感受，如此反复进行，直到实地研究结束。

4.3 资料整理

4.3.1 资料整理的原则

1. 真实性原则

即根据事实进行核查，排除其中的虚假成分。

2. 准确性原则

资料不能含混不清，模棱两可，相互矛盾。

3. 完整性原则

资料不能残缺不全，以偏概全。

4. 标准型原则

不能搜集无关无用的资料，要使资料与统计对象的性质和标准保持一致，具有可比性。

5. 条理性原则

整理出来的资料应当分类分组，脉络分明，条理清晰等。

6. 简明性原则

应当综合运用文字、表格、图形等各种表达手段，使资料不仅在内容上条理化，并且在表现上也简明化。

4.3.2　资料整理的步骤

1. 设计整理的方案

在整理资料时，应制定出一个资料整理的纲要，其内容包括：①选择分类标准和分类标志；②确定如何分组；③确定描述总体及各分组特征的指标，并决定汇总方法，然后以此提出工作的要点；④确定需要编制和绘制的图标；⑤规定所要求的精确程度及计量单位；⑥考虑其他应注意的事项和问题。

2. 审核资料

即检查资料的真实性、准确性和完整性。意思是指在着手整理资料之前，对需要整理的原始资料进行认真细致的审查和核实的工作过程。它的任务在于考察所搜集的资料是否真实、是否准确、是否全面、是否标准；不真实的予以淘汰，不准确的予以核实准确，不全面的予以补全找齐，不标准的予以调整。验证资料的合格性，也就是信度和效度，其目的在于为进一步整理资料和分析研究资料打下基础。

资料审核的具体内容和方面不同，所审核资料的来源和类型不同，审核资料的方法就可能不一样，常用的方法归纳起来有以下几种：

1）经验判断法

研究者根据自己已有的经验和已知的情况来判断资料的真实性和准确性。

2）逻辑判断法

根据资料的内在逻辑关系来判断资料的真实性和准确性。

3）计算判断法

通过对各种数学的运算来判断各项数字的真实性和准确性，它适合于对数学资料的审核。例如，各组数据之和是否等于总数、各部分的百分比相加是否等于1、各种平均数指标指数的计算是否正确等，都可以通过数字运算检验。

3. 根据信息资料的性质、内容或特征进行分类分组

按照整理方案中设计的分类标准和分组标志，进行分类和分组。分类主要是根据事物性质上的差异；分组是根据事物数量上的不同。一般而言，若是文字资料则进行分类，若是数字资料则进行分组。

将相同或相近的资料合为一类，将相异的资料区别开来。资料的分类，要按一定的标准将所研究课题的有关信息资料分成不同的组或类。

1）分类方式

一般来说，有两种分类方式，即主题分类法和项目分类法。

第一种，主题分类法。按照一定的观点把资料编成组，这种“一定的观点”可以是综合的，也可以是自己拟订的。

第二种，项目分类法。按照一定的属性，把收集的资料分项归类，如作者、年代、概念等。然后，按分类标准将总体资料加以划分，构成系列。

2）分组步骤

（1）选择分组的标志，包括选择标志的原则、种类。

（2）确定分组界限，包括组数、组距、组线、组中值及它们的确定和计算等内容。

（3）编制变量数列，也就是根据各种分组标志、所得的分组结果，编制各种变量数列表。

4. 实施统计汇总

计算各类各组的单位数和合计数，计算各组指标和综合指标。

资料的汇总就是根据研究的目的，对分组后的各种数据进行计算和汇总，使之汇集到一定表格之中。资料汇总有手工汇总和电脑汇总两种方法。此处我们主要介绍手工汇总。

当原始资料项目较少，资料比较简单时，一般采用下列几种手工汇总的方法：

1）画记法

也称为点线法。就是在汇总表的相应组内，利用画点或者画线为记号的汇总方法。汇总时按某一数据属于哪一组就在哪一组的栏内点一个点或者画一条线。最后，计算各组点或线的数目，得出各组的次数，根据这些就可以做出统计表。

2）过录法

根据统计汇总表中分组的要求，将原始资料登录到预先设计好的登录表上，然后再过录到正式的统计汇总表上。这种方法的优点是，对汇总的内容便于校对、检查；缺点是，工作量大，费时费力。

3）折叠法

所有调查表中需要汇总的同一行或纵行预先折好，按顺序一张一张地叠在一起，进行总计算，然后将汇总结果填入正式统计汇总表中。

4）卡片法

利用特制的摘录卡片，进行分组汇总。在调查单位多、分组多的情况下，卡片法是手工汇总的较好方法。

5. 编制统计图表

根据分类和汇总的结果，编写统计资料，绘制统计表和统计图。汇总统计好的资料要井井有条、层次分明，能系统完整地反映研究对象的全貌。所编写的统计资料要用简短明了的文字说明研究对象的客观情况，并注明资料来源和出处。

4.3.3　资料分析

对资料进行分析，即运用科学的分析方法对所占有的信息资料进行分析，研究特定课题的现象、过程及内外各种联系，找出规律性的东西，构成理论框架。

科学研究的目的是揭示本质和规律。任何事物都有其质和量两个方面，都是一定的质和量的统一体。所以，对科研资料进行分析处理，既要从质的角度进行定性分析，也要从量的角度进行定量分析。定性分析是定量分析的基本前提，没有定性的定量是一种盲目的、毫无价值的定量；定量分析又能使定性分析更加科学、准确，它可以促使定性分析得出广泛而深入的结论。

1. 定性分析

定性分析就是对研究对象进行“质”的方面的分析。具体地说是运用归纳与演绎、分析与综合、抽象与概括等方法，对获得的各种材料进行思维和加工，从而去粗取精、去伪存真、由此及彼、由表及里，对事物认识产生飞跃，达到认识事物本质，揭示内在规律，乃至有所发现，有所创新的目标。定性分析是一种最基本、最重要的分析研究过程。

定性分析一般以分析-归纳为主要推论模式，如图 4-3 所示。

2. 定量分析

定量分析可以使人对研究对象的认识进一步深化和精确化，以便更加科学地理清关系，把握本质、揭示规律、预测事物的发展趋势。在教育科研中的定量分析，主要有统

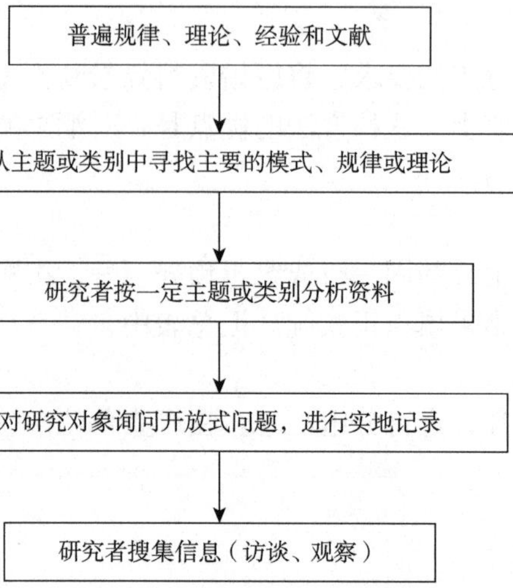

图 4-3　定性分析模式图

计分析方法和测量方法。

定量分析一般借用自然科学的假设–演绎方法，如图 4-4 所示。

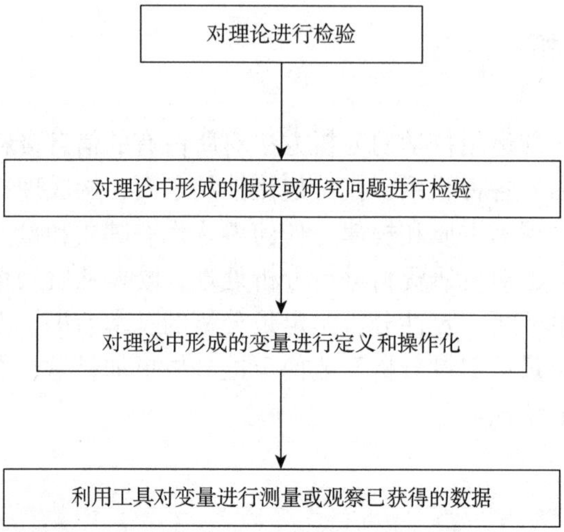

图 4-4　定量分析模式图

3. 综合分析

这是比较重要的方法，一般包括：定性分析与定量分析相结合；理论分析与事实分析相结合；纵向比较与横向比较相结合；结果分析与过程分析相结合；等等。要注意运用多法，综合分析，相互验证，然后经过比较做出选择。

综合分析是指在一个研究中既对定量也对定性资料进行搜集和分析。一般开始于定性阶段。其可以增进研究结果的效度，是三角互证的一种形式。

在管理科学研究领域，分析资料常用的方法有文献分析方法、比较研究方法、案例研究方法等，具体内容详见第 5 章。

第 5 章　资料分析方法

在确定采用何种资料分析方法之前，研究者先自问以下几个问题。

（1）这种方法适合回答我的研究问题吗？

（2）这种方法可以带来预期的研究结果吗？

（3）使用这种方法需要哪些条件？

（4）这种方法自身有哪些局限？

（5）还有哪种方法适合现在的研究问题？

（6）现在选择的方法优于其他方法吗？如果是，为什么？

（7）在使用这种方法时，我需要掌握哪些技能？

（8）我现在掌握了这些技能吗？如果没有，我能学到这些技能吗？

（9）我是否需要其他的方法来提高对研究现象的观察？

把这个几个问题思考清楚了，对研究方法的选择也就清晰了。在管理研究中，我们常用的资料分析方法，本书列举以下几种较为常见的。随着数学模型和各种计算机软件的应用，资料分析方法越来越高科技，越来越与其他学科交融，需要研究者根据研究课题的不同，借鉴其他领域的分析研究方法。

5.1　文　献　法

文献法并不仅是一种重要的搜集资料的方法，它也是独特的，且是各个专业都会涉及的一种研究方法，这是它与其他调查方法之间最显著的区别。诸如问卷法、访谈法、观察法、实验法等，主要功能是搜集资料，对它们搜集到的资料的整理、分析和研究则是用一些通用的专门方法来完成的。文献法却不然，它可以独立完成某些课题从搜集资料到分析研究的全过程。

5.1.1　文献分析的含义

文献分析，是指对文献中的某些特定内容进行分析和研究，来了解其中所反映的外在内容及其本质、规律，以及文献作者和有关人们的思想、感情、态度和行为，并进而达到说明调查研究课题的目的。

5.1.2　文献分析的功用

不少研究者从文献检索的角度论述了文献分析法的功用，总的来说，人们认为文献分析的功用包括以下几个方面。

（1）提供前人的研究信息，为研究提供参考内容。

（2）了解他人的研究趋向和成果，为如何进行研究提供思路和方法。

（3）进一步限制和确定研究课题和变量，完善研究设计和方案。

（4）学习别人的研究方法与设计，从模仿或参考中培养自己的创意。

（5）避免不必要的重复，避免重犯别人已犯过的错误。

（6）寻找解决问题的可能答案，为解释研究结果提供背景材料。

5.1.3　文献分析的方法

专门的文献分析是在主要依靠文献资料说明问题的社会调查研究中的一项至关重要的工作。文献分析有两大类，即文献定性分析和文献定量分析。

1. 文献定性分析

文献定性分析是通过对文献内容的分析，来揭示文献所反映事物的性质、本质特征及其发展规律的方法。其特点是侧重对文献的个案研究，不太考虑所用文献资料的样本大小与完整程度；注重对文献内容的含义和深层解释，不太强调文献的外在形式、表面内容和量化构建；关注文献作者的动机与影响效果，不太在意内容的表达方式。目前存在的文献大多数都是通过定性分析而形成的，因此，它是最常用的一种文献分析方法。

文献定性分析的步骤：第一步，整理资料；第二步，分析和确定文献资料与调查研究主题的关系；第三步，初步确定调查研究课题的基本框架。上述步骤完成后，就可以进入最后的撰写调查报告的阶段了。

2. 文献定量分析

文献的定量分析也叫内容分析，是对各种文献的明显内容进行客观、系统、定量的描述。“明显内容”是指各种文献外在、表面的内容，如它们的文字、装帧、形状和实物等，而不是它们的内在含义。研究者的定量分析只是针对这些外在、表面的内容，而不是对内容的深层解释。“进行客观、系统”的描述是说文献定量分析要求研究者根据预先设定的计划，采取一定的步骤对文献内容进行如实的描述，而“定量的”描述是说明这种分析方法的基本性质是定量，它的作用通常在于明确文献内容中某一问题出现的频率，或者决定某一类别在整个内容中所占的比例等，另外，还要对这些定量的结果进行一定分析。

1）文献定量分析方法的程序

（1）抽样。

定量分析从样本抽样开始。抽样的对象不仅是文献摘录，而且是把所有可搜集到的有关文献作为总体。抽样可采用各种方法，较常用的是简单随机抽样、分类（分层）抽样和分阶段抽样。抽样的步骤首先是名称抽样，如从所有报纸杂志或电视台中抽取若干种。其次是单位抽样，如从所抽报纸杂志的所有期号中抽取若干期号，从所抽电视台的所有时段中抽取若干时段。最后是内容抽样，如从所抽期号或时段中抽取某些方面的内容，形成最终样本。另外，各种形式的文献也都可以在时间、地点、规模、颜色、频率等其他概念层次上进行抽样。

（2）确定记录单位。

记录单位亦称文献观察单位，是具体记录的计量单位。文献的主题、项目、人物、词组、概念、句子、段落等都可以作为记录单位。

（3）编录。

编录就是为所确定的各个记录单位制定或赋予数字符号（数值），并将这些数值按一定顺序排列，制成编录单，以便于量化分析和统计。

（4）计量。

在记录单位确定和编码完成后，就可以进入定量分析最重要的分析环节了。

2）文献定量分析的基本方法

（1）计词法。

计词法是最简单、最常用的方法，主要用于以单词、主题、类型为记录单位的情况。具体做法是统计这些单词或代表主题、类型的关键词在各个样本中出现的频数和比例，然后进行比较。

（2）概念组分析法。

将与分析内容有关的关键词分成小组，每组代表一个概念，同时也是理论假设中的一个变量。这种方法的记录单位仍是单词，并依此计算频数和百分比，但分析时的变量都是概念组。

（3）空间分析法。

空间分析法常用于对大众传播媒介类文献的分析，通过计量某一内容在多篇文献构成的样本总体中所占的篇幅、位置等，分析它在文献中所处的地位。例如，统计某内容是在电视、广播的黄金时段还是在其他时段播出，长度多少；是在报纸的头版还是在其他版发表，居于版面的哪一位置；是在刊物的哪一位置，篇幅多大；等等，其结果就可以说明该内容重要与否。

（4）语义强度分析法。

前三种方法一般适用于说明事物量的区别，而在有些需要表示事物质的差异程度或人们态度的强弱程度的分析中，却难以胜任。这时，需要采用语义强度分析法。它是按记录单位质的不同差异程度给以相应的加权数，根据其统计结果，可以说明文献及其所代表的人们对某一问题的看法。

文献的定量分析方法在当前非常时兴，甚至有人认为只有它才称得上真正的文献分析。这种说法虽然在一定程度上反映了文献分析方法的发展趋势，但有失偏颇。实际上，文献的定性分析不可能被取代，许多文献本身就适用于定性分析，如果把这类文献硬性做定量分析，就必然引出纰漏。人们在进行文献调查时，也经常是两种分析方法兼而用之，也就是说，同一课题既包含定量的文献分析，也包含定性的文献分析，二者相互依存，相互渗透，相互结合，相互补充，这才是文献分析的正确途径和发展方向。

5.1.4 文献信息的摘录

摘录文献信息一般有以下几个步骤。

1. 浏览

浏览，就是文献收集告一段落后，应将收集到的文献资料全部阅读一遍（包括对音像文献的视听），以对其有一个初步认识，即大致了解文献的内容，初步判明文献的价值。浏览的关键是速度要快。据统计，一般人的阅读速度是平均每分钟300~400字，而浏览的速度则要求快得多，争取做到几十分钟翻完一本数十万字的书。为此，应注意几点：第一，要粗读而不要精读；第二，只读“干货”而去除“水分”，即只注意文献的筋骨脉络、主要观点和有关数据，跳过那些无关紧要的过渡段落、引文和推理过程等；第三，全神贯注，思维敏捷；第四，抓住重点，迅速突破。

2. 筛选

筛选就是在浏览的基础上，根据调查课题的需要，从所搜集的文献中选出可用部分。筛选时应当注意以下几点：第一，必须注重文献的质量，或者说文献的信度和效度，即文献的可靠性和有用性；第二，要注重所选文献的代表性；第三，在筛选时，应从应用的角度区分文献的层次，可以把全部文献预设为必用、应用、备用、不用等几个部分。

3. 精读

精读就是对筛选出的可用文献要认真、仔细地阅读，同时着重在理解、联想、评价等方面下功夫。文献越重要，下的功夫也越大，那些必用和应用文献往往需要反复地阅读、思考。在精读时，不但要认真理解文献所阐述的观点，详细了解文献所引用的事实，并且要把它们与其他文献联系起来进行反复对比和研究，还要对文献所引用的事实和阐述的思想同调查课题之间的关系做出客观判断和全面评价。在此基础上，要进一步明确对于调查研究课题有价值的信息。

4. 记录

记录就是把在精读中确认的有价值的信息记录下来，供进一步分析研究之用。记录信息最基本的要求就是及时，最好精读与记录同步进行，边看边记，边听边记，或者是读一部分记一部分。如果记录太滞后，不仅会事倍功半，还容易丢掉在精读中常有的一瞬间产生的思想火花。

记录信息的主要方法大致有标记、批注、抄录、编制纲要、撰写札记。其中，撰写札记是阅读文献后，将心得、感想、批评、疑点、意见等汇集成文。札记是一种最高级的记录形式，实际上已带有初步研究的性质。

5.1.5　文献综述

文献综述是科学研究过程的一个重要环节，是一篇规范的学位论文所必需的要素。同时，文献综述也是写出高水平论文的重要基础，是完成学位论文写作的重要保证。

1. 文献综述的概念和作用

文献综述的概念在英文中对应的单词有“review”“summary”“survey”等。文献综述是对某一领域（某分支学科或重要专题）最新动态（进展、发现、原理和技术等）在收集阅读大量近期的文献资料后，综合分析而写成的一种综合评述，是高度浓缩的文献产品。

文献综述是“综”与“述”相结合。“综”是指经过作者对阅读材料的整理、综合分析，把许多文献资料的共同观点、实验结果和方法提炼出来，按一定思维程序加以综合、概括的科学思维过程。“综”使材料更精练明确、更有逻辑层次，所以“综”是精华与核心。“述”是指专门、全面、深入、系统、客观地论述某方面的问题，是在“综”的基础上，按文章的写作程序把它表达出来展示给读者的过程，是一种手段和方法。

文献综述是了解过去、展望未来的资料，掌握某一方面知识的良好途径；有助于启发思路，为选题和设计提供线索；有利于提高独立工作能力和科研能力。在学位论文的撰写过程中，文献综述的作用表现在以下几点。

1）为学位论文的选题寻求切入点和突破点

研究生通过撰写综述，对不同研究视角、方法，不同研究设计，特别是不同观点进行分析、比较、批判与反思，可以深入了解各种研究的思路、优点和不足，在掌握研究现状的基础上寻找学位论文选题的切入点和突破点，使自己的研究真正地“站在巨人的肩膀上”。

2）为学位论文的研究寻求新的研究方法和有力的论证依据

文献综述是跟踪和吸收国内外学术思想和研究的最新成就、了解科学研究前沿动向并获得新情报信息的有效途径，有助于我们掌握国内外最新的理论、手段和研究方法。从已有的研究中得到的启发，不仅可以帮助我们找到学位论文深入研究的新方法、新线索，使相关的概念、理论具体化，还可以为科学地论证自己的观点提供丰富、有说服力的事实和数据资料，使研究结论建立在可靠的材料基础上。

3）避免重复劳动，提高研究的意义和价值

科学工作者应把人类历史上尚未提出的或尚未解决的问题作为科研的选题。从事这种研究才是真正有意义的科学研究。有专家估计，我国有 40%的科研项目在研究前其实在国内外已经有了相关成果。重复研究不仅浪费了大量的时间和精力，还将导致科研本身长期处于低水平的状态。据美国国家科学基金会、美国凯斯工学院研究基金会调查统计，一个科学研究人员在一个科学研究项目中用于研究图书情报资料的时间，占全部科学研究时间的1/3至1/2。文献综述的作用就在于充分占有已有的研究材料，避免重提前人已经解决的问题，重做前人已有的研究，重犯前人已经犯过的错误。因此，研究生在确定学位论文选题之前，一定要做好文献综述研究，提高研究的意义和价值。

4）文献综述是研究生学位论文的重要组成部分

作为研究生学位论文的重要章节，文献综述的作用在于介绍研究的现状，阐明选题设计的依据、研究的目的和意义，提出选题的创新之处。这样，既能反映选题的科学性、创新性和应用性，又可以使评审专家充分了解论文研究的价值，判断研究生掌握知识面的深度和广度，保证论文的评审获得好的成绩。

2. 文献综述的分类

1）学科领域性文献综述

从严格意义上来说，学科领域性文献综述与“读书报告”或“文献学习报告”更加相似，强调“综”而非“述”。这个综述的主要目的是使大家通过对文献的阅读和整理，能够对所关注学科领域的轮廓有一个清晰的了解，因此，介绍学科发展的历史沿革、归纳整理主要研究流派和主要学术观点、理清热点研究方向是这个综述的主要任务。

一般来说，学科领域性研究综述要求的文献搜索和阅读量较大，内容也比较宽泛，但学科领域性文献综述是初学阶段最为重要的基础性工作，因此大家应当对该综述给予充分的重视。

2）专题性文献综述

专题性文献综述相对于学科领域性文献综述而言，在范围上更狭窄，讨论的问题更具体、更明确。这个综述实际上是我们确定研究方向的重要标志，因此，在所关注的学科领域内选择自己感兴趣并有研究潜力的专题进行文献探讨，追踪理论前沿、发现和初步界定研究问题是该文献综述的主要任务。

专题性文献综述写作上是“以述带论，以论为主”，核心功能是定义差距，即说明现有研究与拟研究问题之间知识上的差距，作者准备做出的贡献及将要采用的方法和实现途径。

3. 文献综述文本特点

顾名思义，文献综述既要有综合的叙述，也要有评论。初学者往往注重或容易做到叙述，但不一定能够综合。与此同时，初学者往往很难评论。初学者或在读研究生看完若干文献后经常觉得很苦恼，因为感觉文献中的观点都是正确的，似乎找不出已有文献的问题或不足。于是，他们就撰写不出恰当的或有说服力的评论。概括起来，文献综述的文本具有以下两个特点。

1）综合性

这是指要尽可能地把前人在某个研究领域的所有重要研究成果都要予以体现或呈现。切忌只是叙述或引用自己认为正确、赞同或喜欢的观点，也切忌只是叙述或引用该领域某几个知名学者或某个学派的成果。当下有一种潜规则就是有些杂志社要求作者尽可能多地引用其欲投稿的某刊物上的论文，也有一些作者被要求要尽可能多地引用同一个研究机构其他同事的论文。有些时候，作者也会尽可能多地引用自己曾经发表过的论文。凡此种种，都与当前刊物或论文的评价规则有紧密关系。但是，这些做法都有可能会对综合性这一特点造成潜在的影响。

2）代表性

代表性事实上是在综合性基础上的筛选。综合性尽管要求要尽可能囊括所有研究成果，但一篇综述的容量有限，因此就涉及如何选择的问题。代表性就是要求去选择那些能对后续研究产生持续影响或起推动作用的观点或看法，最典型的就是有一定的学派传承的那类成果。

4. 文献综述撰写特点

综述的写作方法是概括、回顾过去事实；按第三人称陈述，以作者的语言，客观地讲述他人的观点，作者可以有自己的学术观点和倾向，但要寓意其中，贯穿于内，含而不宣；文章范围是限定的，专题性极强，不能庞杂；文献综述的格式与一般研究性论文的格式有所不同，研究性论文注重研究的方法和结果，特别是阳性结果，而文献综述要求向读者介绍与主题有关的学术观点、研究结论、动态及对以上方面的评述等，至于有关实验方法的具体过程应当省略或只提及实验名称性质。掌握这些特点，才能在写作时从头到尾保持“综述”的性质、格式和语言风格。

5. 文献综述结构

此处所言的结构指的是一篇文献综述的文本结构，即段落结构。一般而言，常见的有以下几种样式。

1）年代序列式结构

这种结构就是指将某领域的研究成果按照一定的年代顺序由远及近依次叙述。这种结构与历史教科书或著作类似。在每一个年代或时期，撰写者还会尽可能地总结不同历史时期的特征并分析其与特定时代之间的关系。或者说，会尽可能寻找和挖掘不同历史时代的特定影响因素，如教育理念、教育政策的演变等议题，人们会经常使用这种结构来安排综述。在教育史领域的研究论文中，这种结构样式也被经常采用。以柳靖和柳桢的《论职业教育价值观的嬗变》一文为例，文章按年度顺序列举了职业教育价值观的六个发展阶段的嬗变历程。文章的时间线索经历了从原始社会到中世纪，然后到 18、19 世纪，最后到 20 世纪末、21 世纪初这样一种序列式发展。

2）学派发展式结构

这种结构就是指将某领域的研究成果以某些学派代表性学者的观点为主要脉络依

次分别叙述。这其中，有可能会产生多种微样式，既有并列式的，即学派 A、B、C、D 相对独立的叙述；也有交叉式或分叉式的，即学派 A 中衍生出了学派 B，或是学派 A 和学派 B 的结合中生成了学派 C 等。以王帅的《当代西方主流教育领导理论新进展》一文为例，其在文章中列举了六类当代西方主流教育领导理论。六类在时间上都属于当代，但都是教育领导理论的主流代表，相互之间并没有明确的继承和发展的关系，而是相对独立而存在的。但是，作者经过总结发现了教育领导理论发展所存在三个方面的特征。

3）货架问题式结构

这种结构就是指将某领域的研究成果归为某几个问题或议题并加以详细叙述。在这种结构中，问题或议题之间并不是没有一点逻辑关系，但有时候这种逻辑关系却很微弱。换句话说，它们之间的关系如同同姓家族的后代之间的关系。由此，这类结构的综述在取材上就因人而异了。更多的时候，取材完全依赖于作者所关注的问题及其界限。以俞佳君的《以学习为中心的评价研究：理论与方法述评》一文为例，其把文章分为了概念内涵、逻辑基础、标准研究和方法研究四个部分。文章的四个部分其实只是出于作者的研究需要，四个部分相互之间并没有任何显性的逻辑关系。如果我们对该问题的其他方面感兴趣，完全可以加入研究之中。

上述不同结构并无优劣之分。究竟该采用哪种结构，事实上没有固定的原则或要求，这完全取决于我们所研究的问题和文献的现状。可是，没有分类原则也没有逻辑地将若干研究者的成果依次引用或叙述出来的这种文献综述样式是最不可取的，但却也是当前最常见的。这种做法存在以下问题：一是我们为什么选取这些人的成果而不是那些人的成果？二是这些研究成果之间究竟有什么内在的关系呢？这种做法还有一个潜在风险，即会导致论文的查重率比较高。要知道，有些杂志或是研究机构对查重率都有一定的明文规定。比较妥当的做法是，对于同一个议题，要依次表达出人们在该议题上的认识和变化过程。以辛涛等的《教育测量理论新进展及发展趋势》一文为例，全文从理论和理论应用两个模块分别介绍了教育测量研究进展，在两个模块之下又分别介绍了多种理论的变化发展过程。

在语言上，最好的做法是用自己的话概括出原作者的主要观点和主张，万不得已时才原句引用，如那些原作者提出的专门术语或概念等。也可以用自己的话把若干作者的共同或相近认识或主张概括在一起。一句话，最好的综述在语言上是用自己的话讲别人的观点。

文献综述结构的背后其实还隐藏着语言的逻辑关系问题。逻辑关系是否清晰是评价一篇论文质量高低的最基本标准之一。逻辑关系既体现在段与段的关系中，也存在于同一段落内的句与句的关系中。

6. 文献综述撰写的程序

一般经过四个阶段，即选题、收集阅读文献、拟定提纲（包括归纳、整理、分析）和成文。

1）选题

撰写文献综述通常出于为从事某项科研、学术会议的专题，为某方面积累文献资料，等等，所以，文献综述的选题一般是明确的，不像科研课题选题那么困难。撰写综述选题通常不宜过大。可选择自己所从事的专业需要研究的问题，或者与其密切相关的课题。如果是初学，最好从一些较小的题目开始。

2）收集阅读文献

研究主题确定后，围绕主题收集和阅读文献。收集文献要求尽可能齐全。要写好综述，收集文献是基础，阅读文献是关键。

对查到的文献首先阅读摘要或小结，了解该文献的主要内容，衡量其对所写综述的价值。然后，根据文献的重要性对原文进行精读摘录。阅读文献时要吃透原文的精神，掌握要义。阅读文献时还应围绕主题组织整理材料。所写文献综述质量的高低，主要由文献阅读质量的高低决定。写好“读书笔记”和“文献摘录卡片”，用自己的语言写下阅读时得到的启示、体会和想法，将文献中的精髓摘录下来，不仅为撰写综述提供材料，还对提高自己的思想表达能力、培养创造性的阅读能力也有帮助。

3）拟定提纲

文献综述必须在精读大量文献、结合自己工作的基础上，列出较详细的撰写提纲，写出大小标题，做到有纲有目。然后将主要资料、结果及主要观点分门别类列于其下。这就是“搭架子”。应尽量做到标题与内容一致，注意逻辑性，使撰写综述的框架结构达到层次分明、条理清楚。

4）成文

拟好文献综述的提纲后，明确构思，材料齐全，就可以进一步组织材料，写成综述。

7. 文献综述撰写的注意事项

1）内容新颖，由浅入深

写文献综述的目的是向读者介绍某一专题的动态，重点应放在介绍最新知识方面。所引用的文献通常也应以近 2~3 年者为主，而且要适当选择设计严密、方法可靠、数据可信、科学性强、有新发现、新见解、有实用价值的文献。因此，主要文献应直接来自学术性期刊而不是教科书，不要在别人的综述基础上再作相同范围内相同课题的综述。撰写时内容要尽量由浅入深，便于理解。

2）文献齐全，引用原著

写文献综述忌讳随便收集一点文献就动手撰写，应当努力去搜集阅读文献。将同类性质问题的文献归到一组，每一段落的内容应选出有代表性的文献。综述材料来源尽量引用原始的单篇文献，即第一次文献。

3）忠于原著，论之有据

综述的基本准则是忠于原著。并非简单的资料堆积就能写出高质量的综述文章，它要求把来自不同作者的研究成果及其理性认识熔于一炉，还要加以分析评论，让事实来说话。

4）文理通顺，行文精练

综述中所引用的大量原始文献，出自各家手笔，风格可能完全不同；还有外语的翻译理解水平不一，要把这些素材有机地组合在一起，成为一篇综述，必然要付出艰苦的再创造性劳动。综述作者本身要有相当的实践和理论水平，还要将收集的全部材料认真消化，吸取精华，提炼要点，反复细心推敲，避免重复，逻辑严谨，润色文字，审核定稿，才能成为合格的文献综述。

5.1.6 文献管理工具

对于一个科研工作者来说，关于文献信息需要掌握三方面的能力：一是文献信息的获取能力；二是文献信息的管理能力；三是文献信息的分析和利用能力。

其中文献信息的管理能力在网络时代才变得复杂。多年前，我们只能获得少量的信息，一般通过记录本或者记录卡就可以进行管理，如今每个人都可以获得大量的信息，管理就显得重要起来。这时，文献信息的管理能力就需要借助“文献管理工具”来实现。

随着计算机技术的进步和互联网的日益发达，引进专业的文献管理工具是科研工作者必须掌握的技能。因为电子文献管理软件，能够大幅度地提高文献管理和论文写作的效率！目前在国际上为大家广泛使用的文献管理软件有很多，如 EndNote、Reference Manager、Procite、RefViz、Quosa、NoteExpress（目前较好的中文文献管理软件）、RefWorks（基于网络的文献管理软件）、文献王、文献之星等。每种文献管理工具都有其优势和管理文献的特色方法，综合利用 2~3 种上述文献管理软件，基本可以满足文献分析与管理的需求。

（1）EndNote 是 Thomson 公司推出的一款产品，是目前国内应用较多且很受欢迎的一款文献管理软件，教给研究者如何管理数以万计的文献，如何管理全文，如何管理阅读笔记，以及如何利用 Endnote 来撰写论文，编排参考文献等。

（2）Reference Manager、Procite 也是 Thomson 公司推出的两款文献管理软件，其应用面少于 Endnote，Reference Manager 提供网络功能，可同时读写数据库，Procite 提供弹性的群组参考及可建立主题书目。

（3）Refviz 是 Thomson 公司和 Ominiviz 公司合作开发的针对文献信息挖掘的一款软件，可以对大量的文献信息进行分析和归类，并以可视化的图形界面将分析结果直观地显示出来，能帮助我们快速掌握一系列文献的主题内容，并且可以发现文献间的相互联系。熟练掌握这个软件，就可以轻松驾驭海量的文献信息，快速获取最重要的信息。另外，Refviz 还可以与 Endnote 实现无缝对接，对 Endnote 数据库的文献进行分析或将分析结果输出到 Endnote。

（4）Quosa 是一款全文文献分析软件，可以自动从网上下载 PDF 全文，并对全文进行分析，找出文献间的相互联系，也可以对文件夹中已有的 PDF 文件进行全文分析，还可以自动提取 PDF 文件中的文献信息。Quosa 还能追踪最新的进展，发现新的文献能主动提醒。该软件的缺点是目前支持的数据库资源较少，对生命科学数据库支持较多。

（5）NoteExpress 是北京爱琴海软件公司开发的一款专业级别的文献检索与管理系统，全面支持简体中文、繁体中文和英文，其核心功能涵盖“知识采集、管理、应用、挖掘”，是学术研究、知识管理的必备工具，发表论文的好帮手。

NoteExpress 具备文献信息检索与下载功能，可以用来管理参考文献的题录，以附件方式管理参考文献全文或者任何格式的文件、文档。数据挖掘的功能可以帮助用户快速了解某研究方向的最新进展、各方观点等。除了管理以上显性的知识外，类似日记、科研心得、论文草稿等瞬间产生的隐性知识也可以通过 NoteExpress 的笔记功能记录，并且可以与参考文献的题录联系起来。

NoteExpress 属于客户端版，是中国人开发的，对中文的支持较好，在使用过程中不需要安装专门软件，只需安装在个人电脑上，就可以管理自己的参考文献。

（6）RefWorks 参考文献管理系统是美国剑桥科学文摘社推出的“个人图书馆”管理软件，用于帮助用户建立和管理个人文献书目资料，并可以实现在撰写文稿的同时，即时插入参考文献，同时生成规范的、符合出版要求的文后参考文献。RefWorks 有众多语言版本，如 Chinese（Simpli-fied）、Chinese（Traditional）、English、French、German、Japanese、Korean、Spanish。RefWorks 具有创建个人的参考文献数据库、组织和管理书目数据、快速查找书目数据、快速生成规范的文后参考文献等核心功能。

RefWorks 是一种网络上的工具，使用起来非常方便，它可以在众多主流操作系统中的网页浏览器上使用，使用时不需要安装专用软件，且可以随时随地使用，用户仅需一台与互联网相连接的电脑，就可以随时登录和使用 Refworks，而且不限用户数量。Refworks 系统自动升级，所有的系统升级都不需要用户下载，而且是免费自动完成。用户可以在第一时间享受系统提供的最新功能。

5.2　比较研究方法

5.2.1　比较研究概述

1. 比较研究的含义

比较研究是对两个或多个事件之间的异同关系进行对比性研究。这种对比可以发现相同点和不同点，从而能够对有关研究对象的属性和特点有一个比较清楚的认识，从而揭示事物本质。

在科学研究中，比较是一种最常使用的研究工具，用来帮助认识事物的相同和相异之处。或许正是因为如此，对“比较研究方法”的认识才如此模糊不清。一方面，有许多学科冠以“比较”的字样，如比较教育学、比较心理学、比较管理学等；另一方面，却少有著作系统地讲述“比较科学”的基本构成和“比较研究”的框架结构。

2. 比较研究的特点

比较研究的一个特点是不同于一般研究中常用的各式各样的比较。当我们进行比较研究时，是指对两个系统的比较，包括两个时段或两种外部环境下系统的比较。系统的内部结构可以是基本相同或相异的。

比较研究的另一个特点是讨论多重或交互因果关系。相比较而言，定量分析无法解决变量数量多而观测次数少的问题。案例分析虽然是比较研究的一个基础，但对多重关系的讨论则不如比较研究更有成效。

比较研究存在的局限性是：成本高、资料获取困难和等值性差；难以找到足够的个案；研究只能应用理论，做有限的通则性努力，或对理论进行有限的检验，不能进行严谨的理论检验（theory-testing）。

3. 比较研究的类型

一般来说，比较研究的类型主要有以下几种：

（1）个案比较研究，选择分属于两个不同群体的少数个案进行深入的比较研究。

（2）文化脉络研究，对属于两个不同文化脉络的社会单位进行研究。

（3）跨国比较研究，以国家作为比较单位，测量一组共同的变量。

（4）多国比较研究，研究者比较属于不同集团或区域的国家。

（5）历史比较研究，对研究对象不同时期的形态进行比较研究。

4. 比较研究的用途

比较是理解与洞察的核心，所有的研究都希望找到某种具有通则性的意义，比较研究也不例外。比较研究的用途主要有：对因果关系提供排除或替代性的解释、引出新问题并激发出理论构建的新方法。

5. 管理学中的比较研究

管理学中的比较研究产生了一系列重大成果，可以认为，以下理论都属于比较研究的成果：威廉·大内的“Z 理论”、麦肯锡的 7S 模型、波特的钻石模型。实际上，管理学中的许多问题都可以通过比较的方法进行。例如，比较不同管理者在管理艺术上的异同、比较不同公司在品牌培育上的异同、比较两个学术流派学术观点的异同、比较不同管理方式和管理效果的差异、比较跨国公司不同的发展阶段等。

5.2.2 比较研究的实施

1. 比较研究的模式

比较研究的基本模式如图 5-1 所示。

图中 A、B 代表不同对象的资料来源，它们的样本用 X_A 和 X_B 表示，Y 则代表类目项，即测量变量。在比较分析中，尽管分析对象不同，但分析类目 Y 只有一个，即在共同的测量标准下才能做出有效的比较。

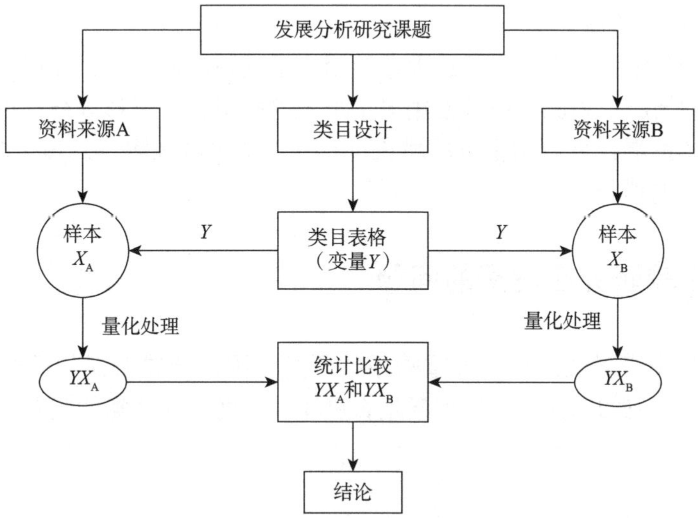

图 5-1　比较分析的模式图

2. 比较研究的基本步骤

比较研究的基本步骤如下所述。

（1）选定主题，问题应该是适合进行比较研究的。

（2）锁定问题，揭示问题的构成。

（3）描述，依据问题的性质进行资料分类、收集与整理。

（4）解释，运用与主题的背景、脉络相关的其他学科理论来解释资料。

（5）并列，将已解释的资料加以并列，凸现出比较所赖以进行的基础。

（6）提出假设，根据文献分析和已有的理论成果提出假设。

（7）检验假设与比较异同，依据相同点建立通则，或依据相异点进行分类。

（8）归纳整理研究结论。

3. 可比较的问题

比较研究侧重于通过对不同背景下的比较、单独的系统剖析来探索系统的相同或相异特征（在后一种情况下，环境差别可能为系统构成的差别提供解释）。对同一背景下的个案进行的比较并不具有充分的意义。

（1）准备工作。

在进行比较之前，应该先描绘出系统的基本结构，然后对其进行补充和修订。

（2）资料收集。

比较研究中大量使用次级资料（二手资料），一些管理比较研究几乎是完全借助这类资料完成的，而对这类资料的系统收集和整理就成为一项非常繁重的任务。实际调查可以把研究推向深入，但其在比较研究中占比较小，因为大量使用实际调查资料几乎是不可能的。

（3）对资料的整理。

收集资料即收集"证据"，但在大量使用二手资料的研究中，证据是否可靠往往是一个令人头疼的问题。因此，应该使用多重来源的资料，对资料进行订正。例如，为了避免浮夸造成的影响，可以用税收的增长订正一个国家国内生产总值（Gross Domestic Product，GDP）的增长。

5.2.3 比较研究应注意的问题

比较研究是用少量观测探索多重关系的研究，因此造成偏误的可能性也是相当大的。其中，比较单位的选择和一些因素是否可比，是两个应注意的问题，即卡尔顿问题与等值性问题。

1. 卡尔顿问题

卡尔顿问题是卡尔顿爵士于1889年在英国皇家人类学会提出的，故以其来命名。这个问题是，当人们发现两个比较单位具有某种因果关系时，可能会得出这种因果关系是人类的共性特征，但实际上，这种共性特征只是由于两个比较单位同属于一个更大的单位。例如，当我们比较中国台湾地区企业与东南亚地区企业的管理特征时，如果忽略了华人文化的影响，就可能得出错误的结论。因此，选择合适的比较单位就成为关键。在比较研究中，比较单位通常是国家、区域或较小的区域。选择比较单位时要注意，有无一些重要的因素对数个拟选的比较单位同时产生影响；换言之，应根据重要因素的影响范围选择比较单位，而不是先行决定比较单位，再进行比较研究。

2. 等值性问题

在所有的研究中，等值性都是极为关键的问题。等值是指相同的指标、数量、概念有相同的含义。等值性决定着研究的信度和效度，在比较研究中尤为如此。

Neuman 列出了社会科学研究中经常出现的四种等值性问题[①]。

1）语汇等值

在两种语言之间，一些词汇的含义往往有差别。Neuman 举例：朋友一词的德文（freund）和西班牙文（amigo）就存在差别。"同志"一词在汉语与英语中也有很大区别，汉语中指志同道合之意，而英语中指同性恋。知识（knowledge）一词与东方文化中的智能（jnana）是等同的，其解释为"对神的领悟"。研究者往往通过"反向翻译"（backtranslation）解决语汇等值问题。

2）脉络等值

脉络等值是指在不同社会或历史脉络下，能够正确使用脉络的术语或概念。例如，当我们谈到大学生的社会地位时，今天的大学生与 40 年以前的大学生就有不同的含

① Neuman W L. Social Research Methods：Qualitative and Quantitative Approaches. Boston：Allyn & Bacon，1994.

义，两者不是“脉络等值”。

3）概念等值

当一个概念在不同时期或不同文化背景下具有相同的含义时，这个概念就具有了等值性。在管理研究中许多概念如“市场份额”“竞争力”都具有等值性，但“CEO”（chief executive officer，首席执行官）则不具有等值性，因为即使在一个国家的不同企业中，CEO 的职责也有着很大差别。这时需要用更清晰的概念来取代模糊的概念。

4）测量等值

测量等值是指在不同脉络或背景下测量同一概念，是否能够得到相同意义的结果的问题。其实，这是概念等值的一种特殊表现。例如，当我们测量具有高等学历的人员占企业人员总数的比例时，就应该注意到这种比例在今天和 20 年以前已经有了不同的含义。又如，居民收入对于市场化程度高的国家和市场化程度低的国家而言，有着不同的含义。

5.3　逻辑研究方法

在管理研究的逻辑研究方法中，归纳法与演绎法是比较常见的方法。学者从两个方向来建构或检验理论，即演绎和归纳。演绎从一个抽象的合乎逻辑的概念关系出发，朝向具体的实证证据推进。归纳则是从观察现实世界出发，朝向更为抽象的经验通则和概念推进。在方法论史中，大多数关于归纳与演绎的争论都集中在关于归纳法与演绎法孰优孰劣上面。

5.3.1　归纳法

1. 归纳的含义

归纳是首先观察某些现象并据此得到结论的过程。它是对具体的经验事实进行研究，从中形成理论并用之于理论假说的过程。换言之，根据所观察到的事实，逻辑性地建立一般性的命题。

经验归纳是指人们在对特定自然或社会现象进行大量经验观察的资料累积中总结出关于该现象的普遍性命题。在管理研究中遵循归纳原则最大的好处是能够保证研究结论建立在经验事实的基础上，为建立普遍性命题打下基础。但研究者常常无法观察到某一自然或社会现象的所有情况。因此仅靠归纳法来得出对某一社会现象的普遍性概括是有一定缺陷的。

2. 归纳法的应用

在经济学领域，运用归纳法的最早代表人物是亚当·斯密。他对不同时期和不同地域的历史资料进行了详细分析，从而得出了劳动分工理论，即作为经济增长基础的劳动生产率提高的程度，是生产专业化的结果。在管理学领域，运用归纳法的最早代表人物是泰勒。针对当时生产效率低下的状况，他认为要提高工作效率，工人就必须运用科学的操作方法，合理利用工时。于是，他从执行同种工作的工人中，挑选出身体最强壮、技术最熟练的一个人，把他的工作过程分解为多个动作，用秒表测量完成每个动作所消耗的时间，然后按照经济合理的原则加以分析研究，对其中合理的部分加以肯定，不合理的部分进行改进或省去，制订出标准的操作方案，并规定出完成每一标准动作的时间，制定出势动时间定额。另一位古典管理理论的代表人物法约尔所提出的 14 条管理原则、5 种管理职能实际上也是归纳法的运用结果。

林毅夫提出了一个“一分析、三归纳”方法：一分析是本质特征分析法，即在分析一个现象时，想清楚谁是这个现象中的主要决策者，他的目标是什么，目标的特性为何，目标所处的环境有哪些特性等问题；三归纳分别是指当代横向归纳法、历史纵向归纳法、多现象综合归纳法[①]。当代横向归纳法是在研究某时某地的某个现象时，同时去了解这个现象到底是此时此地唯一的，还是在其他地方也有类似的现象；历史纵向归纳法是了解一个现象的演变发展过程，也就大概知道了它产生的原因；多现象综合归纳法是将一时一地同时发生的多个现象综合分析，归纳出这些现象背后的共同原因，而不是独立地分析各个同时发生的现象。

5.3.2　演绎法

1. 演绎的含义

演绎是指通过逻辑性推广已知事实，经过推理获得结论的过程。它探究与理论命题相关的资料并探讨理论自身的一致性。例如，所有工作绩效好的人对自己所从事的工作的熟练程度很高，张三的工作绩效很好，他的工作熟练程度也很高。

假设演绎法是从观察开始，通过资料搜集形成理论，然后提出假设，经过进一步搜集资料并加以分析，进而演绎。

只要演绎逻辑能站得住脚，并且认可假设的真实性，那么就可以得出结论的逻辑真实性。如果结论是在满足其他条件不变的前提下得出的，那么结论的经验真实性就很难得到保证。例如，历史资料可以证明结论，经营环境、管理实践的变化都会影响理论对未来的预测能力。

2. 演绎法的应用

管理学是不精确的科学，任何实际的管理行为都会受到管理基本原理背景之外的因素的影响，如环境因素，因此我们需要用“其他条件不变”对所有的“干扰因素”进行处理。因此，即使经验事实包含着所有的干扰因素，但在构建理论时应该使用演绎法，将有些因素纳入考察范围，而将有些因素排除在考察范围之外。也就是说，首先基于某

---

① 林毅夫. 论经济学方法. 北京：北京大学出版社，2005.

种原理，运用逻辑工具进行演绎，得出理论命题。例如，在公司治理研究中，从有限理性的原理出发，加上不完全契约和信息不对称的假定，得出相关治理的命题。又如，在管理会计研究中，成本性态分析是管理会计的一项基本工作，其前提条件有两个基本假设：一是相关范围假设，即固定成本与变动成本总是处在相关范围之内，假定时间与业务量因素总是在不改变成本性态的范围内变动；二是一元线性假设，即成本只是一种业务量的函数，并且可以用一元线性方程描述。这些假定对管理研究是极其重要的。这不仅是做出假定，既要符合经济效益原则，又要使所建立的模型不因过度复杂而失去使用价值，也是对研究结果不产生决定性影响的因素进行剥离。因此，在演绎法中，如果剥离了某些因素，假设就会缺乏真实性，经验事实与假设之间就很少具有关联性。

如前所述，如果归纳法符合事实一致性要求，那么演绎法的优势在于符合逻辑一致性要求。当然，逻辑正确，给定的假设正确，结论无疑也是正确的。

5.3.3　归纳与演绎的关系

归纳与演绎是两种相互联系、相互补充的方法。归纳法的研究是从个别到一般，即通过对个别事物或现象的分析，得出一般性的结论（或规律）。演绎法的原理正好与归纳法相反，是从一般到个别，即从已知的一般知识或理论出发，通过合理的逻辑推理，推导出未知的结论，或对个别事物做出论断。

将逻辑研究方法简单地分为归纳与演绎是勉强的，很少有研究方法是纯粹的归纳法或纯粹的演绎法，正如 Dow 所说的，将归纳与演绎视为两分法是一种误导[①]。归纳–演绎法的真正创始人是凯恩斯，他在回答经济学是否只是使用归纳法或演绎法的问题时，运用了归纳–演绎法。这种方法涉及假说的形成、理论的演绎和运用资料检验理论等方面。如果资料不能证明理论，那么就需要修正假设，再做理论检验，循环往复形成科学之轮，如图 5-2 所示。

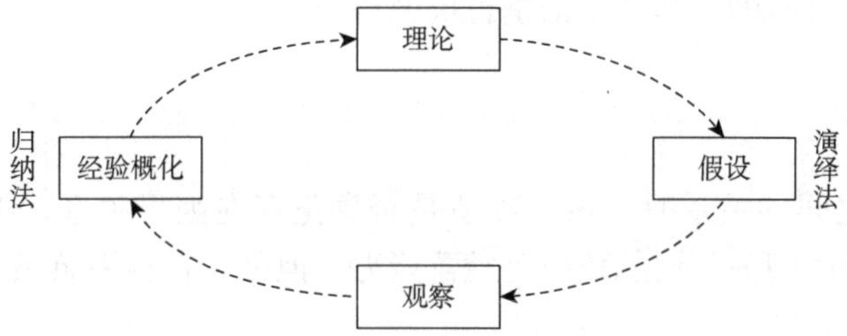

图 5-2　归纳–演绎的科学之轮

如果演绎法是基于不证自明的逻辑原理的运用，那么，就必然存在对这种“不证自明”的逻辑进行判断的经验基础。如果这种经验基础不存在，那么就只能通过特定的抽象来界定管理学的范围，从而确定所要选择的原理。也就是说，原理仅仅因其定义而赋予其正确性。但是果真如此的话，关于实际问题的理论说明就会含糊不清。

① Dow S C. Economic Methodology. Oxford：Oxford University Press，2002.

许多管理理论的研究都将归纳法与演绎法结合起来进行运用，如著名的霍桑试验就是 Mayo 等在芝加哥西方电器公司的霍桑工厂所做的一项试验，在实验中通过改变工作条件、工资支付方式等，试图找出工作条件对生产效率的影响，以寻求提高劳动生产率的途径。经过研究他们归纳出如下主要结论：生产效率不仅受物理、生理因素的影响，而且受社会环境、社会心理因素的影响。在此基础上，Maslow 经过进一步研究演绎出五层次需求理论，Herzberg 演绎出双因素理论，从而推动了行为科学学派的发展。

但是在实际中，侧重于规范研究的学者更多地采用演绎法，而侧重于实证研究的学者更多地采用归纳法，很少有兼用两者的现象。前者的原理是无法得到证明的，而后者的经验研究也不能为纯理论提供充分的验证。

5.3.4 逻辑推理的常见错误

逻辑推理中几个常出现的错误如下所述。

1. 偏颇主义

研究者基于自己的特殊经历和现状来观察现实世界，用自己的观点解释他人的行为。例如，在跨文化管理中，中西方文化存在着较大的差异，思维方式、处事原则都有很大差别，合作者往往从自己文化的角度来处理事情，造成了所谓的“文化近视”。

2. 草率结论

研究者解释资料时，有时会在没有获得足够资料支持的情况下草率下结论，没有搞清这些结论是否是必然的，其他结论是否也说得通。

3. 可疑原因

在解释变量之间的关系时，没有弄清是否真正存在因果关系。例如，一个企业破产，人们往往将原因归为公司总裁缺乏经营能力。但是，在经济萧条时期，破产的企业比比皆是。

4. 隐瞒证据

在研究者获得大量信息资料之后，为了便于分析常常筛选、过滤掉一些“不相关”的信息，而这些“不相关”信息有时却是有力的证据。例如，在职人员强烈反对企业在外部人才市场上招聘经理，那么可以预测到反对者的职业属于管理人员，如果未能指明反对者的职业，我们就会对此结论提出怀疑。

5. 两难谬误

研究结论经常代表着众多选择中的某种选择，而某种选择通常意味着排除了其他可能性。

5.4　统计分析方法

统计学提供了一种可以发现数据之间深层次含义的方法，研究者从而能更清楚地看清数据的含义，更好地理解数据之间的内在关系。运用统计学原理，可以对研究所得的数据进行综合处理，以揭示事物的内在数量规律。

5.4.1　统计分析概述

统计分析是数据处理最基本也是最主要的方法。它不但计算研究对象特征的样本平均值、方差，或者所占百分比，而且更重要的是研究样本特征值与母体特征值的关系，研究变量之间的关系，特别是因果关系，从而发现被研究对象的发展规律，或者验证有关假想、结论是否成立，验证有关理论在新的时空中是否成立。

统计有两种功能：描述与推理。与此相对应，有两种统计，分别是描述性统计（descriptives statistics）与推论性统计（inferential statistics）。描述性统计是概括所取得数据的共有性质。推论性统计帮助研究人员对数据做出判断。统计可以把一大堆数据压缩成一定量的信息，可以让我们很快地加以理解。它们会帮助研究人员认清数据的相互关系，而其他方法往往难以做到。统计可以帮助我们将那些似乎不相干的资料构筑成一个有条理的整体来加以认识。

5.4.2　管理研究中统计分析的功能及特点

1. 统计分析的功能

在管理研究中统计分析的功能主要如下所述。

（1）统计分析的方法可以为管理研究提供一种清晰精确的形式化语言。

（2）统计分析是进行科学预测、探索未来的重要方法。

（3）统计分析技术是处理调查研究资料的必要工具。

2. 统计分析的特点

统计分析的特点表现在：在定性分析的基础上进行统计分析是保证正确使用统计分析的重要条件。因为统计分析是根据数据资料进行的，而调查研究中的数据不是抽象的数字而是反映事物质性的统计指标。统计分析是依据一定公式计算的，有一套专门的方法和技术。

5.4.3　描述性统计

描述性统计是用数学语言表述一组样本的特征或样本各变量之间的关联特征。由于测量的数据众多，无法从单个测量数据中反映多个数据的整体特征。描述性统计可将众多数据融为一体，对这些数据的集合形成新的认识。描述性统计的目的主要是从整体上观察数据的有效性、整体分布情况等。

1. 集中趋势分析

集中趋势量数也称集中量数，是用一个数值来代表一组数据的一般水平。常用的集中量数有平均数、中位数和众数。平均数是所有测量数据的算术平均值，中位数是将测量数据按大小顺序一分为二的变量属性值，即位于排列顺序中间位置的数值，众数是测量数据中出现频率最高的数值。例如，有一组数据是 9 位工人本月的产量：96、96、97、99、100、101、102、104、155，则平均数为 105.5，中位数为 100，众数为 96。

集中趋势分析的作用在于：首先，说明某一管理现象在一定条件下，其数量的一般水平。其次，可以对在不同空间的同类现象进行比较。再次，可以对一定管理现象在不同时间中的变化进行比较，以说明这些现象的发展趋势和规律。最后，可以用来分析某些管理现象之间的依存关系。

2. 离散趋势分析

离散趋势分析用来反映测量数据的分散程度，其常用指标有：极差（range）与标准差（standard deviation）。极差是测量数据中的最大值与最小值之间的差异，由两个极端值来决定，只适用于定距与定比数据。标准差综合反映所有数据的分散程度，与平均数配套使用，适用于定距与定比数据。

3. 频数与频率分析

为了直观地反映一组测量数据的分布状况，经常用频数与频率分析。频数分布描述测量值中各属性值出现的次数，频率分布则是用比率的形式来表示，各属性值出现的次数除以样本总数即可得到该属性值的频率。

实际上，关于描述性统计的集中趋势与离散趋势分析指标，以及频数分布表达形式等，都可以通过 SPSS 软件的操作得到。

5.4.4　推论性统计

迄今为止，描述性统计分析针对的是单一变量。但是，在管理研究中，许多时候要分析多个变量之间的关系，如员工的公平感与离职意愿之间是否相关，新员工招聘中的笔试成绩与其实际工作能力之间相关程度如何，《财富》500 强企业的排序与其销售额排序是否一致，等等。事物之间的联系无处不在，推论统计的两大功能是：从随机样本中推断总体参数特征、以统计为基础验证假设。

在统计学中，事物之间的相关程度称作相关度，用相关系数（correlation coefficient）来表示，相关系数介于−1 到+1 之间，它反映了变量之间的两个特征：方向与强度。方向反映事物之间是正相关（符号为正）还是负相关（符号为负），强度反映事物之间的相关程度，系数越接近于±1，表明相关程度越高。

需要注意的是，相关并不一定反映了问题的起因。例如，研究发现高级管理人员的勤勉与公司治理绩效之间存在相关，但不能就此下结论——“勤勉工作一定会提高绩效”。只有经过论证与计算之后，才能得出结论：究竟一个变量对另一个变量的影响有多大。

1. 双变量的回归分析与相关分析

回归分析是确立 Y 与 X 之间函数具体形式的方法，一元线性回归方程为

$$Y = a + bX$$

其中，b 为回归系数，表示 X 每变化一个单位时，Y 会变化多少。

这一方程有描述性和推论性价值，既是 X 与 Y 两变量之间关联形态的数学描述，又可在已有值的条件下得出推测值。但是，回归系数并不适合度量两变量之间的关联强度，只表示因变量随自变量变化而产生的关联变化量。

需要注意的是，如果相关性偏高（如 0.75 以上），就要怀疑此高度相关的变量是否是两个有差异、不同的变量，因为如果两个变量本来就是同一问题的两种不同表述，那么，二者必然存在高度相关关系。此外，还要对测量工具本身的效度进行检查。确定两个因素有因果关系时，相关系数越高，预测的准确性就越大。

2. 多变量的偏相关分析与多元回归分析

管理研究中一般会面临两个以上的变量，假设检验中也要处理多个变量。例如，影响企业绩效的因素可能有产品质量、成本控制、营销策略、企业文化等多个因素。因此多变量分析是管理研究者离不开的研究工具。多变量分析常用的方法有偏相关分析、多元回归分析。

多元回归分析是分析因变量与多个自变量之间的关联，其一般表达式为

$$Y = b_1X_1 + b_2X_2 + \cdots + b_nX_n + a$$

其中，b_i 为自变量 X_i 变化一个单位时在其他自变量不变的情况下因变量 Y 的变化量；a 为随机误差。

多元回归方程并不能反映各个自变量的相对重要性，b_i 大于 b_j，并不表示 X_i 和 Y 的关联较 X_j 和 Y 的关联更强，可能是由于 X_i 采用了较小的尺度单位。

3. 参数估计

估计是统计学中对未知的推测；参数估计是从样本的统计值来估计总体的参数值，其逻辑程序是先有样本分布，再推测总体。当样本对总体参数进行估计时，有两种估计方法：点估计与区间估计。

点估计是将样本中某统计量的值作为相应总体参数值的单一估计。例如，想了解某种新产品在各省会城市的销售量，我们可以抽取去一些省会城市调查其销售量，然后求其平均值，即为平均销售量估计。当然，如果另外抽取几个城市，就会发现其平均销售量不完全一致，这说明点估计值本身就是一个随机变量，既然如此，就不能期望用点估计值准确地等同于总体真实的特征值。

区间估计不是采用通常度量准确性的方法，如允许估计值与真实值有百分之几的误差，而是要判断真实值有多大可能落在样本统计值分布的某一范围（置信区间）之内。这一范围越大，估计值的准确性就越低。统计值落在允许偏差的范围内的概率越大，估计值的可靠性就越高。一般来说，在管理研究中，置信水平选择 95%或 99%，即 0.95 或0.99的概率，真实值落在偏差范围之内，允许不超过0.05或0.01的概率超出此范围。

4. 假设检验

假设检验是先对总体参数做出假设，然后用样本统计值去检验它是否与假设参数值一致。

在假设检验中存在两类错误：样本是随机抽取的，但也有意外，如样本没有反映典型特征。当我们错误地将偶然发生的事件当作非偶然发生的，进而错误地将虚无假设否定，则就犯了第一类错误（α错误）；如果将原本错误的事件认为是正确的，没有否定本该否定的虚无假设，就犯了第二类错误（β错误）。降低显著性水平可以减少第一类错误，然而，这一过程却增加了犯第二类错误的可能性；反之，若为了降低第二类错误发生的可能性，可以提高显著性水平，如此却又增加了犯第一类错误的可能性。显然，这两类错误是相对的。

降低第一、二类错误的一些措施有：使用尽可能大的样本规模，选择有效且可靠的测量方法，尽可能运用参数统计（适用于定距、定比变量）而不是非参数统计（适用于定类、定序变量）。

（1）*T* 检验（*T*-test）是检验定距或定类变量的相关性，即在定距或定类尺度上，两群体之间是否存在差异。例如，有 MBA 资格的人员是否比企业管理专业的本科毕业生表现得更好？男性与女性对激励的反映是否相同？此类问题可通过 *T* 检验来分析研究变量中不同群体的平均数是否有显著差异，亦即针对具有两个子类别的定类变量（男性与女性、MBA与本科生）进行检验，看这两个群体在定距或定比尺度（反映程度、表现程度等）上的平均数是否存在显著差异。

（2）方差分析（analysis of variance，ANOVA）是检验因变量是定距或定比尺度时，两个以上群体之间平均的显著差异。例如，4 组促销人员之间是否存在显著差异：

一组被送到学校系统学习营销课程，一组通过实地考察在职训练，一组由经验丰富的销售经理进行指导，一组没有接受上述训练。利用方差分析来确定不同群体之间是否有显著差异可通过 F 统计量获得，即按比例值 F 来检验。

（3）χ^2 检验（chi-square test）是用于检验两个定类变量发生频次之间是否存在差异，如在超市随机选择 90 位顾客征求他们对三种饮料的偏好，如果 40 位选择甲，30 位选择乙，20 位选择丙，即观测频次为（40，30，20），如果虚无假设（三种饮料的顾客偏好不存在差异）成立，其期望频次应为（30，30，30），χ^2 检验就是要判断观测频次（40，30，20）与期望频次（30，30，30）之间的差异是否显著。

5.5 案例研究方法

在管理学中，一个案例就是对一个管理问题和决策过程的再现和描述，就是对一个管理实践过程极其复杂情景的刻画和分析。因此，案例研究是进行实证分析的重要方法。在被研究现象本身难以从背景抽象、分离出来的研究情景中，案例研究是一种行之有效的研究方法，它可以获得其他研究手段所得不到的数据、经验知识，并以此为基础来分析不同变量之间的逻辑关系，进而检验和发展已有理论体系。

5.5.1 案例研究的含义

在社会科学领域，进行案例研究的文章已经很多了，但真正清楚“案例研究”含义的人并不多。长期以来，不同领域的研究者对案例研究持有不尽相同的认识。1984 年，罗伯特·K. 尹（Robert K. Yin）为“案例研究”给出了一个经典定义，即案例研究是一种经验主义的探究（empirical inquiry），它研究现实生活背景中的暂时现象（contemporary phenomenon）；在这样一种研究情境中，现象本身与其背景之间的界限不明显，研究者只能大量运用事例证据来展开研究。

案例研究法：针对某个特定的问题，向分析者展示真实性背景，提供大量背景材料，由分析者依据背景材料来分析问题，提出解决问题的方案。该方法是探索难于从所处情境中分离出来的现象时采用的研究方法。它最适合研究“怎么样”和“为什么”类型的问题。

案例可以是一个计划、事件、行动和个人。研究者也可以选择多个计划（多点）或单个计划（单点）来进行。

案例研究一般依据企业现象，提出研究问题与理论命题，现场调查收集资料、编写案例、分析案例，最后推导出研究结论并提出今后课题。为案例研究而开发的案例称为研究案例（research case），研究案例是对特定管理情景问题的客观描述，它真实提供所需要决策的各类管理问题、实际存在的复杂管理冲突、各种相关事实和背景材料，再现管理者或管理组织所面临的实际管理情景或决策环境。

在案例研究中经常会提到一个相关概念——个案。个案是对真实状况的一种描绘，个案通常是用文字书写的，它所描绘的状况会刺激读者思考，使读者认清事实的真相如何、问题何在，以及如何处理。简单地说，个案是一项事实或一组事件，它提供一个问题或一连串的问题以供读者思考，并尝试去解决它的一份资料，它被看成一项引发思考、判断和确定行动的工具。

5.5.2　案例研究的性质与对象

1. 案例研究的性质

案例研究是一种经验性的研究，而不是一种纯理论性的研究。案例研究的意义在于回答是“为什么”和“怎么样”的问题，而不是回答“应该是什么”的问题。

2. 案例研究的对象

案例研究的对象是现实社会经济现象中的事例证据及变量之间的相互关系。案例研究的对象决定了它属于现象学（phenomenological）的研究范畴。正是这一点使案例研究显著区别于经验性研究中的其他属于实证主义范畴的另外两种研究方法。

斯特克将案例研究界定为“理解特定情况或特定条件下（单一事件中的）行为的过程”①。在这样一个研究过程中，人们可以将研究重点放在捕捉社会经济现象的片断的真实细节上，而无须预先严格设定或梳理清楚其中蕴藏的为数众多的变量之间的复杂关系。不过，由于案例研究往往只是被用作分析社会经济现象的一个片断，即一个相对狭小的研究领域的某一局部性的问题，为做到这一点，很多情况下，案例本身作为一个现实经济活动中完整的复杂系统的其他方面，往往要被概要化、抽象掉。

5.5.3　案例研究的特征

案例研究的对象是社会经济现象中的事例证据及其变量之间的相互关系。研究对象往往由许多变量组成，这些变量之间的关系通过具体的事件表现出来，是可观察到的，而研究者对这些变量无法控制。它属于现象学的研究范畴，区别于实地研究与实验研究，具有以下特征。

（1）案例研究具有真实性。一个案例必须是一个真实的故事，或一篇动人的报道，如果出于保密和其他原因，不得不进行掩饰和隐匿，可以使用假名和代号，但故事情节必须是真实的，不能随意杜撰。

（2）案例研究提供的真实场景应当是全面的，有故事背景，有来龙去脉，有发展过程，有人物情节，最好在附录中还要有完整的图示和数据。人们读完案例，起码能够掌握所述事件的基本事实及充分的数据和资料，从而为展开进一步的研究、分析和讨论

---

① Stake R E. The Art of Case Study Research Methods. Thousand Oaks：Sage Publication，1995.

奠定坚实的基础。

（3）案例研究具有系统性，研究者总是把研究对象视作一个系统，或是一个系统的组成部分，来努力识别其中存在的因果关系。一个好的案例必须是一个开放的体系，它所提供的是真实的问题、矛盾和困境，存在着从各个侧面进行研究、分析和解释的可能性，因而，通过个案分析进行实证研究，虽然不一定能够完全证实和（或）证伪什么，但是却可以有所发现。如果把案例研究假设成一个封闭的体系，就无法对真实的社会经济生活及其矛盾运动过程做出恰当的描述和中肯的分析，甚至会发生极大的扭曲。

5.5.4　案例研究的作用与意义

1. 案例研究的作用

在被研究的现象本身难以从其背景中抽象、分离出来的研究情境中，案例研究是一种行之有效的研究方法。它可以获得其他研究手段所不能获得的数据、经验知识，并以此为基础来分析不同变量之间的逻辑关系，进而检验和发展已有的理论体系。案例研究不仅可以用于分析受多种因素影响的复杂现象，还可以满足那些开创性的研究，尤其是以构建新理论或精炼已有理论中的特定概念为目的的研究的需要。此外，案例研究作为一种教学方法，有助于提高人们的判断力、沟通能力、独立分析能力和创造性地解决问题的能力。

2. 案例研究的意义

在管理学的发展中，案例研究具有多方面的重要意义，概括起来如下所述。

（1）样本意义，一个案例所描述的场景和过程并不是简单和孤立的，而是大量同类现象中的一个，如果取极端的话，其结果是一样的。

（2）检验意义，对已有的假设和命题进行检验，提供一个证明或做出一个否证，虽然不能完全证明或证伪，因为在现代科学的发展中，反复证伪而能够成立的事例说明了一次性检验的局限性。

（3）发现意义，即通过案例分析发现一些新的问题，提出一个新的假说，然后自己去或者让别人去进行检验。

5.5.5　案例研究的类型

1. 按研究任务分

按研究任务类别的不同，案例研究可以分为探索性案例研究、描述性案例研究、解释性案例研究三种，如图 5-3 所示。

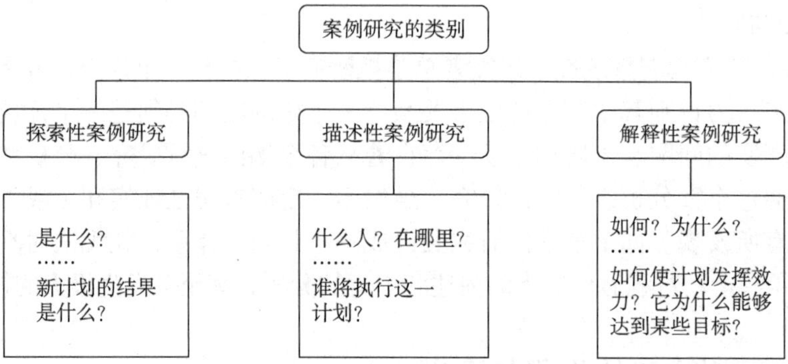

图 5-3　案例研究的类别

1）探索性案例研究

探索性案例研究往往会超越已有的理论体系，运用新的视角、假设、观点和方法来解析社会经济现象，这类研究以为新理论的形成做铺垫为己任，其特点是缺乏系统的理论体系的支撑，相关研究成果非常不完善。这类案例研究最有价值，但难度系数也最大。

2）描述性案例研究

描述性案例研究侧重于描述事例，它的任务是讲故事（story-telling）或画图画（picture-drawing）。描述性案例研究主要是对人、事件或情景的概况做出准确的描述。

3）解释性案例研究

解释性案例研究的目的在于对现象或研究的发现进行归纳，并最终做出结论。解释性案例研究适用于对相关性或因果性的问题进行考察，解释性案例研究侧重于理论检验，适用于运用已有的理论假设来理解和解释现实中企业实践活动的研究任务。

2. 按案例的数量分

按照案例数量的多少，案例研究可以分为单一案例研究和多重案例研究。

1）单一案例研究

主要用于证实或证伪已有理论假设的某一个方面，也可以用作分析一个极端、独特、罕见的管理情景。通常情况下，单一案例研究不适用于系统构建新的理论框架。偏好单一案例研究的学者认为，单一案例能够深入地解释案例所对应的解决现象的背景，以保证案例研究的可信度。

2）多重案例研究

研究者首先要将每一个案例及其主题作为独立的整体进行深入分析，这被称作案例内分析。依托于同一研究主旨，在彼此独立的案例内分析的基础上，研究者将对所有案例进行归纳、总结，并得出抽象、精辟的研究结论，这一分析称为案例间分析。多重案例研究能更好地、全面地反映案例背景的不同方面，尤其是在多个案例同时指向同一结论的时候，案例研究的有效性将显著提高。但需要注意的是，多重案例并不是要根据抽样的逻辑选择案例，而是选择具有相似系统的案例，或者说是“复制”案例。

MBA 案例研究论文多采用个案分析的方法，通过对管理个案的深入剖析，挖掘典型的管理问题，充分利用所学的管理理论对管理问题进行分析，形成对理论的验证、补充和修正。案例研究能够较好地实现理论与实践相结合，提高学生应用理论知识解决实际问题的能力，是实现“知行合一，智者通达”教育理念的重要载体。

MBA 案例研究论文研究的个案要选择在某个行业（营利性行业）中具有代表性或特殊性的企业或公司，选题要体现理论与实践的结合，并且具有矛盾和冲突性。同时，作者能够获得足够的细节可供讨论和探索，避免空洞。

5.5.6　案例研究的步骤

一个完整的研究过程包括定义问题、文献分析、建立研究架构与命题、选择案例、深入访谈、资料分析、验证与修订理论、得出结论与建议。

欧阳桃花认为，案例研究一般应遵循五个步骤（图 5-4）[①]。

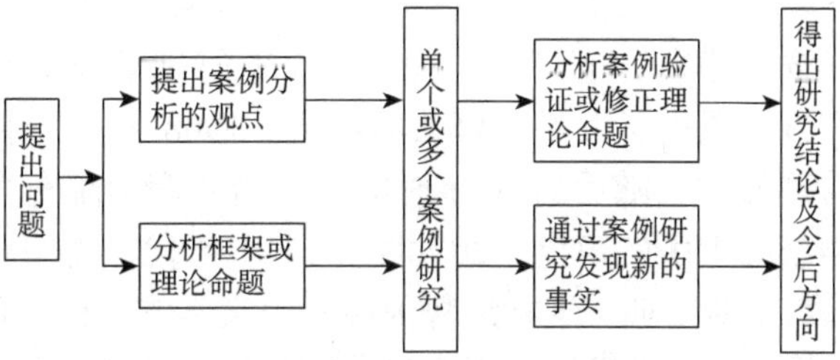

图 5-4　案例研究的步骤

第一，依据案例提出问题与研究目的。

第二，对研究问题进行相关理论综述，推导或提出论文分析框架、理论命题或提出分析案例的理论视角。

第三，撰写规范的理论研究案例。

第四，分析研究案例并从中验证产生的新事实、新思想。

第五，得出研究结论并明确今后方向。

运用案例研究方法研究管理问题时，在研究步骤上应有所侧重，一般来说，研究的目的不同，其步骤的侧重点不同。

第一种研究目的侧重于验证或补充、修正理论命题，其研究重点应放在第二步，即论文分析框架上。为支持论文分析框架或命题而收集案例的素材，通过单个或多个研究案例来验证或修正理论命题，能否提出符合逻辑、有创意的论文分析框架或理论命题，并通过实证分析，达到自圆其说是评价其研究水平的关键。一般来说，指导管理类学生运用案例研究方法完成学位论文时，提倡采用此类方法。培养学生通过文献研究归纳整理管理学基本原理，提出论文框架或理论命题，通过研究案例加以证实。能否完整、全面理解管理学基本原理并加以证实，或通过案例研究对已有的管理概念进行新的解释，或提出新的管理学概念等，是评价该论文的重要标准。

① 欧阳桃花. 试论工商管理学科的案例研究方法. 南开管理评论，2004，7（2）：100-105.

第二种研究目的侧重于发现新的客观事实或理论创新，研究重点放在研究案例本身，即第三步上。此时通过文献等理论研究（第二步）只是为调查企业收集案例素材时，提供分析视角或案例研究的切入点，能否通过案例研究发现新事实、新思想，是评价此类案例研究成果的重要标准。

5.5.7 案例研究方法的应用发展及趋势

从历史上看，早在数百年前，案例研究方法就在法学领域和医学领域得到了广泛的应用。医师依赖于案例研究方法来诊断病症；律师将判例法视为法律研究的基本方法——英美法系国家的律师将判例视为法律的渊源，大陆法系国家的律师则从大量的判例中寻找有力的支持性论据。20 世纪以来，案例研究方法逐步在经济学（主要是新制度经济学）和管理学领域（包括私人企业组织管理领域和公共机构行政管理领域）得到了快速发展。

作为一门实践导向的学科，管理学，尤其是企业管理学为案例研究这样一种经验性、贴近现实的研究方法提供了发展和繁荣的沃土。1908 年，哈佛商学院率先将案例研究方法引入企业管理教学。随后的50年时间里，哈佛商学院充当了在企业管理领域普及、应用案例教学法的旗手的角色。20 世纪六七十年代，美国企业面临的社会经济环境中的不确定性因素不断增加。这种形势为经验主义学派和权变理论学派的兴起创造了有利条件。这两个管理学派都高度重视案例研究方法，虽然二者在研究思路上各有不同——经验主义学派侧重于研究个体企业管理实践，在服务于个案研究这一目标之下，才考虑多个企业案例的比较研究与归纳、概括；而权变理论学派侧重于通过多案例研究，归纳、总结出若干基本模型，以指导管理实践。20 世纪中后期，案例研究方法在管理学领域中的发展之迅速、涉及面之广度和研究进展之深度，极为引人注目。今天，无论是在战略管理或组织管理领域，还是在管理会计、市场营销管理、生产作业管理、信息技术管理领域，都可以看到丰硕的案例研究成果。

虽然近年来案例研究的发展势头很好，但也要看到，作为一种社会科学研究方法，案例研究总体上仍然处于发展的初级阶段。从法学和医学领域的经验来看，案例研究在特定的科研领域中的发展，是有其必要条件的。首先，该科研领域的专业性、知识权威性在很大程度上必须表现为令人信服的经验性判断；其次，正确的经验性判断必须来源于对以往的历史事件的认识的积累；最后，案例研究方法在专业知识、经验的积累和传承的过程中，起着其他研究方法不可替代的作用。这三个前提条件，对于在管理学领域发展案例研究方法而言，同样是不可或缺的，而当前管理学界的状态，离上述条件的成熟还有相当大的差距。

此外，限制案例研究发展的因素也是存在的。事实上，无论是开发出一个基于企业实践活动的好案例，还是为使一个已有的好案例保持贴近于企业实践活动变化趋势而进行及时、准确的更新，都是费时、费力和代价不菲的系统工程。

第 6 章　统计软件应用

6.1　SPSS 软件

SPSS 软件是世界上应用最为广泛的专业统计软件之一，在全球约有 25 万用户，分布于通信、医疗、银行、证券、保险、制造、商业、市场研究和科研教育等多个领域和行业，全球 500 强企业中约有 80%使用 SPSS 软件，而该软件在市场研究和市场调查领域则拥有超过 80%的市场占有率，和 SAS 软件并称为当今最权威的两大统计软件。

6.1.1　SPSS 软件的优点

SPSS 软件具有强大的统计、分析和数据准备功能，方便的图表展示功能，以及良好的兼容性、界面的友好性等，能够很好地满足广大科研工作者的需求，得到了广泛的应用。

1. 功能强大

SPSS 软件囊括了各种成熟的统计方法与模型，为统计分析用户提供了全方位的统计学算法。在数据准备方面，SPSS 软件提供了各种数据准备与数据整理技术。这些强大的统计和整理技术可以使数据结构和内容更易于分析。

2. 兼容性好

SPSS 软件不仅可以直接录入数据，还可以将日常工作中常用到的 Excel 表格数据、文本格式数据导入 SPSS 软件中进行分析，从而节省了相当大的工作量，并且避免了因复制和粘贴可能引起的错误，同时，在结果输出时 SPSS 的表格、图形结果可直接导出为 Word、文本、网页、Excel 等格式，且中文兼容问题解决较好。

3. 易用性强

SPSS 软件是一种权威的统计学工具，能提供强大的统计功能，使用也非常简单。人机交互友好、操作简单，同时，也向高级用户提供了编程功能，扩展了其高级应用。

4. 扩展性高

SPSS 软件可直接和强大的 R 语言进行对接，通过直接调用 R 语言的各种统计模块，直接实现对最新统计方法的调用，提高了扩展性。

6.1.2 使用 SPSS 软件进行描述性统计

本部分演示所用数据集来自张文彤编著的《SPSS 统计分析基础教程》。

1. SPSS 软件的文件管理

SPSS 软件最常用的文件管理功能有：排序个案、选择个案、合并文件（纵向+横向），下面分别介绍简要的操作方法。

1）排序个案

方法一：点击【数据】—【排序个案】（图 6-1）。

图 6-1 排序个案

以 S9 家庭月收入为例，添加到【排列依据】，选择【升序排列】。

点击【确定】，回到【数据视图】查看 S9，即可看到数据已按照家庭月收入进行排序。

方法二：以 S9 为例，选中 S9，单击鼠标右键（图 6-2）。

图 6-2　升序排列个案

点击【升序排列】，查看 S9（图 6-3）。

图 6-3　排序个案结果

2）选择个案

点击【数据】—【选择个案】（图 6-4）。

图 6-4　选择个案

在【选择】里选取【如果条件满足】，点击【如果】（图 6-5）。

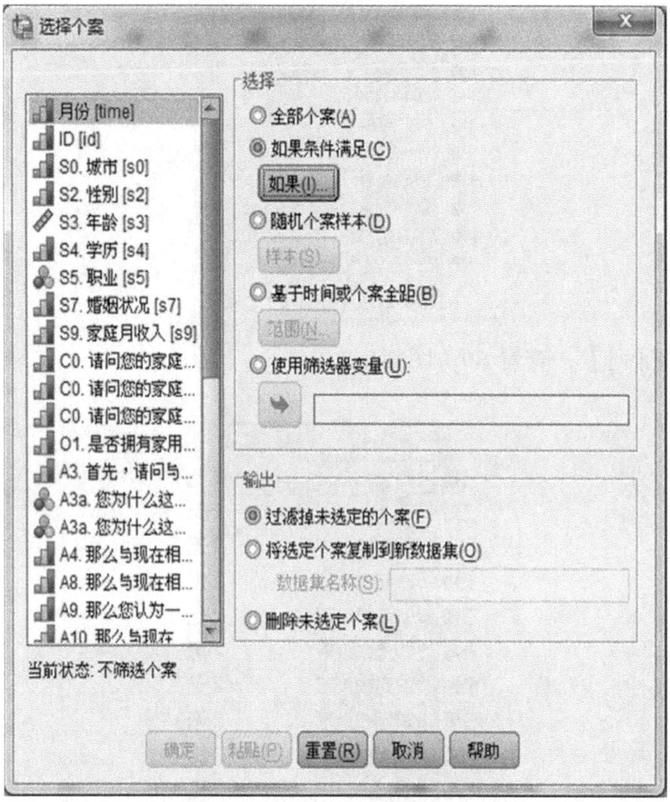

图 6-5　选择个案的条件选框

选取上海女性为例，将 S0 城市、S2 性别选中加入（图 6-6）。

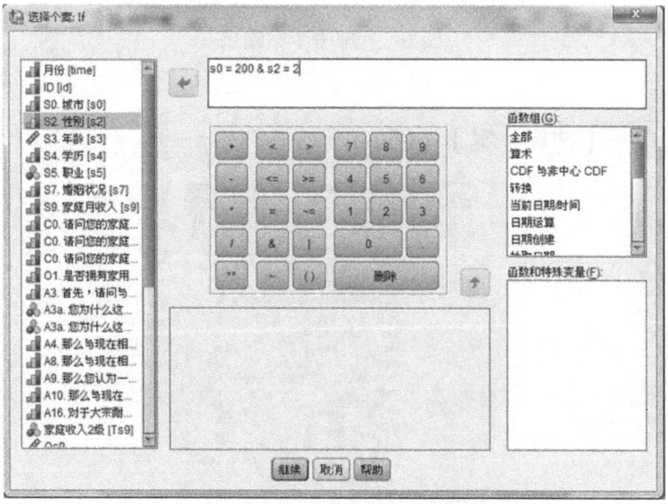

图 6-6　填写选择个案的条件

点击【继续】，点击【确定】（图 6-7）。

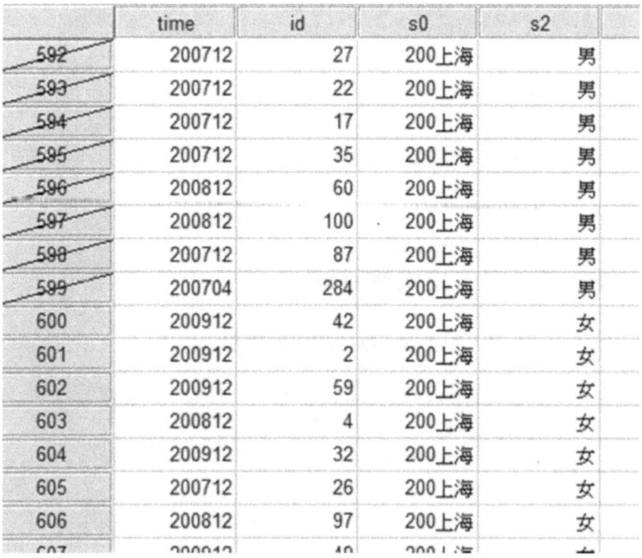

	time	id	s0	s2
592	200712	27	200上海	男
593	200712	22	200上海	男
594	200712	17	200上海	男
595	200712	35	200上海	男
596	200812	60	200上海	男
597	200812	100	200上海	男
598	200712	87	200上海	男
599	200704	284	200上海	男
600	200912	42	200上海	女
601	200912	2	200上海	女
602	200912	59	200上海	女
603	200812	4	200上海	女
604	200912	32	200上海	女
605	200712	26	200上海	女
606	200812	97	200上海	女

图 6-7　选择个案的结果

图中划线的是被过滤掉的（这里选出了上海女性）

3）合并文件

（1）纵向合并：点击【数据】—【合并文件】—【添加个案】（图 6-8）。

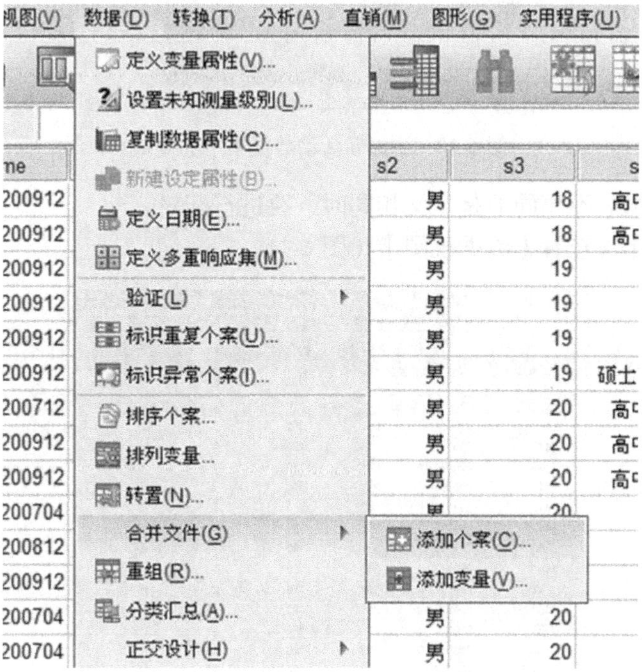

图 6-8　添加个案

选取数据集 2（图 6-9 和图 6-10）。

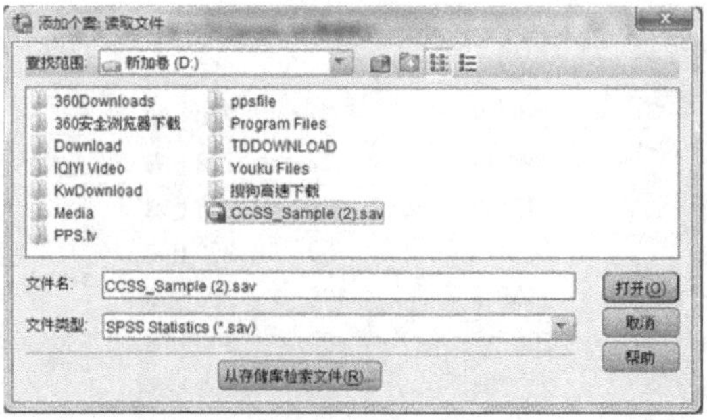

图 6-9　选择数据集

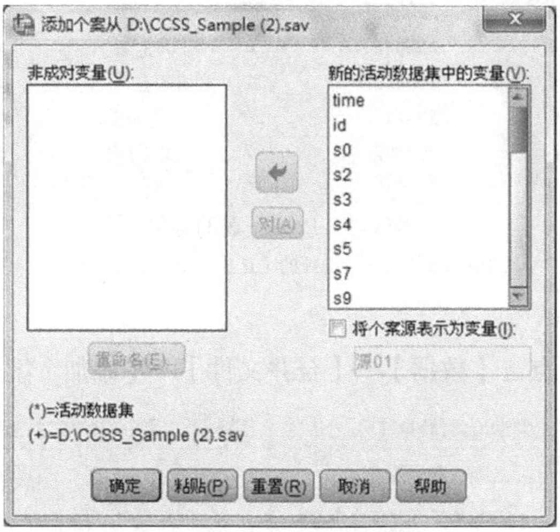

图 6-10　添加新活动数据集中的变量

注意：有变量名不相同但是意义相同时，要进行配对。

点击【确定】，查看【数据视图】（图 6-11）。

图 6-11　添加个案的结果

（2）横向合并：点击【数据】—【合并文件】—【添加变量】（图 6-12）。

图 6-12　添加变量

选取数据集 3（图 6-13）。

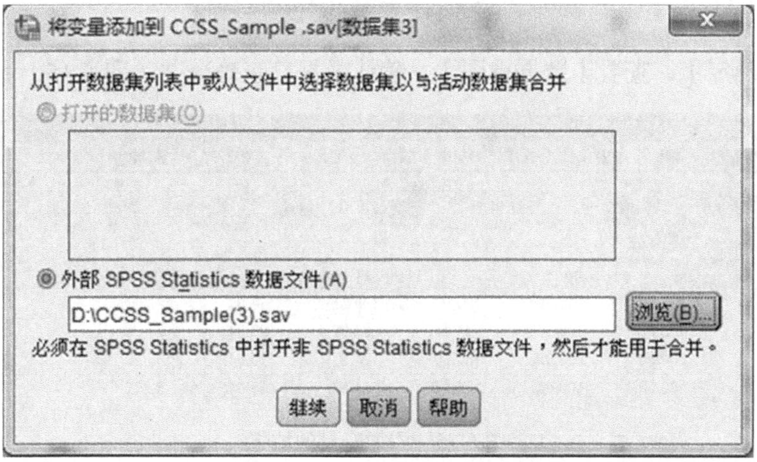

图 6-13　选择添加的数据集

将数据集 3 中的身高变量横向合并到 CCSS 数据集中，将 ID 设为相同关键变量（图 6-14）。

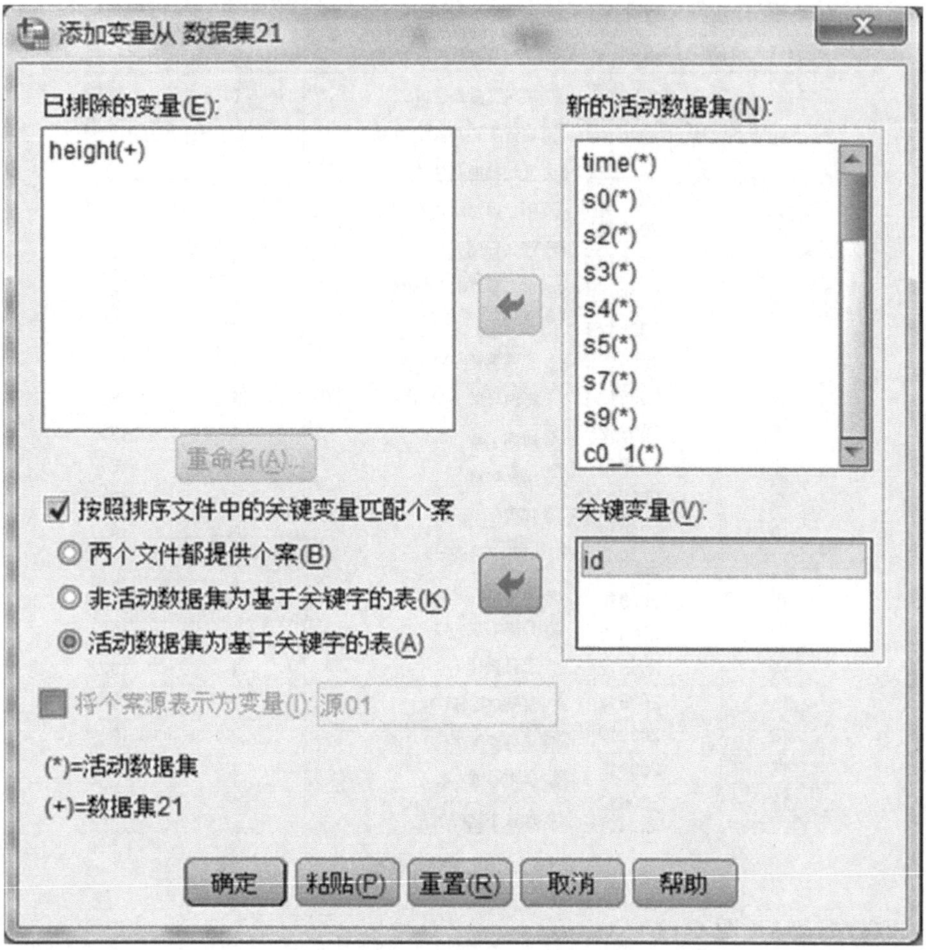

图 6-14　添加变量设置

点击【确定】，查看【数据视图】，确认数据已正确合并（图 6-15）。

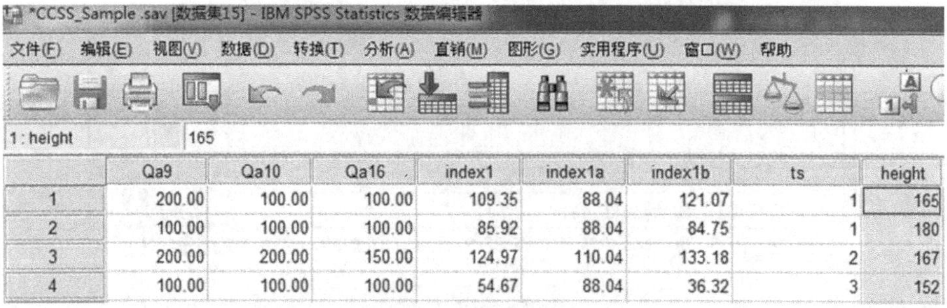

图 6-15　添加变量的结果

2. 连续性变量的描述性统计

描述统计过程是对变量进行描述性统计分析，计算并列出一系列相应的统计指标。

1）操作步骤

选择菜单栏中的【分析】—【描述统计】—【描述】命令，弹出【描述性】对话框，该对话框是描述性统计分析的主操作窗口（图 6-16）。

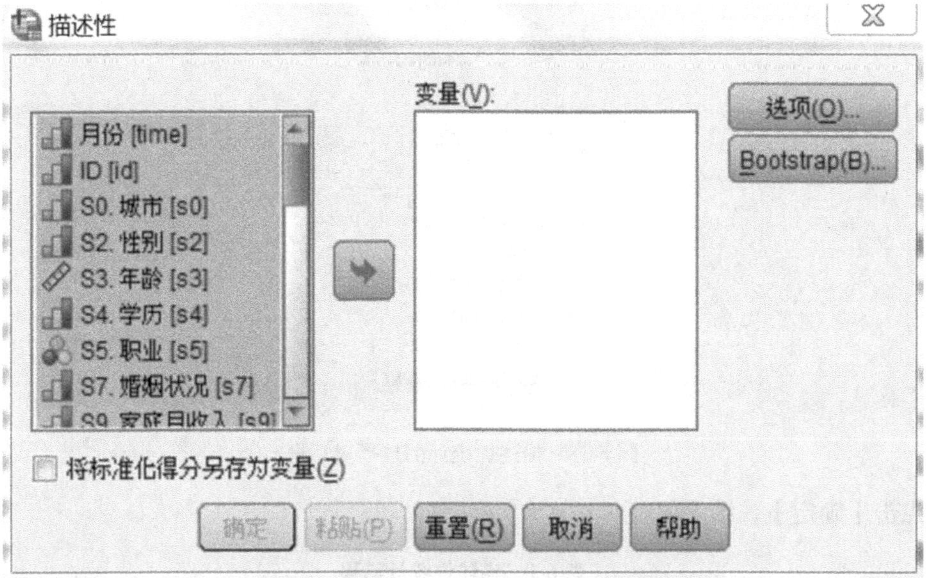

图 6-16 描述性统计分析的主操作窗口

在对话框中左侧一列选择需要分析的【总指数】【现状指数】【预期指数】拖入右侧【变量】框中（图 6-17）。

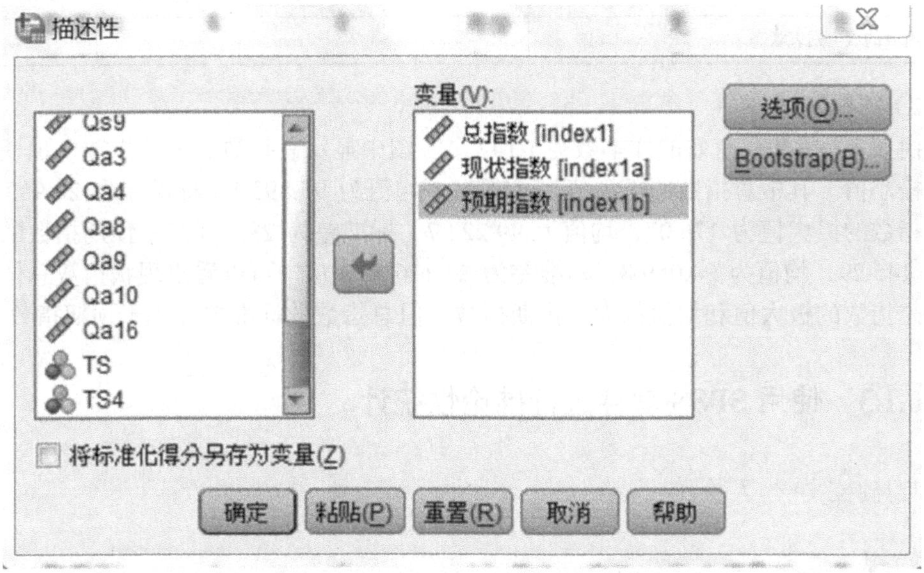

图 6-17 添加统计变量

点击【选项】，设置离散和显示顺序，点击【继续】（图 6-18）。

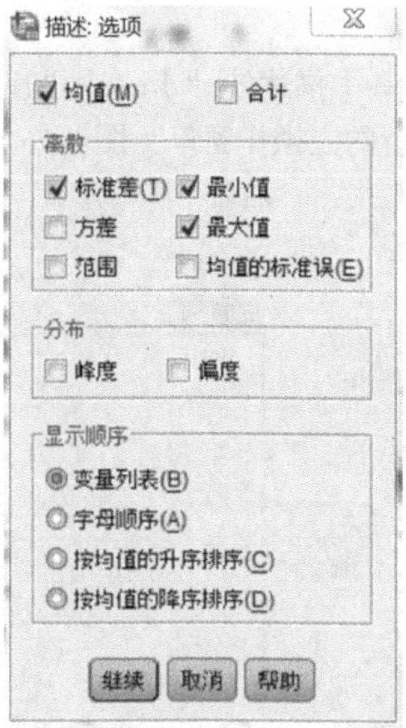

图 6-18　描述性统计的选择对话框

点击【确定】，结果如表 6-1 所示。

表 6-1　描述性统计结果

	N	极小值	极大值	均值	标准差
总指数	1 147	0.00	156.21	95.893 5	20.997 10
现状指数	1 147	0.00	176.07	99.222 7	28.433 33
预期指数	1 147	0.00	145.29	94.059 8	23.116 45
有效的 *N*（列表状态）	1 147				

2）结果分析

由表 6-1 可知，有效的样本数为 1 147 个。图中显示总指数、现状指数、预期指数均无极小值。其中总指数的极大值为 156.21，均值为 95.893 5，标准差为 20.997 10；现状指数的极大值为 176.07，均值为 99.222 7，标准差为 28.433 33；预期指数的极大值为 145.29，均值为 94.059 8，标准差为 23.116 45。从中可以看出现状指数总体值最大；总指数的极大值和均值都大于预期指数，但总指数的标准差却小于预期指数。

6.1.3　使用 SPSS 软件进行推论性统计

1. 独立样本 *T* 检验

1）基本原理

独立样本 *T* 检验，用分别来自两个单独的样本的数据来决定两个总体之间的差异是否显著。

2）操作步骤

在 SPSS 软件中打开“ccss-sample.sav”数据，依次点击【分析】—【比较均值】—【独立样本 *T* 检验】，打开“独立样本 *T* 检验”对话框。如图 6-19 所示。

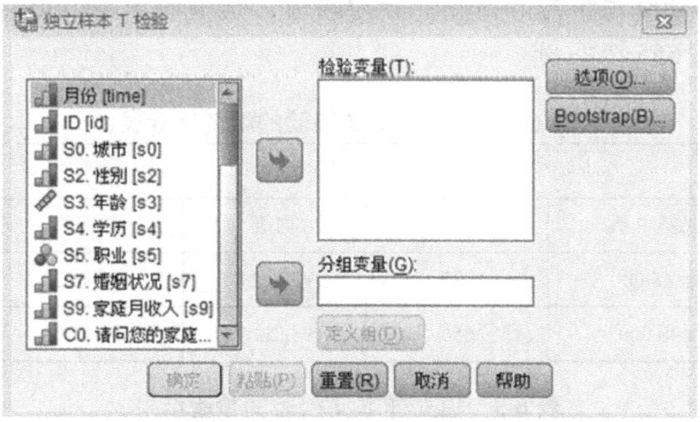

图 6-19　独立样本 *T* 检验对话框

在对话框中左侧一列选择【总指数】变量拖入右侧【检验变量】框中，选择变量“家庭收入 2 级[Ts9]”拖入左侧【分组变量】框中，如图 6-20 所示。

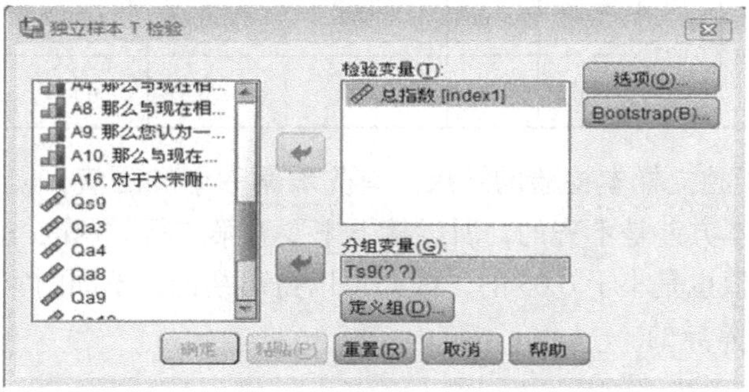

图 6-20　添加分组变量

在【分组变量】框的下方有一个【定义组】选项，点击【进入】，选择【使用指定值】，组 1 值为 1，组 2 值为 2，点击【继续】，如图 6-21 所示。

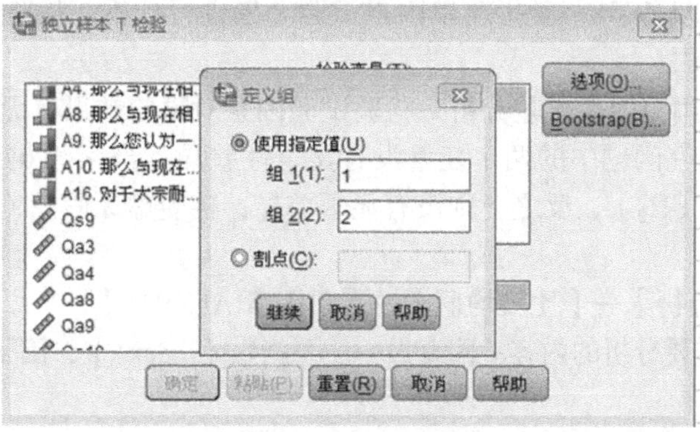

图 6-21　确定变量值

点击【确定】，输出检验结果。

3）结果分析

检验结果输出后，产生两个表，表 6-2 为组统计量，表 6-3 为独立样本检验。表 6-2 显示家庭收入以 48 000 元作为分界点，分为两级，其中低于 48 000 元的有 337 个案例，高于 48 000 元的有 655 个案例。

表 6-2　独立样本 *T* 检验的组统计量表

组统计量					
	家庭收入 2 级	*N*	均值	标准差	均值的标准误
总指数	Below 48 000	337	92.522 8	23.096 32	1.258 14
	Over 48 000	655	98.211 7	20.347 02	0.795 02

表 6-3　独立样本 *T* 检验的检验结果

		方差方程的 Levene 检验		均值方程的 *T* 检验						
		F	Sig.	*T*	df	Sig.（双侧）	均值差值	标准误差值	总分的 95%置信区间	
									下限	上限
总指数	假设方差相等	4.882	0.027	−3.980	990.000	0.000	−5.688 89	1.429 24	−8.493 58	−2.884 20
	假设方差不相等			−3.822	608.093	0.000	−5.688 89	1.488 28	−8.611 68	−2.766 10

表 6-3 显示了独立样本检验的结果。首先看第一个 Sig.值，表中显示 Sig.值小于 0.05，说明两个样本方差是不齐的，所以接下来要看第二行数据的 Sig.值。从表中可以看出，第二个 Sig.值也是小于 0.05 的，因此可以得出结论，不同的家庭收入水平和信心指数之间是有显著差异的。

2. 单因素方差分析

1）基本原理

方差分析是一个假设检验过程，用于评估两个或多个总体的平均数差异。单因素方差分析（one way-ANOVA）是指对单因素试验结果进行分析，检验因素对试验结果有无显著性影响的方法。

在本例中，运用单因素方差分析来检验试验因素对试验结果有无显著性差异。虚无假设（H_0）认为研究问题中的两个变量没有显著性差异。当 $\alpha<0.05$，则说明有显著差异，拒绝虚无假设（H_0），反之，则没有显著差异，接受虚无假设（H_0）。

2）操作步骤

（1）点击【分析】—【比较均值】—【单因素 ANOVA】。

（2）选择所需要分析的内容：因变量——总指数【index1】，因子——月份【time】（图 6-22）。

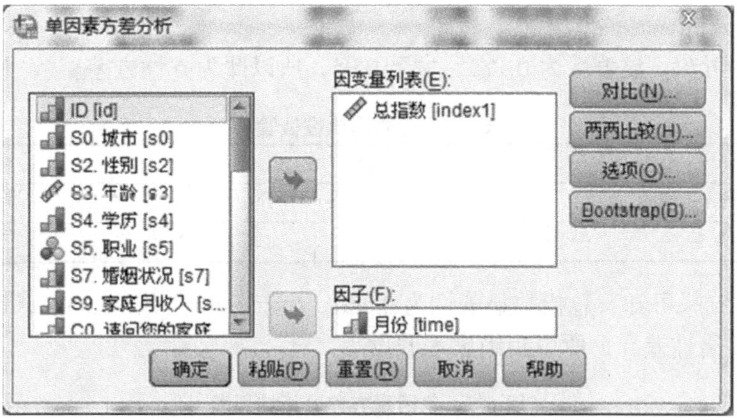

图 6-22　单因素方差分析对话框

（3）点击【两两比较】—【LSD（L）】（图 6-23）。

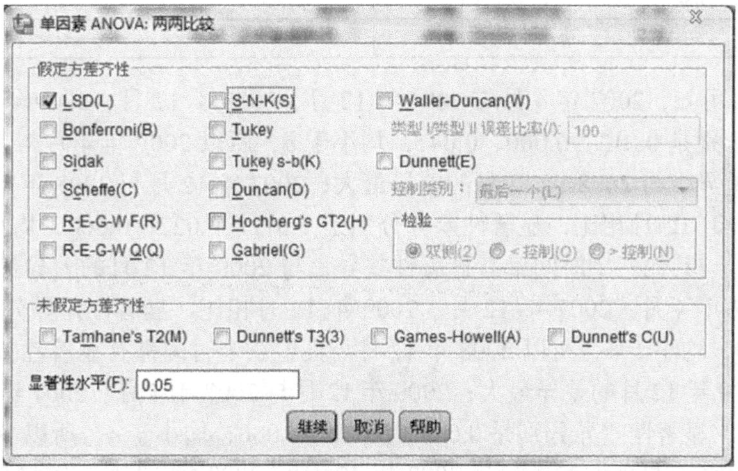

图 6-23　单因素方差分析的两两比较

（4）点击【继续】—【选项】—【方差同质性检验（H）】（图 6-24）。

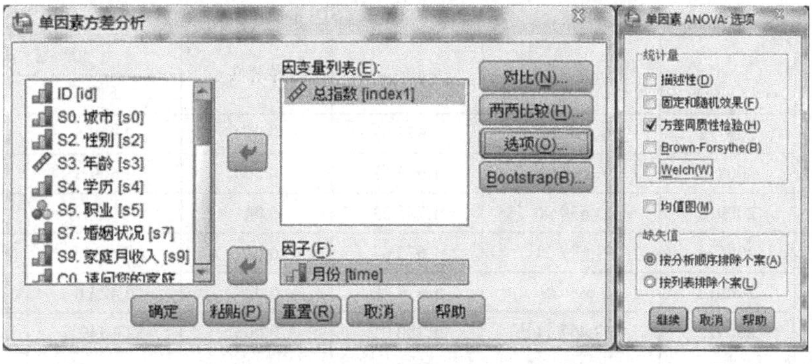

图 6-24　单因素方差分析的同质性检验设定

（5）点击【继续】—【确定】。

3）结果分析

由表 6-4 可知，显著性为 0.123，大于 0.05，所以此为齐性方差。

表 6-4 方差同质性检验表

总指数			
Levene 统计量	df1	df2	显著性
1.929	3	1 143	0.123

由表 6-5 结果可知，总指数显著性为 0.000，小于 α 水平（α=0.05），说明不同时间点总指数有显著性差异，所以拒绝虚无假设。

表 6-5 单因素方差分析结果表

总指数					
	平方和	df	均方差	F	显著性
组间	20 670.426	3	6 890.142	16.252	0.000
组内	484 575.873	1 143	423.951		
总数	505 246.298	1 146			

由表 6-6 可知，2007 年 4 月与 2007 年 12 月、2008 年 12 月、2009 年 12 月相比，显著性差异分别是 0.012、0.000、0.041，均小于 α，所以 2007 年 4 月与其他三个时间都有显著性差异，与 2008 年 12 月的差异最大；2007 年 12 月与 2007 年 4 月、2008 年 12 月、2009 年 12 月相比，显著性差异分别是 0.012、0.027、0.000，均小于 α，所以 2007 年 12 月与其他三个时间都有显著性差异，与 2009 年 12 月的差异最大；2008 年 12 月与 2007 年 4 月、2007 年 12 月、2009 年 12 月相比，显著性差异分别是 0.000、0.027、0.000，均小于 α，所以 2008 年 12 月与其他三个时间都有显著性差异，与 2008 年 4 月和 2009 年 12 月的差异最大；2009 年 12 月与 2007 年 4 月、2007 年 12 月、2008 年 12 月相比，显著性差异分别是 0.041、0.000、0.000，均小于 α，所以 2007 年 4 月与其他三个时间都有显著性差异，与 2007 年 12 月和 2008 年 12 月的差异最大。在这四组的比较中，显著性差异均小于 α（α=0.05），所以它们之间均有显著性差异。

表 6-6 单因素方差分析的多重比较结果表

因变量：总指数 LSD						
（I）月份	（J）月份	均值差（I-J）	标准误	显著性	95%置信区间	
					下限	上限
200704	200712	4.197 21*	1.675 63	0.012	0.909 5	7.484 9
	200812	7.897 00*	1.675 63	0.000	4.609 3	11.184 7
	200912	−3.659 90*	1.785 22	0.041	−7.162 6	−0.157 2
200712	200704	−4.197 21*	1.675 63	0.012	−7.484 9	−0.909 5
	200812	3.699 79*	1.670 08	0.027	0.423 0	6.976 5
	200912	−7.857 11*	1.780 01	0.000	−11.349 6	−4.364 7
200812	200704	−7.897 00*	1.675 63	0.000	−11.184 7	−4.609 3
	200712	−3.699 79*	1.670 08	0.027	−6.976 5	−423 0
	200912	−11.556 90*	1.780 01	0.000	−15.049 4	−8.064 5

续表

因变量：总指数 LSD						
（I）月份	（J）月份	均值差（I-J）	标准误	显著性	95%置信区间	
					下限	上限
200912	200704	3.659 90*	1.785 22	0.041	0.157 2	7.162 6
	200712	7.857 11*	1.780 01	0.000	4.364 7	11.349 6
	200812	11.556 90*	1.780 01	0.000	8.064 5	15.049 4

*表示均值差的显著性水平为 0.05

3. 相关分析

1）基本原理

相关分析用于描述两个变量间联系的密切程度，其特点是变量不分主次，被置于同等的地位。相关性有直线相关（线性）和曲线相关（非线性）之分，曲线相关中有正相关、负相关等。在【分析】的下拉菜单相关命令项中有三个相关分析功能子命令：【双变量】过程、【偏相关】过程、【距离】过程，分别对应着相关分析、偏相关分析和相似性测度的三个 SPSS 过程。

在本例中，运用【双变量】过程分析。本例的目的是判断总指数值[index1]和年龄[S3]的相关性是否存在关系，虚无假设（H_0）认为研究问题中的两个变量相互独立，也就是说，一个变量的频数分布不依赖于第二个变量的类别。此外，如果关系确实存在，一个变量的分布形式将依赖于另一个变量的类别。在这个检验中，拒绝 H_0 说明在两个变量间存在关系。

2）操作步骤

点击【分析】—【相关】—【双变量】。选择需要分析的内容：把“总指数[index1]”和“年龄[S3]”加入变量（图 6-25）。

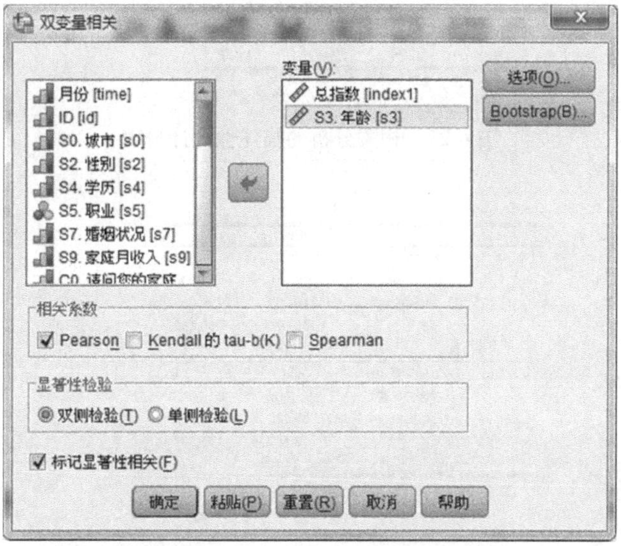

图 6-25　相关分析对话框

点击【选项】，选择统计量中的【均值和标准差】和【叉积偏差和协方差】（图 6-26）。

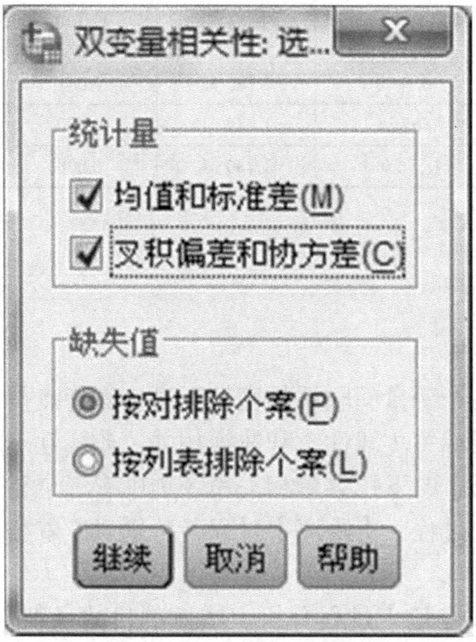

图 6-26　相关分析中的选项

点击【确定】，结果如图 6-27 和图 6-28 所示。

相关性

[□□□1] F:\spss\□□□□□\CCSS_Sample.sav

描述性统计量

	均值	标准差	N
总指数	95.8935	20.99710	1147
S3. 年龄	36.36	12.861	1147

图 6-27　相关分析的描述性统计量表

相关性

		总指数	S3. 年龄
总指数	Pearson 相关性	1	-.219**
	显著性（双侧）		.000
	平方与叉积的和	505246.298	-67796.202
	协方差	440.878	-59.159
	N	1147	1147
S3. 年龄	Pearson 相关性	-.219**	1
	显著性（双侧）	.000	
	平方与叉积的和	-67796.202	189541.728
	协方差	-59.159	165.394
	N	1147	1147

**. 在 .01 水平（双侧）上显著相关。

图 6-28　相关分析的结果

3）结果分析

虚无假设 H_0 认为在两个变量间不存在关系。H_0：总指数值【index1】和年龄【S3】没有关系。

备择假设 H_1 认为两个变量存在关系。H_1：总指数值【index1】和年龄【S3】有关系。

从图 6-28 可以看出，总指数值【index1】和年龄【S3】的相关系数为−0.219，显著性=0.000 < 0.01，在 0.01 的水平上显著相关。因此，可以拒绝虚无假设 H_0，也就是说，总指数值【index1】和年龄【S3】有关系，存在显著的相关性。

4. 回归分析

回归分析相比相关分析而言，更能精确地反映两变量之间的关系，并可以建立回归方程。

1）操作步骤

选择【分析】—【回归】—【线性】选项，出现【线性回归】对话框，将“总指数”选入“因变量”，将“年龄”选入“自变量”，单击【确定】。如图 6-29 所示。

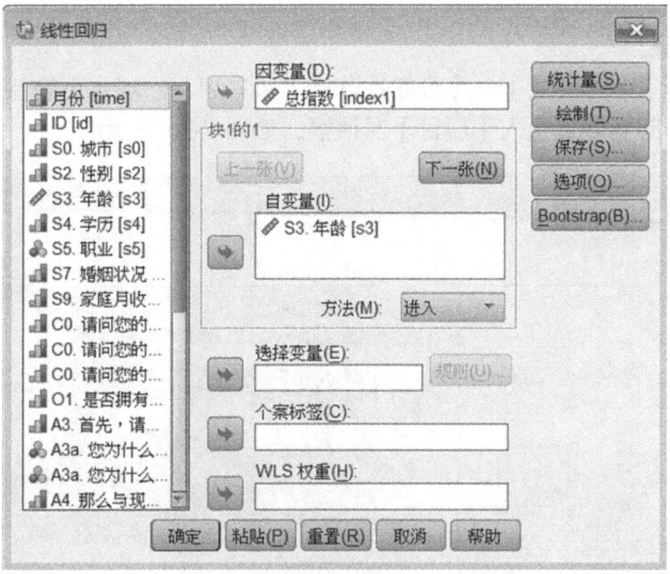

图 6-29　回归分析对话框

2）结果分析

SPSS 软件会输出四张表格，最为重要的是第四张，如表 6-7 所示。

表 6-7　回归分析结果系数[a]

模型		非标准化系数		标准系数	T	Sig.
		B	标准误差	试用版		
1	（常量）	108.898	1.816		59.982	0.000
	S3. 年龄	−0.358	0.047	−0.219	−7.598	0.000

a. 因变量：总指数

表 6-7 给出了回归方程中的常数项、回归系数的估计值和检验结果，由此可写出如下回归方程：

$$总信心指数=108.898-0.358\times年龄$$

该方程的解释如下：

（1）当年龄为 0 岁时，受访者的信心指数平均理论值为 108.898，当然这只是一个理论值，因为该问卷的受访者都必须年满 18 岁。

（2）年龄每增加一个单位，信心指数平均值会下降 0.358 个点。

5. 信度检验

1）基本原理

在 SPSS 软件中常用来检验问卷调查信度的系统是 Cronbach's α 系数。Cronbach's α 系数是用来测定内部一致性的指标，因为其是采用了利克特量表而开发的，对于管理学领域的研究比较适用。Cronbach's α 系数测试各测量指标的共同变异度，共同变异度越高，Cronbach's α 系数值越大。在实际应用中，一般要求 Cronbach's α 系数值大于 0.7。

2）操作步骤

选择【分析】—【度量】—【可靠性分析】菜单项，出现【可靠性分析】对话框，将要考察信度的问卷题目选入【项目】对话框，如图 6-30 所示。

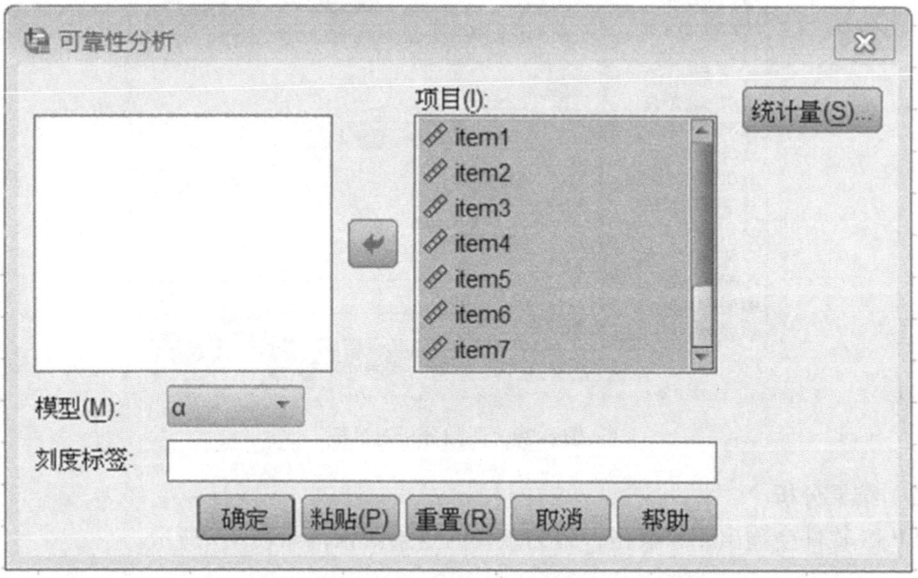

图 6-30　可靠性分析对话框

3）结果分析

点击【确定】后，SPSS 软件给出统计计算结果（表 6-8）。

表 6-8　可靠性分析统计量表

Cronbach's α	项数
0.794	10

这里计算的是内部信度中的Cronbach's α系数。本例的信度系数非常接近0.8，因此可以认为本例的内部信度是比较好的。

6.2　AMOS——结构方程分析[①]

20 世纪六七十年代，出现了一种新型的统计分析手段——结构方程模型，它在社会科学等一些领域得到了广泛的应用，并被称为统计学的三大发展之一。它属于实证分析模型中的一类，是综合运用了路径分析、确认型因子法及多元回归分析而形成的一种统计数据分析工具。

6.2.1　结构方程模型概述

在使用回归分析和路径分析时，常假设自变量不存在误差。但实际我们在使用调查法进行研究时，这些变量都是存在误差的。因此需要一种可以考虑变量误差的统计学方法对管理变量之间的关系进行分析，而结构方程模型则是解决这类问题的重要统计分析工具。

结构方程模型包括两个部分，即测量模型和结构模型。测量模型就是描述潜在变量如何被相应的显性指标所测量。结构模型就是研究潜在变量之间的关系，以及模型中其他无法解释的误差部分。

结构方程分析就是依据理论、初步研究和企业访谈等资料，提出管理学变量之间关系的假设模型，然后使用调查数据对变量之间的假设关系进行分析，以验证这些假设关系是否存在。结构方法分析是一种验证式的分析而非探索性的分析，在进行分析时，理论优先于统计。在结构方程采取假设模型和调查数据进行拟合分析的过程中，假设模型所隐含的协方差矩阵和样本协方差矩阵越接近，则模型的拟合效果越好。由于结构方程的验证性和理论优先性，我们不可为了提高拟合效果而修改理论模型，除非有新的理论能够支持我们对模型的修改是合理的。

6.2.2　结构方程分析软件 AMOS

结构方程模型可以进行协方差间的估计，用来检验变量间因果关系模型的适切性，可进行路径分析、回归分析、验证性因素分析、理论因果关系模型图的检验等。目前用

① 本节内容主要参照吴明隆的《结构方程：AMOS 的操作与应用》。

来分析结构方程模型的应用软件中，使用最多且最广的是 LISREL 和 AMOS。LISREL 的输出报表虽然提供了丰富的参数指标，但由于要撰写语法命令及熟悉矩阵参数，一般使用者较难学习，而 AMOS 完全是图形化界面，只要熟悉因果模型的绘制及基本参数值的设定，即可直接绘制路径图及呈现各统计参数，因而越来越多的人使用 AMOS 作为结构方程模型的分析研究工具。

AMOS 是矩结构分析的简称，AMOS 的数据分析主要用于处理结构方程式模型、协方差结构分析或因果模型分析等。AMOS 具有容易使用的语法界面，可以说是窗口化的结构方程模型，使用者只要熟悉工具列表的图像功能即可快速而有效地绘制模型图，进而将模型图结果统计量求出。

第7章 学位论文写作程序

学位论文的撰写是研究生教育过程中的一个重要环节，写作过程中的各个环节应该根据学术研究与写作的规律和要求确定相应的时间安排。论文选题是论文工作的关键，而开题报告则是保证论文进度、质量的重要前提。

学位论文的写作程序通常包括开题报告、编写论文提纲、论文撰写、修改和定稿等重要环节。本章内容即从这几个方面展开。

7.1 开 题 报 告

7.1.1 开题报告的含义

开题报告也称为论文申请报告或论文研究方案报告，也有人称开题报告为研究立项书。学位论文开题报告是学位论文工作的重要环节，是学位论文顺利进行的必要基础。

学位论文开题报告写作是一个构思研究方案的过程，通过这一过程，研究生明确了研究什么，为什么研究，如何展开研究等重要问题。学位论文开题报告应由研究生本人撰写，一般来讲，硕士生必须在第四学期初完成，博士生必须在第三学期内完成。

7.1.2 开题报告的目的与作用

开题报告是学生在完成文献搜集、调研后写成的关于学位论文选题与如何实施研究的论述性报告。开题报告既是文献调研的聚焦点，又是学位论文研究工作展开的散射点，对研究工作起到定位作用[①]。具体而言，开题报告具有如下两个方面的目的和作用。

1. 寻求导师、专家和他人的诊断和帮助，深化研究思路和防止偏差

开题报告的主要目的，是要请导师、其他老师及专家甚至同学帮忙判断所研究的选题有没有价值，研究方法是否奏效，论证逻辑是否有明显缺陷。通过审阅开题报告及听

---

① 李艳，董良飞. 试论撰写研究生开题报告的技巧与方法. 常州大学学报（社会科学版），2007，8（2）：103-105.

取学生的开题汇报，导师、其他老师及专家甚至同学能够提供一些非常有价值的信息，以及值得学生进一步思考的问题和改进研究的意见和建议。通过回答他们提出的问题，学生能深化对所研究问题的认识，扩大或者缩小研究的范围，注意到原先被忽视的问题，想出改进课题研究的方法，放弃或者修正可行性较差的研究方案，使选题的目的更加明确，工作重点更为准确。

2. 实施学位论文工作过程的监控，保证学位论文质量

从研究生培养管理的角度来看，开题报告是学位论文工作的重要环节，是一个阶段性的考核，也是监督和保证学位论文质量的一项重要措施。

开题报告这一环节，促使学生查阅大量的文献资料，深入调查研究，促使学生开展前期的文献调研和研究工作。假如学生撰写出了开题报告，那么学位论文的前三章内容（即导论、文献综述和研究方法）也就基本有了，这样也可以适当减轻后面写作的压力。

研究生所在院系以相关导师组为基础，组织开题报告专家组，并邀请有关学科、专业的专家参加，一般不少于五人。根据学校有关规定确定报告时间，研究生进行报告及论证，由各位专家对开题报告进行审定，以便衡量论文选题的科学性、创新性、实用性、可行性，从而确定学生是否能进入课题研究阶段和学位论文工作，避免学生开展学位论文工作的盲目性。

高质量的开题报告是获得优秀学位论文的先决条件。加强开题报告的管理和监控，是增强学生学术研究活动计划性和培养学生科研创新能力的重要手段，也是监督和保证学位论文质量的基本方法。它可以强化学生的积极性、主动性和创造性，有利于优化培养过程，促进预期培养目标的实现。因此，开题报告这一环节，不但不能省略和简化，还应该加强其规范化管理，从而进一步提高学位论文的质量。

7.1.3　开题报告写作的准则

开题报告选题阶段的主要文字表现，实际上是连接选题过程中备题、开题、审题和立题这四大环节强有力的纽带。开题报告的写作大约需要遵循以下几点标准。

（1）明确谁是该开题报告的读者和他们对信息及知识有何需要。

（2）对必须表达的内容进行重组，努力使自己所提供的信息具有逻辑顺序。

具有逻辑顺序就必须有一个提纲。写作提纲是组织主要观点、次要观点及观点之间联系的工具。因此，可取的方法是构思一个写作提纲，这个提纲越详细越好，而不是凭记忆写作。

（3）把握住以下几个特点可改进写作。

简明扼要、词语精确，有时为了能够与非本专业的读者交流，必须放弃使用特有含义的技术性词语。

（4）避免使用倾向性或评价性的字或短语，在写作中尽量保持公正的语调。

例如，可以用“收入低于政府规定的年人均收入 2 000 元贫困性的家庭”，而不要用“贫困不堪的人”来形容。

（5）经常对他人所写的东西进行评论，建议同学相互之间对论文进行批评。

（6）将所写的东西放置一段时间后对它重新评价。

（7）注意写作风格。

7.1.4　开题报告的内容与要求

1. 开题报告的内容

学位论文开题报告的主要内容一般包括标题、研究的目的和意义、国内外研究的历史和现状、研究的目标和内容、拟采用的研究方法与技术路线、预期成果、工作计划、参考文献，研究生本人与课题有关的理论学习、资料查阅及工作基础和其他等，具体如下所述。

1）标题

开题报告的标题最终将是论文的标题，它与论文的研究内容是息息相关的，所以，标题要反映论文的核心思想，从标题上就可以让读者了解到论文要研究什么问题。另外，标题要简明，字数上一般不超过 25 字（最好 $\leqslant$ 20 字）。

2）研究的目的和意义

明确研究的目的和意义的过程，就是确定该研究选题的立论依据的过程。研究的目的、意义也就是为什么要研究、研究它有什么价值。这一般可以先从现实需要方面去论述，指出现实中存在这个问题，需要去研究，去解决，研究有什么实际作用，然后，再写研究的理论和学术价值。这些都要写得具体一点，有针对性一点，不能漫无边际地空喊口号。其主要内容包括：①研究的有关背景，即根据什么、受什么启发而搞这项研究；②通过分析该研究问题的当前实际情况，指出为什么要研究，研究的价值，要解决的问题。

3）国内外研究的历史和现状

一般包括：掌握其研究的广度、深度、已取得的成果；寻找有待进一步研究的问题，从而确定课题研究的平台（起点）、研究的特色或突破点。

4）研究的目标和内容

（1）研究的目标也就是最后要达到的具体目的，要解决哪些具体问题，也就是研究要达到的预定目标，即研究目标的定位，确定目标时要紧扣研究的主题，用词要准确、精练、明了。研究目标是比较具体的，不能笼统地讲，必须清楚地写出来。只有目标明确而具体，才能知道工作的具体方向是什么，才知道研究的重点是什么，思路就不会被各种因素所干扰。

研究目标写作中常见的问题是：不写研究目标；目标扣题不紧；目标用词不准确；目标定得过高，对预定的目标没有进行研究或无法进行研究。

（2）研究内容是开题报告的核心部分，应具体说明论文要重点解决的关键问题，研究的脉络可以通过研究框架来展现。研究基本框架相当于论文的初步目录结构，可以具体到章、节两个层次，乃至章、节、目三个层次。

开题报告中的研究内容常出现的错误如下所述。

其一，研究框架“平、空、虚、泛”，研究思路过于发散，不能通过思维聚焦而产生创新。

其二，频频使用生涩、怪诞的词汇：新概念同论文内容难以兼容；将其他学科新词生搬硬套移植过来。

其三，过早做出判断或给定结论：研究框架仅是大致划定一个研究范围，研究展开的逻辑难以有结论性观点或成熟的判断。切记任何结论都产生在调查研究的末尾。

5）拟采用的研究方法与技术路线

拟研究的问题有学术和实际价值，不等于说该研究问题一定具有可行性，故需要在此部分对研究方法、技术路线和试验方案等进行论证分析，具体说明如何解决所提出的问题，让人们相信对该问题的研究是可行的。

具体的研究方法包括观察法、调查法、实验法、经验总结法、个案法、比较研究法、文献资料法等。

6）预期成果

课题所要达到或要取得的具体成果。预期成果不是凭空捏造的，应该是研究人员通过对问题的论证和使用研究方法进行分析得到的成果，研究成果对该研究领域应该有较大的学术价值和影响。

7）工作计划

为保证研究工作可以如期保质地完成，需要研究者制订严谨详细的工作计划。首先需要对研究工作过程进行分解，形成若干个目标及任务，然后大致估算出每项目标及任务需要的时间，可以通过列表或画出进度图（如横道图）的形式来展现。

8）参考文献

研究者应该列出开题报告中所引用的主要参考文献。这样，指导教师或评审专家通过所列文献就可以了解研究生在开题报告的撰写中有没有使用到本领域前沿、权威、重要的文献资料。参考文献的引用要注意“三不要”原则。

（1）没有认真阅读过的文献不要引用。一般来说，完成一篇博士学位论文要参考100~200 部（篇）专著和论文（硕士学位论文也要几十篇参考文献），列入参考文献的都是一些重要文献。如果将那些不重要或重复性研究的成果过多地列入参考文献，就会给人造成论文起点不高的印象。

（2）非一流期刊上的论文不要引用或慎重引用。因为这些期刊重复研究成果多，原创性研究成果少，内容空洞，不具有参考价值，这样的文献尽量不要引用。

（3）虽然读过，但对博士学位论文研究工作没有借鉴意义的名人之作不要勉强引用。关键在于作者自身的创新性工作，没必要借他人之力抬高自己。

9）研究生本人与课题有关的理论学习、资料查阅及工作基础

具体包括：理论学习科目，自学情况；国内外文献资料综述；参与导师的科研课题的情况；实验、科研报告、撰写论文等。

进行开题报告工作的研究生必须由本人填写《研究生学位论文开题报告表》，由导师或小组签署论证意见，并随同研究生中期考核有关材料上报研究生院培养处审核。

示例：

1. 研究背景及意义
1.1 课题来源
1.2 课题意义
2. 国内外相关研究的现状分析
2.1 国外研究现状
2.2 国内研究现状
2.3 对比分析
3. 研究目标和内容
4. 关键技术和解决方案
4.1 系统总体解决方案
4.2 关键技术及解决途径
5. 预期的研究成果形式及创新点
5.1 研究成果
5.2 技术指标
6. 论文工作计划
7. 主要参考文献

2. 开题报告的要求

1）学位论文开题报告的前期准备要求

做好文献综述，为开题报告打好基础。文献综述是研究的重点，没有文献综述，就无法寻找自己的题目，无法了解这个题目别人已经做了什么，做得怎么样了。因此，要写好开题报告，写好文献综述，首先必须认真研读文献，开展文献调研和分析工作。

很多学生出现的问题是对文献的研读不够，对研究背景的了解不够深入，对国内外在该研究方向上的具体进度和情况了解不够全面、详细，资料引用的针对性、可比性不强。也有很多学生没有将开题报告与文献综述区分开来，他们的开题报告有很多仅仅是对前人工作和研究成果的叙述，而对自己即将开展的研究工作和工作计划则介绍甚少。

2）学位论文开题报告的篇幅要求

（1）开题报告字数应在 5 000 字以上。

（2）阅读的主要参考文献应在 20 篇以上，其中外文资料一般应不少于 1/2。硕士研究生应在指导教师的指导下着重查阅近年发表的中外文期刊文章。技术标准、产品样本、网址网页等不列为参考文献。

3）学位论文开题报告的提交与评审要求

（1）由各学院组织开题报告评审组对研究生的开题报告进行评议审查。评议组成员不得少于 3 人，由教授或具有研究生指导资格的副教授 3~5 人组成。每个评议组可另设一位记录员，记录员应具有讲师以上（含讲师）职称，并应熟悉相应专业。

（2）研究生将本人撰写的学位论文开题报告书面材料提交指导教师审阅，经学科审核后递交给开题报告评审组。

（3）研究生的开题报告时间由各院系根据研究生工作进度情况确定，但应距递交学位论文的时间不少于 8 个月。

（4）评审组给出学生开题报告是否合格的评审意见，并给出具体成绩。开题报告不合格或不通过者，需要重新开题。

7.1.5　开题报告写作方法与技巧

开题报告写作需要采用一定的方法和技巧。

1. 明确提出选题和研究问题，讲明选题意义

选题是撰写学位论文的第一步，选题是否妥当，直接关系到论文的质量，甚至关系到论文的成功与否。此外，研究的问题贯穿整篇学位论文的始终，论文的后续内容必须紧扣研究的问题展开。因此，开题报告写作必须明确交代选题和提出研究的问题。

作者还必须讲明选题的目的和意义，如此，评议专家或教师才能够真正了解和理解论文选题的理论价值和实际价值，并对此给予中肯的评价。

2. 瞄准主流文献，随时整理

文献资料是撰写好学位论文的基础，一般来说，文献越多，论文的基础就越牢固。要注意所选文献的代表性、可靠性及科学性，应该选择本学科的核心期刊、经典著作等；最好是先看近期（近3~5年）的，后看远期（5~10年）的，广泛阅读材料，在必要时还应该找到有关文献所引用的原文阅读，在阅读时，注意做好读书卡片或读书笔记。

整理资料时，要注意按照一定的思路组织文献资料。写文献综述不是将看过的资料都罗列和陈述出来，而是要按照一定思路将其提炼出来。只有这样，才能写出好的文献综述，写出好的开题报告，进而为写出好的学位论文打下基础。

3. 研究目标具体而不死板

一般开题报告都要求明确学位论文的研究目标，但是研究目标不宜定得太死板，这是因为即使条件确定，研究工作本身也会涉及诸多因素，研究设备等研究条件也可能不同，因此目标是偏高还是偏低，往往难于正确判断。学位论文选题和研究目标体现了研究工作的价值特征。因此，在选择研究目标时要注意具体而不死板，这样才能写出有质量的学位论文。

4. 注重研究方法的描述

写开题报告是为了请教师和专家判定所选的问题有没有研究价值，选用的研究方法能否奏效，论证逻辑有没有明显缺陷。因此，开题报告的主要内容中的“基本论点和研

究方法”是重点，许多人往往花费大量笔墨铺陈文献综述，但一谈到自己的研究方法和研究设想时便寥寥数语，一带而过。这样的话，评审专家怎么能够判断出学生的研究前景呢？又怎么能够对学生的研究方法给予切实的指导和建议呢？因此，我们必须注重研究方法的描述。

为达到以上目标，一个重要的写作方法就是在写作开题报告之前写出学位论文的导论、文献综述和研究方法，然后在此基础上写出开题报告。

7.1.6　开题报告写作中的常见问题

一般常见的开题报告写作存在如下四个主要问题。

1. 思想重视不够

长期以来，尽管许多高校都把开题报告作为学位论文工作的一个重要环节，建立了相关制度，提出了具体明确的要求，但在实际操作中仍然存在着重形式轻内容、弱化指导、宽于审核、放任自流、内容不符等现象。学生培养质量的高低，关键在于其学位论文情况和导师指导情况，把开题报告与学位论文人为地隔离开来，使开题报告成为可有可无的东西，学生任意写，导师轻易过。因此，有必要对开题报告的撰写和评价给予足够的重视，把开题报告视为学位论文写作的重要部分，进而提高学位论文的质量。

2. 缺乏统一规范

开题报告是学位论文的前提和基础，也是学生真正意义上学术研究活动的开端，是学生养成严谨治学风尚和科学求实态度的“磨刀石”和“训练场”，具有很强的学术性。但在实践中，一些高校的管理部门或管理者认为开题报告无碍大局，仅对形式和框架泛泛要求，缺乏统一的制度文本，以至于不少学生的开题报告内容不完整，学术规范性不强，想怎么写就怎么写，或者随意复制，敷衍了事，从而给课题研究和论文的质量埋下诸多隐患，也对其职业道德、敬业精神和终身的学术研究态度的训练产生了不良影响。

因此，高校有关部门要建立严格的开题报告制度，统一规范好开题报告的内容、要求与格式，防止学生随意应付开题报告的现象发生。目前，高校普遍建立了学位论文开题报告制度和统一格式，这种状况正在得到有效改善。

3. 指导流于形式

导师是学生开题报告的主要指导者和第一阅读人，也是开题报告质量的第一检查人和把关人。但随着招生规模的扩大，每位导师指导的学生数量相对增多，导师整体负荷明显增大，师生间的直接互动相对减少，加之导师工作忙，事务多，而对导师的考核，许多学校又偏重于科研项目和科研成果，以至于在指导学生撰写开题报告的过程中，导师时间和精力投入都难以到位。同时，部分导师的责任心不强，主客观方面的约束又不够严格，从而影响了开题报告的质量和效果。因此，应当强化导师的指导把关责任，把导师的考核与指导研究的情况与质量挂钩，发挥师生双方的积极性，促进学生成才。

4. 与学位论文工作脱节

开题报告是学位论文写作与指导的制度文本，对师生双方和学位论文写作具有强烈的约束作用，应当贯穿于学位论文的写作与指导中。但如果开题报告的撰写时间仓促，文献资料查找不足，研究现状把握不准，师生交流不充分，相应的论证分析不到位，已有的条件不成熟或者设备不够完善、先进等原因，常常出现论文与开题报告相背离的现象，使开题报告失去应有的作用。往往出现学生离题万里，导师也缺乏督促的情况，以致论文形成后，虽不合乎要求，也只能无可奈何，为了不影响学生正常毕业，匆匆答辩，草草过关，学位论文质量难以保障。

因此，学生要严格按照拟好的开题报告进行学位论文的写作，同时院系也要发挥监督和审核的功能，督促学生与导师一起遵循有关的开题报告规范，保障学位论文的顺利完成。

7.2　编写论文提纲

为了使学位论文中心突出，层次清晰，逻辑严密，内容详略得当，动笔之前要对文章做整体规划，构建出一个框架，即拟定写作提纲，拟定提纲从写作程序上来讲，是撰写学位论文的必要准备和必经步骤。

7.2.1　论文提纲的内容以及编写提纲的原创与要求

为了使学位论文中心突出、层次清晰、逻辑严密、内容主次鲜明、详略得当，在开始撰写论文初稿之前，要先理出论文的架构，即拟定论文提纲。

1. 论文提纲的内容

编写论文提纲首先应该了解提纲的内容，提纲主要包括以下六个方面的内容。

（1）题目（暂时拟定，之后可以根据情况进行修改）。

（2）文章的宗旨、目的。

（3）中心论点所隶属的各个分论点。

（4）各个分论点所隶属的论据材料（理论材料、事实材料）。

（5）每个层次采取的论证方法。

（6）结论意见。

按照西方学位论文的篇章结构，学位论文至少包括以下六个方面的内容。

（1）题目。

（2）导论。

（3）文献综述。

（4）研究方法。

（5）数据分析与主要结果。

（6）讨论和结论。

正文中的每一部分（章）又需要列出相应的更为详细的提纲。

2. 编写提纲的原则

1）要有全局观

从整体出发去检查每一部分在论文中所占的地位和作用，看看各部分的比例分配是否恰当，篇幅的长短是否合适，每一部分能否为中心论点服务。

2）要合理取舍

要从中心论点出发，决定材料的取舍，把与主题无关或关系不大的材料舍弃，尽管有些材料是煞费苦心找来的。必须时时刻刻牢记材料是为了支撑论文的论点，否则，再完美的材料也要抛弃。

3）要符合逻辑

要考虑各部分之间的逻辑关系。如果论点和论据没有必然联系，只局限于阐述论点而缺乏切实有力的论据，那这样的论文就没有说服力，是一篇不合格的论文。在拟定提纲时，必须考虑有论点有例证，理论和实际相结合，论证过程逻辑性严密。

3. 编写提纲的要求

提纲是论文的骨架和雏形，是写作论文必不可少的。一般材料整理完后，要反复推敲，哪些用文字说明，哪些用表、图说明，要注意谋篇布局。根据需要说明的内容来列提纲。大的提纲可先参照上述格式，然后再列分题、小题。尽可能把研究的结果、要讨论的内容及参考文献的主要内容都纳入，这样才不致遗漏。宁肯在拟提纲上多下功夫，也不要急于成文。

（1）学生要结合自己的基本观点写清整篇论文的结构。这是学生向导师说明自己如何论证观点的一个部分，每个小部分写什么等，依此类推。

（2）要通过数字标题表现论文的框架。提纲是由序码和文字组成的逻辑图表，使作者容易掌握论文的全局，因此，通过数字标题来展示论文的框架，不仅可以突出重点，还能使提纲清晰明白地表现论文的结构与思路。

（3）基本骨架要清楚，“章、节、目”三级标题要规范，即中文数字、括号中文数字、阿拉伯数字、括号阿拉伯数字。根据论文所表达的内容进行编排之后，再按需要用“章、节、目”把各级的内容一一呈现。

（4）小题要精练，题目不要太长，一般不超过 20 字。保持版面的整齐与结构的清晰。切忌标题不清晰或累赘，影响读者对论文的了解。

列出初步的提纲后，要对提纲进行反复检查修改，看论点是否明确，论据是否齐全，论证的层次、逻辑程序是否清楚，使之达到水到渠成、瓜熟蒂落的程度后才动笔撰写。对原拟定的文题根据提纲内容和总的要求仔细推敲是否恰当。写作语言要求准确、严密、精练、平实。

7.2.2 论文提纲的写作方法

论文提纲的写法有三种，分别是标题式、句子式和段落式。

1. 标题式

用简要的文字把部分内容概括出来，写成标题。一、二级（层次）多作小标题，三、四、五级（层次）多放在一段的首句（又称主题句），这种写法简明扼要，一目了然。缺点是内容过于简单，作者自己明白，别人可能看不懂，并且时间久了之后，作者也可能会忘记具体要写的内容。

2. 句子式

即以能表达完整主题的形式，将部分内容概括为一个完整的句子。此法的优点是具体、明确。由于提纲为论文的各个段落提供了主题句，方便起草成文。缺点是文字较多，写起来比较费时费力。

3. 段落式

即以一段话将部分内容概括成内容提要。这种方法比较详细，可为论文写作打下基础，但是花费时间较多，建议只在论文的重点部分使用。

以上三种方法可以单独使用，也可以混合使用。提纲详略自便，可以从简略的提纲入手，反复修改，逐步完成。

7.2.3 论文提纲写作中常见的问题

编写论文提纲存在对提纲重视不够、随便应付，提纲内容不齐全，导师工作不到位等问题。

1. 对提纲重视不够、随便应付

由于对提纲的作用与目的不明确，许多学生对提纲的编写并不重视，甚至随便应付，敷衍了事，以至于在写作过程中缺乏整体的逻辑思维，对学位论文的各个部分认识不清，严重影响了学位论文写作的进程，因此，要对提纲的安排与编写给予足够的重视，不能随随便便应付了事。同时，高校有关部门和导师要做好思想工作，引起学生对提纲的重视，为学位论文写作打下坚实的基础。

2. 提纲内容不齐全

有些同学虽然写了提纲，但是由于对提纲编写的有关步骤和内容不了解，在编写过程中粗心大意，遗漏了提纲内容中的某些项目，提纲残缺不全，内容不完整，严重影响了学位论文写作的进程与质量。因此，在编写论文提纲时，要明确提纲的内容项目与步骤，做到一丝不苟，避免内容残缺不全的现象发生，让提纲趋于完善，对学位论文的写作做出其应有的贡献，切实提高学位论文质量。

3. 导师工作不到位

随着高校的扩招，现在的导师带的学生逐渐增多，使其对学生的指导无法倾注必要的时间和精力，从而忽视了对学生论文提纲的监督与督促。部分导师缺乏责任心，甚至任由学生忽略提纲的编写，直接进入论文的初稿写作，使整篇学位论文的布局轻散、思路不清晰、逻辑不严密，因此，必须建立导师制度，增强导师对学位论文提纲重要性的认识，从而更加认真地指导学生进行论文提纲的编写工作，保证学位论文写作的成功。

7.2.4　案例讨论

以下是两篇学位论文的提纲，可以用论文提纲的要求来分析该论文提纲的优缺点。

案例讨论I

邮政智能移动营销系统设计与应用研究
第 1 章　绪论
1.1 选题的背景及意义
1.2 国内外邮政营销系统建设综述
1.2.1 国际邮政营销系统建设现状与经验
1.2.2 国内邮政营销系统建设现状与做法
1.3 研究目的
1.4 研究思路
第 2 章　国内外邮政营销领域竞争环境分析
2.1 国际邮政面临的竞争态势
2.1.1 世界邮政新环境的变化与发展
2.1.2 世界邮政发展 SWOT 分析
2.2 国内邮政主营业务面临的竞争态势
2.2 1 国内邮政业务发展的 SWOT 分析
2.2.2 国内邮政业务竞争的五力分析
2.2.3 国内邮政业务 PEST 分析

2.2.4 邮政主营业务竞争态势分析
第 3 章　国内外邮政营销体系建设现状
3.1 国际邮政营销体系建设概览
3.1.1 国际邮政营销机构设置成功经验
3.1.2 国际邮政数据营销系统应用成果
3.2 国内邮政营销体系建设现状
3.2.1 国内邮政营销机构设置概况
3.2.2 国内邮政营销信息系统建设现状
3.3 国内邮政营销存在的问题和弊端
3.4 国内邮政营销体系建设的重要性
3.5 国内邮政营销信息系统建设的必要性
3.6 邮政营销信息系统建设发展趋势
第 4 章 邮政智能移动营销系统（PSM）方案设计
4.1 PSM 研发的主导思想
4.2 PSM 研发的原则
4.3 PSM 研发的创新点及难点
4.3.1 PSM 研发的创新点
4.3.2 PSM 研发的难点
4.4 PSM 系统方案设计
4.5 PSM 的主要功能
4.6 PSM 应用范围及效果
第 5 章 PSM、CRM 和 ERP 的比较研究
5.1 PSM、CRM 和 ERP 的内涵
5.2 舶来品和本土化
5.3 PSM、CRM 和 ERP 优劣势比较分析
第 6 章 PSM 应用与邮政营销体系建设前瞻
6.1 PSM 应用带来邮政营销理念的革命
6.2 PSM 应用带来邮政业务流程重组与再造
6.3 PSM 应用推动“大营销系统”的构建
6.4 PSM 应用拓展邮政增值业务空间
6.4.1 信息共享成为创新产品源泉
6.4.2 价值链组合推动共生共赢
6.4.3 整体营销带来规模效益增长
结束语
致谢
参考文献

案例讨论II

北京网通客户满意度研究
第 1 章　绪论
1.1 研究背景及意义
1.1.1 客户满意度研究的概念
（1）客户满意度的概念
（2）客户满意度研究的起源与发展趋势
1.1.2 北京地区固话通信现状和行业地位
（1）市场规模
（2）面临问题
1.1.3 研究分析过程
（1）指标采集
（2）指标研究
（3）研究思路
1.1.4 研究分析报告阅读说明
（1）本研究分析结构
（2）本研究分析的局限性
（3）其他需要说明的问题
1.2 本研究分析的目的
第 2 章　公众客户总体满意度研究
2.1 北京市公众客户调查总体情况
2.2 北京市市区营业厅公众客户满意度研究
第 3 章　商务客户总体满意度研究
3.1 商务客户调查总体情况
3.2 北京市市区营业厅商务客户满意度研究
第 4 章　北京市大客户总体满意度研究
4.1 北京市大客户调查总体情况
4.2 北京市市区营业厅大客户满意度研究
第 5 章　客户满意度的各环节表现和具体突破
5.1 准确认识客户满意度，注重客户满意度的外在环境
5.2 内部体现与市场表现
5.3 客户满意度与忠诚度
5.4 提升的突破口与步骤
致谢
参考文献

7.3　论 文 撰 写

按照拟定的写作提纲，运用书面语言，把自己研究过程、结果和发展、思想和观点整理成论文，这一过程叫作起草，也就是撰写初稿。这是学位论文写作的又一重要阶段，代表论文进入了实质性的写作阶段。

7.3.1　学位论文的内容

一篇完整的学位论文包括前置部分、主体部分和结尾部分。具体框架构成详见本书第 8 章。

本部分主要讨论学位论文核心内容及论文的主体部分。学位论文的主体部分包括绪论、本论（正文）和结论三个部分。

1. 绪论

绪论是学位论文的主体部分的开端，是全篇论文的引子。绪论主要回答“为什么研究”这个问题，它阐述了研究的出发点与目的，研究主题和重要文献资料综述，相关领域前人的研究成果，存在的问题及空白点，理论分析依据、研究方法，预期的结果和理论意义。

示例：

示例 1：MBA 学位论文：电信数据挖掘与客户关系管理
第 1 章　绪论
1.1 选题背景及意义
1.2 研究状况和文献综述
1.3 研究方法和主要内容
示例 2：MBA 学位论文：邮政智能移动营销系统设计与应用研究
第 1 章　绪论
1.1 选题的背景及意义
1.2 国内外邮政营销系统建设综述
1.2.1 国际邮政营销系统建设现状与经验
1.2.2 国内邮政营销系统建设现状与做法
1.3 研究目的
1.4 研究思路
示例 3：学位论文：政府投资工程代建合同条件研究
第 1 章　绪论

1.1 论文研究的背景
1.2 国内外研究现状
1.2.1 境外政府投资工程合同条件研究现状
1.2.2 国内学者的相关研究及局限
1.2.3 文献述评
1.3 论文研究的对象
1.3.1 相关概念界定
1.3.2 代建合同模式
1.4 论文研究的内容和方法
1.4.1 论文研究的内容
1.4.2 论文研究的方法、技术路线

2. 本论

本论是论文的主体部分，也称为正文部分，是作者研究成果的展示和表述，它占据论文的最大篇幅。主要回答“怎么研究”这个问题。论文所体现的创造性成果或新的研究结果，都将在这一部分得到充分的体现。它针对绪论部分提出的观点，全面透彻地进行分析论证，充分表达作者的见解。中心论点的论证可以从不同的角度展开，因此，可建立不同的分论点，这些分论点共同围绕中心论点并为其服务。

本论是学位论文的本质部分，没有本论就不称其为论文。本论的内容是研究过程的反映，在此只是介绍本论部分的结构安排。评价一篇学位论文的结构是否合理，主要是针对本论部分的结构是否合理。

本论部分的结构大体上有五种：总分结构、三分结构、四分结构、篇章结构、章节结构。

3. 结论

学术论文应当有结论，是学术研究的规律性决定的。学术研究是一个过程，有其始端和终端。绪论是始端，结论是终端。结论表明一项科学研究的结束。同时，一项研究当有其研究结果。最终得到一个什么研究结果，应当在结论部分做出概括。如果还有遗留问题没有解决，也应在结论部分指出。

结论是指学位论文最终的总体结论。主要回答“研究出什么”这个问题。它是在对本论分析、综合的基础上对全文的总结和升华，是对绪论和本论论点的呼应，是对全文画龙点睛的收束，也是对本论中各章小结的再综合。结论部分要对研究的问题做出明确、清晰、具体的说明，切忌用一些大话套话（如具有重要的理论意义与实践价值；在理论上做出了重要贡献；对企业管理有较大指导意义等）。

示例：

MBA 学位论文：电信数据挖掘与客户关系管理

第六章 结论
（一）总结
（二）论文的基本观点
（三）论文的主要创新点
（四）论文的局限和不足

另外，也有以建议、结束语代替结论的。以建议代替结论，以结束语代替结论，不等于没有结论。省略结论，影响论文结构的完整性，完整性是合理性的一个方面，故没有结论将影响论文结构的合理性。

7.3.2 学位论文的结构

当学位论文的主题和内容确定以后，接下来需要谋划论文的篇章结构。考虑论文分几层写；哪些材料详写，哪些材料略写，哪些材料虚写，哪些材料实写；如何开头、如何展开和如何结尾。这就是论文的结构问题。

结构是表达论文内容和主题的重要因素，也是表达主题和内容的重要手段，是论文写作的要素之一。在安排论文结构的时候，需要遵循以下原则。

1. 以阐明论文主题为主旨

结构是为主题服务的，因此在安排论文结构时，应以最好地阐明主题为宗旨。

2. 正确反映事物的内在联系和发展规律

安排论文的结构，尽管可以而且需要做必要的挑战，但其内在的逻辑性必须与客观事物的条理性、规律性，与人们认识事物的自然程序相一致。

3. 结构要严密

论文的章节结构要严密，在文字、逻辑、结构上都要无懈可击。要使论文结构严密，首先要做到结构完整，在论文中，要有过渡、有照应、有头有尾和首尾照应。

4. 具有学科特性

尽管学位论文结构较其他文章种类程式性强，但也不能千文一面、呆板机械，而应根据不同的学科富有特点地灵活表现内容。谋篇布局时，应因体而异，讲究结构艺术。

7.3.3 学位论文的语言

学位论文的语言属于实用语体，要求准确、简练，在选择词语上极其严谨，历经实践，约定俗成，形成了鲜明的特征：常用惯用词语和专业术语，使语言极具特点。

1. 常用惯用词语

学位论文中的写作用语经长期积累，形成了一套较为固定的习惯用法，使用这些词语，能增强语言的规范性。

2. 运用专业术语

学位论文写作涉及不同的专业和学科，专业性极强。使用专业术语，可以有效地开展行业交流，也可以增强语言的简洁性。各个行业和专业都形成了自己独特的专业术语，所以写作学位论文时，要清楚和掌握这些术语。

7.3.4　学位论文的撰写方法

撰写学位论文初稿一般是按照论文提纲的顺序写，有时候也可以打破顺序分段写。两种方法各有利弊，可以根据自身的需要进行选择。

1. 按照提纲的排列顺序写

学位论文提纲的排列顺序，是经过反复思考、精心安排的，反映了作者认识事物的过程，也反映了事物本身的内在逻辑。因此，按照提纲的顺序写，先提出问题，再分析问题，然后解决问题，顺理成章，十分自然。这种方法，符合一般人的写作习惯。其好处是全文贯通，一气呵成。如果对全文各部分的内容都已经酝酿成熟，各种材料的准备也均已到位，就可以采用这种方法。但是这种写法，开头部分比较难写，往往不知道如何入手。遇到此类情况时要仔细分析问题所在，若是由于提纲没有列好，出现思路不流畅的问题，则要重新考虑调整提纲，组织材料；若是写作状态不佳，则可以暂时搁置，做些其他的事情，调整好心态后再开始写。

2. 打破顺序分段写

由于学位论文的篇幅较长，各个部分内容的成熟程度有先有后，要一口气全部写好也不大可能，可以打破提纲顺序，分段完成。作者的论述是逐步展开的，论文也是一部分、一部分写出来的，完全可以成熟一部分写一部分，哪部分成熟就先写哪部分，最后连接起来就成了一篇完整的论文初稿。这种写法的好处在于能够集中精力写好每一部分，有利于保证论文质量。

需要注意的是采用分段分块的写法，要根据实际情况，制订出详细的计划，既要保证各个部分内容的相对独立性，又要保证全篇论文的完整统一性。

7.4 论文修改

刀不磨不快，文章不改不好。古今中外，很多卓有成就的作家，都很重视文章的修改。曹雪芹写《红楼梦》，披阅十载，增删五次，“字字看来皆是血，十年辛苦不寻常”。美国海明威在《老人与海》正式付印前，反复阅读手稿 200 余遍。由此可见，“修改”是文章写作成型过程中重要的一环，在一定程度上而言具有决定性的作用。

从写作规律来看，修改是写作的重要阶段。修改一般指从初稿写出到最后定稿的加工过程。学位论文修改主要包括对初稿的学术内容和表现形式两方面的增删和调整。修改是提高写作质量的必由之路，也是提高写作能力、写作水平的重要途径。

7.4.1 学位论文修改的范围

学位论文的修改范围包括：思想观点的订正、材料的增删、结构的调整、语言的锤炼和撰写规范的检查这五个方面。

1. 思想观念的订正

主要检查论文是否符合法律、法规和方针政策；是否符合客观实际；是否符合业务工作规律。

2. 材料的增删

检查材料是否真实，引文要引原著；检查材料是否典型；检查材料是否具体。

3. 结构的调整

检查论文的结构层次是否合乎逻辑，是否层次分明，是否有不当、重复和混乱的地方，此处是指每个层次、每个段落都应有一个明确的观点，这些观点有着内在的有机联系，且围绕着整篇论文的观点展开。检查段落衔接是否自然，是指层次和层次之间、段落和段落之间的连接要自然、符合逻辑。不管是先因后果，还是先果后因，其内在的逻辑是不能违背的。文章的前后呼应等问题也应注意。检查文种是否正确。

4. 语言的锤炼

修改那些表意不明确的词和句。学位论文初稿中，由于考虑的时间短等原因，常会出现一些表意不很明确的词和句，这些内容经不起推敲。一个观点有几种不同的表述方法，几种表述方法使用的词语差别很大，要选取那些表述最准确的词和句。对于学位论文的修改稿，要十分注意删除表意不清的内容。删除多余的字、句、段。理想的情况是用最简短的语言表述最丰富的内容。语言越简洁，思想表述越集中，读者了解得越清楚。

5. 撰写规范的检查

检查统计数字有无错漏；略语、符号书写是否正确；各种单位是否已按“法定单位”书写；有无错别字、标点不清的病句等。

7.4.2　学位论文的修改方法

“写完后至少看两遍，竭力将可有可无的字、句、段删去，毫不可惜。宁可将做小说的材料缩成 Sketch（注：Sketch 意为框架、提纲），决不将 Sketch 材料拉成小说。”这是鲁迅在《答北斗杂志社问——创作要怎样才会好？》中提出的修改文章的方法，可谓博大精深，又通俗易懂。对于论文写作和修改而言，也不失为切实可行的诀窍。

一般来说，学位论文的修改方法主要有以下几种。

1. 导师指导法

学位论文从选题、研究设计、论文撰写到修改，都是在导师的指导下完成的。在论文章节完成或全部成稿之后，导师一般都会抽出时间来阅读并给出具体详细的修改意见和建议。导师有着丰富的教学和科研经验，指导和评阅的本专业范围的论文较多，对论文中存在的问题往往都能一针见血地指出来。导师指导下进行的论文修改过程，对提高论文质量和顺利通过答辩大有裨益。

2. 虚心求教法

俗话说：“旁观者清，当局者迷。”自己写的文章，难免有考虑不周之处，自己往往很难发现问题，而别人可能很容易发现问题。因此，在初稿完成之后，请同学等他人帮助修改，找出论文存在的问题，不失为一种较好的修改方法。

论文作者在听取他人的意见后，需要进一步消耗消化、分析、取长补短，集思广益，通盘考虑，使论文质量达到更高的水准。他人的意见也许不被采用，但其意见可能会给论文作者带来一种全新的思路，甚至会达到一种“柳暗花明又一村”的境界。

3. 热改法

热改法，是指初稿完成后，趁热打铁，立即进行修改的方法。这种方法的优点在于：作者头脑中对论文的内容还记忆清晰，印象鲜明，对论文存在的毛病可以及时发现并修改。缺点在于：作者还处于写作的兴奋状态，即使感到某处有问题，尤其是对需要删改的地方，往往难以取舍。

4. 冷改法

冷改法，是指初稿完成后，放一段时间再修改的方法。因为人脑的思维往往具有滞后性，初稿写完后，作者的思路和情绪还难以从论文中解脱出来，自我感觉良好，按照原来固定思路，难以发现初稿中存在的问题。在距离提交论文时间比较宽松的情况下，可以把论文放置一段时间后再来修改，这时候作者的思维跳出了原来的圈子，可以从另一种角度来全面冷静地重新审视自己的论文。特别是在论文放置期间，作者经过阅读新的文献资料，思索有关问题，对研究主题产生了新的认识，再回头来看初稿，就比较容易发现其中存在的不合理、不完善之处。在时间允许的情况下，冷改法可以反复数次使用。

5. 读改法

读改法，是指在论文初稿完成后，边读边改的修改方法。这种方式要求作者多次诵读论文，通过语感来发现论文中存在的病句、缺词漏字、错别字、标点符号等语句表达问题。

现在，随着电子化的普及，通过电脑软件 Word 或 WPS 完成的论文初稿，其错别字等低级错误，可以通过修订、拼写检查等功能修改。

7.5　论 文 定 稿

7.5.1　论文的定稿与提交

1. 论文的定稿

学位论文的初稿经过多次认真修改加工和校对以后才能定稿。定稿是指作者对学位论文的结构和内容、编排格式及文字表达等，做最后的定夺和排版，使它固定下来，不再做改动。

需要指出的是，学位论文在参加论文答辩后，一般需要答辩委员会提出修改意见和建议，在规定的时间内修改、定稿并提交。如果答辩委员会认为学位论文需要做出实质性的修改，那么作者还必须根据修复意见和建议进行修改。经导师或指定专家确认后方可提交。目前，答辩后再修改的惯例已逐渐被许多高校所接受。

2. 论文的提交

学位论文提交的传统方式是学生亲手把纸质论文交给导师或学校有关部门，但是随着计算机技术的快速发展，许多高校采用纸质和网上提交学位论文相结合的方式①。网

① 彭金玉，肖蔚，吴湘萍. 浅议高校硕、博士学位论文提交中的实际问题及解决办法. 农业图书情报学刊，2006，18（10）：129-130.

上提交学位论文的优点是省时省力，学生可以很方便地在学校规定的电子系统上提交论文。一些高校对电子版学位论文做出了相应的规定和要求，学生必须根据这些规定和要求对学位论文进行整理和排版，提交论文后一般还要经过验收。

7.5.2　论文定稿中的常见问题

学位论文的修稿、定稿和提交主要存在如下三个方面的问题。

1. 不够重视修改的作用，修改次数不够

一些学生在学位论文初稿完成后就认为可以直接上交，马虎应对论文的修改工作，最后影响了论文的总体质量，甚至被退回修改或者重新写作。有经验的导师一般能够很好地把握一篇合格学位论文的底线和标准，因此，必须认真对待导师的修改意见和建议，至少对导师的主要意见和建议要不打折扣地采纳。修改通常会经历从粗改到细改的过程，也就是前面的一两次修改主要是在结构、逻辑、主要结果和观点等方面的修改，而后面的修改主要是在文字、读者友好性、规范性、排版等方面的修改。一篇学位论文一般要经过多次修改，才能达到合格或者成为优秀论文。3~8 次的修改一般是正常的。但是，目前因为时间仓促和学生不负责任而仅修改一两遍的现象也是存在的，这些学位论文的总体质量一般不高。

2. 忽视校对作用，匆匆定稿

由于时间、经验等因素的限制，一般同学在很短的时间内就完成了学位论文的定稿，整篇学位论文的质量达不到导师规定的要求。这种情况很大程度上是因为没有很好地对论文进行校对。缺乏校对的学位论文中，常常会有错别字、用错的标点符号、段落不清、目录内容与正文标题不符、目录页码与正文页码不符等问题，无形中降低了论文的整体质量。更有些同学把校对等同于修改，从而省略了校对工作。这些行为忽视了校对的作用，都是不可取的。如果情况允许的话，可以请身边的朋友、同学或是教师帮忙校对，而不能匆匆定稿，无视校对工作。

3. 没有按照学校有关要求提交，或者错过提交的规定时间

每所高校都有自身的一套学位论文提交标准和规范，要求同学们认真遵守。有些同学却因为各种原因（如外出实习、找工作），未能按照学校规定的流程提交论文，甚至错过了提交的规定时间，甚至也有同学不能在规定时间内完成学位论文写作，严重影响了论文的成绩。针对这些情况，我们应该好好地向导师或其他知情的同学了解论文提交的时间和最新要求，争取在规定的时间内完成学位论文，以免错过提交时间，迫不得已延迟提交论文而影响获得学位。

第 8 章　学位论文框架与写作规范

学位论文的写作过程既是对研究生在学校期间所得研究结果的全面总结，也是对研究工作的深化与升华。写作过程体现了作者的学术水平、动手能力、科学精神和学术规范。多年的学位论文评阅结果表明，不少研究生在撰写学位论文时，往往只关注研究内容和研究结果的表达，而忽视了论文的写作规范，从而影响了学位论文的质量，也影响了学生、导师和学校的学术声誉。

一般而言，学位论文，尤其是硕士学位论文和博士学位论文，在格式上要求相对比较严格。同一论文存在不同的载体形式（印刷版、缩微版、电子版、网络版等），不论哪种形式，其内容和格式都应完全一致。参考《学位论文编写规则》（GB/T7713.1—2006），可以看出，学位论文在格式上一般包括三大组成部分：前置部分、主体部分和结尾部分。学位论文的结构框架图具体如图 8-1 所示。

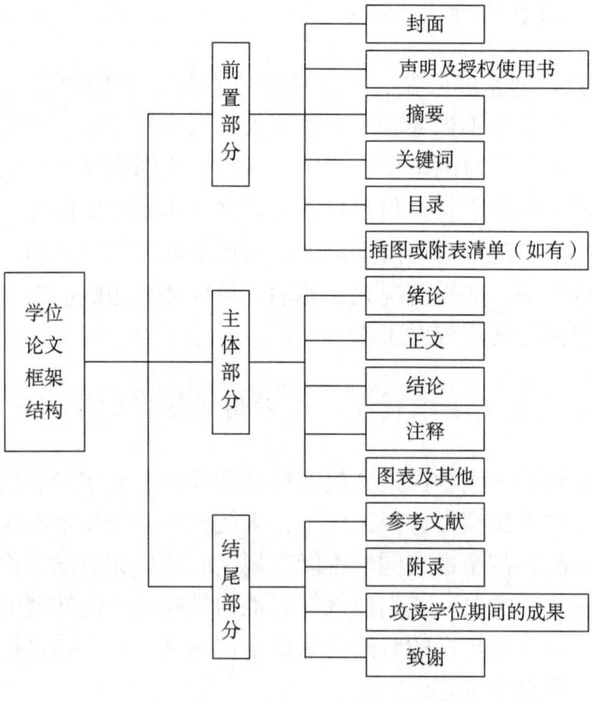

图 8-1　学位论文结构框架图

8.1　前 置 部 分

学位论文的前置部分一般包括封面、声明及授权使用书、摘要、关键词、目录等。具体包括的内容及要求如下所述。

8.1.1　封面

封面是学位论文的外表，对论文起装潢和保护作用，并提供相关的信息。

学位论文的封面应包括的主要信息有：中图分类号、学校代码、UDC、密级、学位授予单位、论文题目、责任者、申请学位、学科专业、研究方向、论文提交日期、培养单位等。

不过，并不是以上所有信息都必须体现在封面上，具体的封面所含内容和格式可由学位授予机构自行规定。国内有研究生学位论文授予点的单位一般都由研究生管理部门制定本授予点的统一封面格式。

另外，封面一般有中文封面和英文封面，英文封面一般单独成一页，放在中文封面之后，其内容与中文封面内容逐一对照。

1. 中图分类号

必须填写，通常采用《中国图书馆分类法》（第 4 版）标注，根据学位论文的研究内容确定。中图分类号一般选取 1~2 个，如中图分类号 G250.7。

2. 学校代码

按照教育部批准的学校代码进行标注。

3. UDC

UDC 号指国际十进分类法的代码，按《国际十进分类法》（*Universal Decimal Classification*）进行标注。可以登录 http://www.udcc.org，再点击 UDC Online 进行查询。

4. 密级

按照国家标准《文献保密等级代码与标识》（GB/T 7156—2003）进行标注。学位论文须在封面上规定的栏内注明相应的密级，密级可分为：公开、内部、秘密、机密、绝密五级。“绝密”是最重要的国家秘密，泄露会使国家的安全和利益遭受特别严重的损害；“机密”是重要的国家秘密，泄露会使国家的安全和利益遭受严重的损害；“秘密”是一般的国家秘密，泄露会使国家的安全和利益遭受损害。

非保密论文标注“公开”字样，也可以不作标注；保密论文按不同级别分别标注“秘密、机密、绝密”字样，并注明保密期限，如“保密★2 年”。对内部、秘密、机密的论文，学位授予单位一般会要求按照有关规定办理审批手续和提交保密论文后，才可以标注论文的相应密级。

5. 学位授予单位

指授予该学位的机构，一般为高校和科研院所。单位名称应采用官方公布的规范全称填写，不能填写简称。

6. 论文题目

题目又称为题名，有的论文有副题目（副题名）。题目是以最恰当、最简明的词语反映学位论文中最重要的特定内容的逻辑组合；题目所用每一词必须考虑到有助于选定关键词和编制题录、索引等二次文献可以提供检索的特定实用信息。

论文题目内容层次很多，难以简化时，可采用论文题目和论文副标题相结合的方法，其中副标题起补充、阐明题目的作用，副标题与主标题之间用破折号或冒号间隔。例如，“斑马鱼和人的造血相关基因以及表观遗传学调控基因——进化、表达谱和功能研究”；“阿片镇痛的调控机制研究：Delta 型阿片肽受体转运的调控机理及功能”。题目和副题目在整篇学位论文中的不同地方出现时，应保持一致。

论文题目通常由名词性短语构成，尽量避免使用不常用缩略词、首字母缩写字、字符、代号和公式等。

论文题目应画龙点睛地概括论文最主要、最核心的内容。具体、切题、恰当、简明扼要、引人注目，一般不能超过 25 个汉字（最好≤20 字）。英文题目翻译应简短准确，一般也不应超过 150 个字母，不应超过 10 个实词。

不宜用一个大领域或学科分支的名称作为学位论文题目。例如，“纳米材料的物理化学研究”“磷的生命化学研究”“摩擦化学机理研究”“非电解质溶液的热力学研究”等类似的题目可用于学术专著或学报特约撰写的评论，但不适用于学位论文。

7. 责任者

责任者包括研究生姓名、学号、指导教师（包括校外导师、企业导师等）姓名、职称（教授、研究员）等。如果责任者姓名有必要注明汉语拼音时，遵照《汉语拼音正词法基本规则》（GB/T16159—2012）著录。

8. 申请学位

申请学位包括申请的学位类别和级别。

学位类别参照《中华人民共和国学位条例暂行实施办法》的规定进行标注，包括以下门类：哲学、经济学、法学、教育学、文学、历史学、理学、工学、农学、医学。

学位级别参照《中华人民共和国学位条例暂行实施办法》的规定进行标注，包括学士、硕士、博士，如哲学硕士、管理学博士。硕士专业学位直接标注其名称，如 MBA、工程硕士等。

9. 学科专业

一级学科名称以国务院学位委员会、教育部2018年4月更新的《学位授予和人才培养学科目录》为准，二级学科以国务院学位委员会和原国家教育委员会 1997 年颁布的《授予博士、硕士学位和培养研究生的学科、专业目录》填写，自设二级学科按各单位向教育部备案的自设二级学科名称及代码填写，如地质学（宝石学）。

10. 研究方向

研究方向按照本学科专业范畴下的三级学科填写。

11. 论文提交日期

论文提交日期是指学位论文上交到授予学位机构的日期。

12. 培养单位

培养单位是指学位申请人所在学院（所、室、中心等）名称，应采用规范全称，如经济管理学院、工商管理学院等。

需要说明的是，每个学位授予机构对封面的要求不同，有的要求在封面上体现学校名称及校徽，对不同的学位层次（博士、硕士、同等学力硕士、专业硕士等）一般有不同的颜色要求。学位申请者需按照本单位指定的封面格式要求进行对应填写。图 8-2 是两所高校的论文封面样式。

8.1.2　声明及授权使用书

1. 学位论文原创性声明

研究生学位论文原创性声明也称为独创性声明，是作者关于论文内容未侵占他人著作权的声明。本部分放在封面之后另起页，提交时须有作者亲笔签名，并落上日期。

作者要依据声明内容，全面审视自己的论文，检查是否严格遵守了《中华人民共和国著作权法》，对他人享有著作权的内容是否都进行了明确的标注，慎重签名。

2. 学位论文版权使用授权书

本部分放在学位论文原创性声明之后，提交时一般须有作者和导师共同亲笔签署版权使用授权。原创性声明及版权使用授权书可以单独成文，也可以合二为一。需要说明的是，每个学位授予机构对原创性声明及版权使用授权书一般都有单独成页的模板，无须调整，直接从校园网站上下载、打印、签名、装订即可。图 8-3 是三所高校的学位论文原创性声明及版权使用授权书的样式。

分类号：（按中国图书分类法，图书馆网上可查）　　单位代码：　10033

密　级：（注明密级与保密期限）　　学　　号：

仅限于论文课题来源于国防军工项目

中国传媒大学

博士/硕士学位论文

中文论文题目：（三号宋体加粗）

英文论文题目：（16pt Time New Roman，Bold）

双向隐名时，作者与导师姓名不填写（四号宋体加粗）

申请人姓名：

指导教师：

专业名称：

研究方向：

所在学院：

论文提交日期

（a）

分类号 （宋体五号字）　　密级 ____________

UDC ____________　　编号 ____________

雲南大學

博士研究生学位论文

题　目　**致病细菌 Bacillus nematocida B16 引诱并杀死线虫的新机制**

Title　**Novel mechanisms on alluring and killing nematodes by pathogenic bacteria Bacillus nematocida B16**

学院（所、中心）　生命科学学院

专 业 名 称　微 生 物 与 分 子 生 物 学

研 究 方 向　○○○

研究生姓名　○○○　　学号　○○○

导 师 姓 名　○○○　　职称　教授

2009 年 6 月

（b）

图 8-2　两所高校论文封面样式

中国传媒大学研究生学位论文独创性声明

本人声明所呈交的学位论文是本人在导师指导下进行的研究工作及取得的研究成果。除了文中特别加以标注和致谢的地方外，论文中不包含其他人已经发表或撰写过的研究成果，也不包含为获得 中国传媒大学 或其他教育机构的学位或证书而使用过的材料。与我一同工作的同志对本研究所做的任何贡献均已在论文中作了明确的说明并表示谢意。

学位论文作者签名：　　　　　　签字日期：　　年　月　日

学位论文版权使用授权书

本学位论文作者完全了解 中国传媒大学 有权保留并向国家有关部门或机构送交本论文的复印件和磁盘，允许论文被查阅和借阅。本人授权 中国传媒大学 可以将学位论文的全部或部分内容编入有关数据库进行检索和传播，可以采用影印、缩印或扫描等复制手段保存、汇编学位论文。

（保密的学位论文在解密后适用本授权书）

学位论文作者签名：　　　　　　导师签名：

签字日期：　　年　月　日　　　签字日期：　　年　月　日

（a）

论文独创性声明及使用授权

本论文是作者在导师指导下取得的研究成果。除了文中特别加以标注和致谢的地方外，论文中不包含其他人已经发表或撰写过的研究成果，不存在剽窃或抄袭行为。与作者一同工作的同志对本研究所做的任何贡献均已在论文中作了明确的说明并表示了谢意。

现就论文的使用对云南大学授权如下：学校有权保留本论文（含电子版），也可以采用影印、缩印或其他复制手段保存论文；学校有权公布论文的全部或部分内容，可以将论文用于查阅或借阅服务；学校有权向有关机构送交学位论文用于学术规范审查、社会监督或评奖；学校有权将学位论文的全部或部分内容录入有关数据库用于检索服务。

（内部或保密的论文在解密后应遵循此规定）

研究生签名：____________ 导师签名：____________ 日期：

（b）

南开大学学位论文原创性声明

本人郑重声明：所呈交的学位论文，是本人在导师指导下进行研究工作所取得的研究成果。除文中已经注明引用的内容外，本学位论文的研究成果不包含任何他人创作的、已公开发表或者没有公开发表的作品的内容。对本论文所涉及的研究工作做出贡献的其他个人和集体，均已在文中以明确方式标明。本学位论文原创性声明的法律责任由本人承担。

学位论文作者签名：____________　　年　月　日

（c）

南开大学学位论文使用授权书

本人完全了解《南开大学关于研究生学位论文收藏和利用管理办法》关于南开大学（简称“学校”）研究生学位论文收藏和利用的管理规定，同意向南开大学提交本人的学位论文电子版及相应的纸质本，并委托印刷存档论文。

本人了解南开大学拥有在《中华人民共和国著作权法》规定范围内的学位论文使用权，同意在以下几方面向学校授权。即：

1. 学校将学位论文编入《南开大学博硕士学位论文全文数据库》，并作为资料在学校图书馆等场所提供阅览，在校园网上提供论文目录检索、文摘以及论文全文浏览、下载等信息服务；

2. 学校可以采用影印、缩印或其他复制手段保存学位论文；学校根据规定向教育部指定的收藏和存档单位提交学位论文；

3. 非公开学位论文在解密后的使用权同公开论文。

4. 同意学校将本人向有关电子出版单位授权的学位论文（含电子版和授权书）转交相关授权单位。

本人承诺：本人的学位论文是在南开大学学习期间创作完成的作品，并已通过论文答辩；提交的学位论文电子版与纸质本论文的内容一致，如因不同造成不良后果由本人自负。

本人签署本授权书一份，交图书馆留存。

学位论文作者暨授权人(亲笔)签字：________

20___年___月___日

（d）

图 8-3　三所高校的学位论文原创性声明及版权使用授权书样式

8.1.3　摘要

摘要是论文中比较重要的部分，多数读者只需要读某篇文章的摘要就可以知道该文章是否是自己所需的文献资料。摘要不应该是目录的散文式罗列，也不应是序言的重复。摘要应该是和论文等信息量的、高度概括的文摘。摘要应该告诉读者研究是关于什么，如何实施，发现了什么，而不是论文如何组织。

如果论文的主体工作得到了有关基金资助，应在摘要第一页的页脚处标注：本研究得到××基金（编号：×××）资助。

1. 摘要的定义

国家标准《科学技术报告、学位论文和学术论文的编写格式》对摘要的定义为“摘要是报告、论文的内容不加注释和评论的简短陈述”。

摘要也叫“内容提要”，是对论文研究内容的高度概括。论文一般均有摘要，它一般放置在论文的篇首，是全文内容的缩影。有时为了国际交流，还必须有外文（多数采用英文）摘要。英文摘要应与中文摘要相对应，英文摘要前加“Abstract：”作为标识。

2. MBA 学位论文摘要的作用

论文之所以要写摘要，主要作用有两个：一是让指导教师在审阅该论文的全文时对主要内容有一个大致的了解，知道作者研究的课题采取了哪些研究方法；二是为了方便利用计算机进行文献检索，使读者在阅读之前先对论文的基本内容、主要观点有所了解，起到提示和引导作用。

3. MBA 学位论文摘要的要素

国家标准《科学技术报告、学位论文和学术论文的编写格式》中明确规定：摘要中有数据、有结论，是一篇完整的短文，可以独立使用，可以引用，可以用于工艺推广。摘要的内容应包含与报告、论文同等量的主要信息，供读者确定有无必要阅读全文，也供文摘等二次文献采用。摘要一般应说明研究工作目的、实验方法、结果和最终结论等，而重点是结果和结论。

就 MBA 学位论文的摘要而言，其要素一般应包含研究目的、研究方法、结果和结论，具体如下所述。

1）研究目的

准确描述研究目的，表明研究的意图，说明提出问题的缘由，表明研究的范围和重要性（不是主题的简单重复，不宜多，或仅提出问题，甚至可不要）。

2）研究方法

简述研究的工作流程，研究了哪些主要内容，在这个过程中都做了哪些工作，包括对象、原理、条件、程序、手段等。

3）结果

简要陈述研究之后重要的新发现、新成果及价值，包括通过调研、实验、观察取得的数据和结果，并剖析其不理想的局限部分。

4）结论

简要地说明经验，论证取得的正确观点及理论价值或应用价值，比较预测其在实际生活中运用的意义，同时判断是否还有与此有关的其他问题有待进一步研究，是否可推广应用等。简言之，就是用一句话给出研究最重要的推论。

4. MBA 学位论文摘要的分类

MBA 学位论文的摘要大致可以分为报道性摘要、指示性摘要和报道-指示性摘要三类，具体如下所述。

（1）报道性摘要，也叫资料性摘要或情报性摘要，用来反映作者的重要研究成果，向读者提供论文中全部创新内容和尽可能多的定量或定性的信息，如问题的提出、解决的手段、得出的结论及与他人成果的比较等。具体见例 1 所述。

> 例 1：
>
> 《护理期刊论文出版时滞的探讨》
>
> 摘要：为了理解护理期刊论文出版时滞，采用宋忠生提出的期刊出版时滞计算方法，对 5 种护理期刊 1998 年发表的 2 030 篇论文出版时滞进行了统计和分析。结果显示：护理期刊论文发表周期最长 931d（31 个月），最短 6d；年均均散度最长 13.63 个月，最短 5.16 个月。时滞最长的是《中华护理杂志》，其次为《山西护理杂志》，最短的是《实用护理杂志》。《中华护理杂志》时滞最长的原因是知名度高、来稿多、采用量大于载文量、推修量大、刊文量低。建议建立审稿专家库，选择适当的审稿人缩短审核时间，增加刊期或页码，缩小字号增加出刊率，对不用稿件尽快退稿以利于稿件的分流、培养作者群。

（2）指示性摘要，也叫概述性或简介性摘要，目的是让读者对论文的主要内容有一个概括的了解，用来简单地表达原文的论题，或者概括地表述研究的目的，如介绍论文的性质、主要论点、探讨的范围、研究工作的对象、结果和结论等，而不触及具体的数据。具体见例 2。

> 例 2：
>
> 《文献计量学应用于医学信息研究》
>
> 摘要：总结和回顾了文献计量学在我国医学信息领域应用以来的研究概况和主要成果，分析了过去研究中存在的问题，对今后的发展提出了建议。

（3）报道-指示性摘要，即以报道性摘要的形式表述论文中价值最高的那部分内容，其余部分则以指示性摘要的形式表达。具体见例 3。

> 例 3：
>
> 《科举制对西方考试制度影响新探》
>
> 摘要：在以往中外学者研究的基础上，介绍新发现的近 50 种 1870 年以前记载有关中国科举的西方文献，指出到 19 世纪中叶，中国的科举考试制度已为欧洲知识界普遍知晓。史料明确说明英美等国建立的文官考试制度曾受到科举制的启示和影响，科举西传说可以确立。科举制的“公平竞争、平等择优”原则是其被西方借鉴的根本原因。科举考试西传欧美是中国对世界文明进程的一大贡献。

5. MBA 学位论文摘要的撰写要求

（1）摘要应具有独立性和自明性，有与一次文献同等的主要信息量，即不阅读文献的全文，就能获得必要的信息。

（2）注意摘要与正文的“前言”“序言”“引言”等的区别，摘要也不是正文结论的重复。

（3）摘要要用第三人称的写法并且只能用第三人称而不能用其他人称来写。有的摘要出现了“我们”“作者”“本人”等第一人称用语。这是因为论文写的是关于研究的，而不是关于写作行为的。

（4）摘要不要用“本文”“本报告”等作为摘要陈述的主语，不可取，应该描述研究而不是论文本身。学位论文摘要中应采用“对……进行了研究”“报告了……现状”“进行了……调查”等记述方法编写。

（5）摘要要求结构严谨、语义确切、表述简明、一般不分段落；不要使用含糊不清的词语（如可能、大概、差不多等）；忌自我评语，少些目的描述，不谈或不多谈存在问题，更不谈前瞻内容。总之，多谈做了什么、怎么做的、结论是什么。

例如，“利用比较分析方法，对一些公认的世界航运中心做了比较研究，得出了航运中心概念的内涵问题，使我们对如何建设航运中心有了目标。这一问题的厘清，对我国航运中心建设极具指导意义”，就属于一种自我评价类的摘要内容，不可取。

（6）在摘要中不说无用的话，如“本文所谈的有关研究工作是对过去老工艺技术的一个极大的改进”“本工作首次实现了……”“经检索尚未发现与本文类似的文献”等词句都不要进入摘要，也不要出现类似“毫无疑问”“显而易见”等词语，即不能轻易地用文摘来评价信息的技术内涵。

（7）除了实在无变通办法可用以外，摘要中不用图片、图表、表格、插图、公式、非公知公用的符号和术语，以及相邻专业的读者尚难以清楚理解的缩略语、简称、代号。如果确有必要，在摘要中首次出现时必须加以说明，不得使用一次文献中列出的章节号、图、表号、公式号及参考文献号。

（8）要求书写英文摘要的，英文摘要一般不宜超过 250 个实词。用过去时态叙述作者工作，用现在时态叙述作者结论。英文摘要中要取消不必要的字句，如“It is reported ...”“Extensive investigations show that...”“The author discusses ...”“This paper concerned with ...”，文摘开头的“In this paper”以及一些不必要的修饰词，如“in detail”“briefly”“here”“new”“mainly”也尽量舍去。

需要强调的是，英文摘要与中文摘要虽然要对照，但不要逐字逐句直译。要按英文科技论文摘要通用格式和英语习惯重新组织段落和语句。

下面是一个失败的摘要案例：

本文讨论了作者本国所开展的研究。在文献研究的基础上，本文给出了一个理论框架……在该框架基础上，研究者收集整理数据……并进行了进一步的讨论。最后，本文给出了结论，这个结论可能会对实践者非常有用。

6. MBA 学位论文摘要结构格式与范例

1）研究报告型学术论文

该类论文摘要的结构格式为：某学科（或专题、问题等）的研究结果表明（或证明了）什么（即论文的结论），是采用什么方法进行研究的，得到了哪些与他人不同的具体的研究成果。具体如例 4 所示。

例 4：

《中小企业融资策略选择的问卷调查与分析》

摘要：基于对 2002 年济南市槐荫区部分中小企业融资状况的问卷调查，描述了 90 家样本企业的所有制、行业分布和企业规模等方面的状况，并对样本企业当前和计划融资情况进行了实证分析，发现中小企业的所有制、行业分布、企业规模和财务结构的差异对其融资策略选择具有重要影响。

2）论证型学术论文

该类摘要的格式结构为：某命题（如公理、定理、原理、假说等）的论证结果解决（或支持、表明、说明）了什么问题（或假说、命题等），该命题适用于哪些范围、使用的条件是什么，等等。具体如例 5 所示。

例 5：

《有关企业规模界定的评析》

摘要：一般而言，各国对企业规模的界定主要是从雇员人数、资产额及销售收入三方面进行的。中华人民共和国成立后，我国对企业规模的界定先后几次调整，但是，以往的划分标准在操作性方面均存在不足。所以，针对我国市场经济发展实际和入世参与国际竞争的需要，2003 年又调整了企业规模界定的标准。无论采用什么标准，对企业规模的界定不能只停留在对企业经营活动的表层描述上。其实，企业规模的选择取决于企业在市场中的竞争行为，是企业适应市场竞争需要、市场规则自然选择的结果，故企业单纯的做大或做小都是不适宜的。

案例分析：《MODIS 1B 影像几何纠正方法研究及软件实现》

（摘自《遥感学报》2004 年第 8 卷第 2 期）

摘要：MODIS 影像是一种新型和重要的数据。对 MODIS 1B 影像几何畸变原因进行了深入分析，选择了一种合适的纠正方法。对于 1 千米分辨率 MODIS 1B 影像，直接采用 1 千米分辨率的空间坐标进行几何纠正；对于 250 米和 500 米分辨率的 MODIS 1B 影像，先用三次样条曲线对坐标进行插值生成同分辨率的坐标，然后利用坐标插值结果对其进行几何纠正。由于 MODIS 影像在空间分布上的特殊性，采用前向和后向映射相结合的方式确定纠正后某一像素点在原始影像中的位置。根据该位置的条带重叠度，可以确定参与计算像素个数、搜索窗口的大小及窗口的精确位置；采用归一化反距离加权插值法计算纠正后像素点的属性值。上述优化算法不仅保证了纠正后影像的质量，还提高了数据处理速度。作者在 Visual C++610 环境下开发实现了上述算法。从坐标插值和几何纠正结果分析，无论是数据处理速度还是纠正后的影像质量和精度均达到要求。（354 字）

分析：

（1）第一句话属于常识，应删除。

（2）摘要不够简明扼要，过多地罗列了所采用的研究方法及研究内容。

（3）摘要重点内容不够突出，重要的研究成果没有体现。

（4）应避免使用“作者”为主语。

修改后摘要

摘要：对 MODIS 1B 影像几何畸变原因进行了深入分析，选择了一种合适的纠正方法。对于 1 千米分辨率 MODIS 1B 影像，直接采用 1 千米分辨率的空间坐标进行几何纠正；对于 250 米和 500 米分辨率的 MODIS 1B 影像，则采用了三次样条曲线插值方法。由于 MODIS 影像在空间分布上的特殊性，对于影像的重采样，采用了前向和后向映射相结合及归一化反距离加权插值法。结果表明：此优化算法内存消耗较小，数据处理速度明显提高，完全消除了原始影像的“双眼皮”现象，纠正后影像质量较原始影像有所提高。（212 字）

7. MBA 学位论文摘要编排格式

MBA 学位论文摘要编排格式如图 8-4 所示。

学位论文摘要编排格式

中文摘要示例：

摘　　要

××××××××××××××××××××××××××××××××××
×××××××××××××××××××××××××××××××××。
……
×××××××××××××××××××××××××××××××××
×××××××××××××××××××××××××××××××××××
×××××××××××××××。图X幅，表X个，参考文献X篇。
关键词：(3−5个)　　　　；　　　　；　　　　；　　　　；

英文摘要示例：

Abstract

×××××××××××××××××××××××××××××××××
×××××××××××××××××。
……
×××××××××××××××××××××××××××××××××
××××××。
Key Words：　　　　；　　　　；　　　　；　　　　；
注：中文摘要、英文摘要须分别另起页。

图 8-4　MBA 学位论文摘要编排格式

8.1.4　关键词

关键词属于主题词中的类，因此，在明确关键词的概念之前，我们需要先明确主题词的概念。

1. 主题词和关键词的概念

1）主题词

主题词是用来描述文献资料主题和给出检索文献资料的一种新型的情报检索语言词汇，正是它的出现和发展，使情报检索计算机化（计算机检索）成为可能。

主题词是指以概念的特性关系来区分事物，用自然语言来表达，并且具有组配功能，用以准确显示词与词之间的语义概念关系的动态性的词或词组。

主题词包含关键词、单元词、标题词的叙词等。

2）关键词

关键词是标示文献关键主题内容的一种主题词。关键词是为了文献标引工作，从论文中选取出来，用以表示全文主要内容信息款目的单词或术语。关键词是最能体现论文内容特征、意义和价值的单词或术语；同时，关键词也是最具实质意义的检索语言，对文献检索有重要作用。

2. 关键词的相关要求

关键词按学科级别从上至下选取 3~8 个，选用《汉语主题词表》或者 *CA Index* 等词表提供的规范词，并尽量采用本专业领域公知公用的规范性词语。这样容易被检索，也比较符合规范。

在格式上，关键词另起一行置于摘要下方，并以分号隔开。按照关键词涉及的内容、领域从大到小排列，以便于文献编目与查询。为了国际交流，应标注与中文对应的英文关键词。

中、英文关键词应一一对应。中文关键词前冠以“【关键词】”作为标识，有英文摘要的论文，应在英文摘要的下方著录与中文关键词相对应的英文关键词，英文关键词前冠以“Key Words：”作为标识。

关键词是从题名、摘要、层次标题和正文的重要段落中抽出与主题概念一致的词和词组。无论是直接从题目中抽取的名词，还是从小标题、正文或摘要里抽取的部分词汇，要适“度”，都必须标注单一的概念，切忌复合概念。例如，题为“基层民警在执法中存在的问题及对策”的论文，“基层民警”是一个词组，但属于单一概念，限定得很具体，适合作为关键词；而“执法”一词限定得不具体，不宜作为关键词。此外，像“问题”“对策”这样的词不适宜作为关键词。

3. 关键词的标引步骤

首先对文献进行主题分析，弄清该文的主题概念和中心内容，尽可能从题名、摘要、层次标题和正文的重要段落中抽出与主题概念一致的词和词组，对所选出的词进行排序，对照叙词表找出哪些词可以直接作为叙词标引，哪些词可以通过规范化表达变为叙词，哪些叙词可以组配成专指主题概念的词组，还有相当数量无法规范为叙词的词，只要是表达主题概念所必需的，都可作为自由词标引并列入关键词。

在关键词标引中，应很好地利用《汉语主题词表》和其他叙词表，标引过程应该查表；切忌主题概念分析和词的组配有误；要控制自由词标引的数量。

关键词的一般选择方法是：作者在完成论文写作后，纵观全文，找出能表示论文主要内容的信息或词汇。例如，某篇论文，关键词选用了 6 个，其中前 3 个是从论文标题中选出的，而后 3 个却是从论文内容中选取出来的。后 3 个关键词的选取，补充了论文标题所未能表示出的主要内容信息，也提高了所涉及的概念深度。

8.1.5　目录

一般来说，篇幅较长的论文，都设有分标题（如章、节、目标题）。设置分标题的论文，因其内容的层次较多，整个理论体系较庞大、复杂，故通常设目录。

目录由论文的章、节及论文相关部分等的名称和页码组成。页码从正文首页开始到整个论文结束连续编码。目录中的页码应与中文中的页码一致。

目录页排在英文摘要之后。目录中的章和后记等相关部分的名称用黑体四号字体，节的名称用宋体小四号字。

1. 目录的定义

“目录”是目和录的总称，“目”指篇名或书名，“录”是对“目”的说明和编次。前人把“目”与“录”编在一起，谓之“目录”，表示内容的篇目次序。

2. 目录的作用

设置目录的主要作用在于：一是使读者能够在阅读该论文之前对全文的内容、结构有一个大致的了解，以便读者决定是读还是不读，是精读还是略读；二是为读者选读论文中的某个分论点时提供方便。长篇论文除中心论点外还有许多分论点，当读者需要进一步了解某个分论点时，就可以依靠目录而节省时间。

目录一般放置在论文正文的前面，因而是论文的导读图。要使目录真正起到导读图的作用，必须注意以下几点。

1）准确

目录必须与全文的纲目相一致，也就是说论文的标题、分标题与目录存在着一一对应的关系。

2）清楚无误

目录应逐一标注该行目录在正文中的页码，标注页码必须清楚无误。

3）完整

目录既然是论文的导读图，因而必然要求具有完整性，也就是要求文章的各项内容，都应在目录中反映出来，不得遗漏。

目录有两种基本类型：用文字表示的目录和用数码表示的目录，后者较少见。但长篇大论时，为了便于读者阅读也有采用这种方式的。

3. 学位论文的目录

学位论文的目录既是论文的提纲，也是论文组成部分的小标题。目录由章节序号、标题名称和起始页码组成。章节序号，一般是下级引用上级序号，如 2.2.5 表示第二章第 2 节第 5 小节。目录一般列到三级标题，即二级节标题（如 2.2.5）即可。

目录内容一般从第一章引言开始，目录之前的内容及目录本身不列入目录内。

学位论文的目录应包括论文中全部章节的标题及页码，具体如下所述。

（1）摘要（中、英文）。

（2）物理量名称及符号表（采用国家标准规定符号者可略去此表）。

（3）正文章节题目（要求编到第 3 级标题，即 1.1.1）。

（4）参考文献。

（5）攻读学位期间发表的与学位论文内容相关的学术论文（或取得的主要成果）。

（6）致谢。

（7）附录。

图 8-5 是某论文目录页示例。

目 录

摘要……………………………………………………II

ABSTRACT ……………………………………………… III

1 （第一章）引言（绪论） ……………………………… 1

1.1（第一节）题名……………………………………………3

1.2（第二节）题名……………………………………………4

2 （第二章）题名 ………………………………………… 5

2.1（第一节）题名……………………………………………7

2.1.1 (一)题名

2.1.2 (二)题名

2.2（第二节）题名……………………………………………10

……………

5 （第五章）结论 ………………………………………… 71

参考文献 ……………………………………………… 93

附录……………………………………………………… 96

图 8-5 某论文目录页示例

8.2 主体部分

学位论文的主体部分是论文的核心，包括绪论（引言）、第一章、第二章……第 n 章、结论。每一章应另起页，各章之间互相关联，符合逻辑顺序。论文字数：建议博士学位论文10万字左右，硕士学位论文3万字左右。在保证学位论文质量的前提下，各一级学科根据学科特点可自行规定论文字数。

8.2.1 绪论

绪论也叫序论、引言或导论，它是论文的开头部分。绪论简要说明研究的目的、范围、相关领域的前人工作和知识空白、理论基础和分析、问题的提出、研究设想、研究方法和实验设计、预期结果和意义等，应言简意赅，不要与摘要雷同，也不要成为摘要的注释。一般教科书中有的知识，在引言中不必赘述。比较短的论文可以只用小段文字起引言的效用。

绪论的作用在于：向读者展示研究的问题和研究目标，体现研究的重要性；同时，帮助读者更方便地阅读论文，了解课题的背景和意义。一般采用“漏斗式”结构展开，先介绍主题的一般知识，再转向主题特定领域的研究现状，再提出自己要解决的问题，强调问题解决方法、重要性，以及研究结论。问题必须是研究的主要问题，在论文中必须有证明的解决方法或者结论。不要把绪论或引言写成小型综述，引言中的参考文献要少，写一些特别重要的新的文献。

学位论文需要反映出作者确已掌握了坚实的基础理论和系统的专门知识，具有开阔的科学视野，对研究方案做了充分论证，因此，有关历史回顾和前人工作的综合评述以至理论分析等，可以单独成章（它可列为“第一章”，亦可不加章号），用足够的文字叙述。

1. 绪论的写法

绪论的写法主要有以下几种。

1）交代式

开头交代论文写作背景、缘由和目的意义。例如，《试论市场经济条件下的残疾人就业保障》一文的绪论：

《中华人民共和国残疾人保障法》的颁布实施，使残疾人的就业问题从根本上得到了保障。但是随着改革开放的深入，特别是在当前市场经济条件下，残疾人的劳动就业保障出现了一些新情况新问题，影响社会稳定。在市场经济条件下重视并妥善解决残疾人就业问题，对体现社会主义制度优越性，促进经济发展、社会进步和精神文明建设都有着十分重要的意义。

2）提问式

一开头就提出问题，或在简要交代写作背景之后随即提出本文所要解决的问题。例如，《国有企业人才外流的原因及对策》一文的绪论：

当今世界，商品竞争、科技竞争、国力竞争正在突破地域、意识形态的界限而日趋激烈。而在这股竞争大潮中，人才的竞争则是关键。当人们为改革开放中人才大流动的出现而欢呼时，国有企业却频频告急。人才大多是从国有企业流向非国有企业，使国有企业的不少厂长（经理）深感“留人乏术”。为什么在人才竞争中，国有企业会处于被动地位？怎样才能吸引人才？本文就此做一些探讨。

3）出示观点式

绪论开宗明义，将本文的基本观点或主要内容揭示出来。例如，《略论坚持党的领导必须改善党的领导》的绪论：

中国共产党是社会主义事业的领导核心，是社会主义现代化建设的可靠保证。坚持党对社会主义的领导，是历史做出的结论。为了坚持党的领导，党又必须加强自身建设，进一步改善党的领导。

4）提示范围式

绪论部分提示论文的论述范围。例如，《把农村党支部建设成为带领农民致富奔小康的战斗堡垒》一文的绪论：

在我国十三亿多人口中，有九亿是农民。没有九亿农民的小康，就谈不上全国的小康，而要让九亿农民都能在 21 世纪末奔上小康路，农村党支部建设是关键。本文试就在新形势下如何加强农村党支部建设问题，谈一些看法。

5）阐释概念式

绪论先释题，即阐释题目中和文中出现的基本概念。例如，《国有商业企业潜亏现象初探》的绪论：

潜亏是企业亏损在报告期已形成，而未在报表上反映的潜伏亏损额。它一般以物亏、价亏、呆账和坏账等形式潜伏于企业内部，随时都可转化为明亏潜亏，造成企业虚盈，财政虚收，资产不定，信息失真，掩盖了经营状况的真相，助长了经营的短期行为，危及企业的生存与发展；潜亏侵蚀了国有资产的完整，将不该分配的收益予以分配，形成国民收入超分配，既危害企业，又贻害国家，必须加以解决。

以上列举的是毕业论文几种常见的绪论写法，实际上远不止这些。绪论的不同写法使毕业论文呈现出百花齐放、推陈出新的风貌，避免“千人一面、千部一腔”的感觉。

2. 绪论的要求

无论采用上述哪种写法，每篇毕业论文的绪论都应当符合以下几点要求。

第一，绪论要开门见山，迅速入题。议论性文章通常要求开门见山，一开头就能让读者接触到文章的中心，了解文章的基本内容是什么，而不能“下笔千言，离题万里”，带着读者在文章中心以外绕圈子，使读者如坠入雾里云中。

第二，绪论要引人入胜，能抓住读者。开头要让读者对文章产生良好的初始印象，引发阅读的兴趣，这就要求绪论要有实质性内容和易于吸引读者的词句。

第三，绪论要简洁、有力。开头的文字不宜过长，以免显得头重脚轻，结构不匀称。一个繁杂冗长的开头，会使读者产生恶劣印象而不堪卒读。古人说："起句当如爆竹，骤响易彻。"开头要像放鞭炮，骤然而响，使人为之一震。论文开头的文字尤其要简洁、有力。

文章如何开头，是作者常常要煞费苦心的事情。写好绪论，对论文初稿的完成是关键性的一步，切不可草率从事。

8.2.2 正文

正文是一篇论文的本论，属于论文的主体，它占据论文的最大篇幅，主要包括调查对象、实验和观测方法、仪器设备、材料原料、实验和观测结果、计算方法和编程原理、数据资料、经过加工整理的图表、形成的论点和导出的结论等。论文所体现的创造性成果或新的研究结果，都将在这一部分得到充分的反映。因此，要求这一部分内容必须实事求是、客观真切、准确完备、合乎逻辑、主题明确、层次分明、简练可读。论文中引用别人的观点、结果及图表与数据必须注明出处，在参考文献中一并列出。

为了满足上面提到的一系列要求，同时也为了做到层次分明、脉络清晰，常将正文部分分成几个大的段落。这些段落即所谓逻辑段，一个逻辑段可包含几个自然段，每一逻辑段可冠以适当标题（分标题或小标题）。段落的划分，应视论文性质与内容而定。由于学术论文的选题和内容性质差别较大，其分段及写法均不能做硬性的统一规定。对于图、表的绘制，数学、物理、化学公式的使用，计量单位、符号和缩写的使用都应遵循相应的规范。

1. 正文所包括的内容

论文主体是学位论文的主要部分，内容应包括以下各方面。

不同类型或不同课题研究性质的论文，正文内容的具体要求有所不同。一般包括理论分析、计算方法、实验装置和测试方法、经过整理加工的实验结果的分析讨论、与理论计算结果的比较、本研究方法与已有研究方法的比较等。

（1）管理和人文学科的论文应包括对研究问题的论述及系统分析，比较研究，模型或方案设计，案例论证或实证分析，模型运行的结果分析或建议、改进措施等。

（2）工程硕士论文（设计）可以是一个完整的工程技术项目的设计或研究课题，可以是技术攻关、技术改造专题，或是新工艺、新设备、新材料、新产品的研制与开发，论文（设计）要有新见解或实用价值（有一定经济效益或社会效益），要能体现申请人综合运用科学理论、方法和技术手段解决工程实际问题的能力。

（3）自然科学的论文一般应包括：总体方案设计与选择论证，各部分（包括硬件与软件）的设计计算，试验方案设计的可行性、有效性及试验数据处理与分析，研究内容的理论分析等。

硕士学位论文是专门供专家审阅及供同行参考的学术著作，其正文内容必须写得简练，重点突出，不要叙述那些专业人员已熟知的常识性内容。同时应注意使论文各章之间密切联系，形成一个整体。

2. 正文的写作要领与注意事项

（1）注意观点与材料的统一，用明确的观点来统率素材。

（2）丰富的数据、图表要合理地组织，避免简单、杂乱地堆凑。

（3）论述的顺序、层次要符合思维规律，顺理成章。

（4）压缩或删除一些众所周知的议论，突出论证新发现、新观点。引导读者思考作者的结果，判断作者的论断和推理的正确性。

（5）论述自己的工作要准确和明确，忌用隐晦、模棱两可的词语，不要制造“悬念”。

（6）分析、推理、判断要注意逻辑性和科学严谨性，绝不允许出现科学概念上的错误。

（7）评价、比较前人的工作时应实事求是，不要轻率地全盘否定，谈及前人不足之处时用词应委婉。

（8）分析讨论部分不能偷工减料，要善于综合运用基础知识和先进的软件工具提高理论水平，使感性认识上升为理性知识。

3. 章节、图表等标号规则

1）章节标号

论文章节按序分层。层次以少为宜，根据实际需要选择。各层次标题可以用阿拉伯数字，也可以用汉字，用阿拉伯数字连续标号，不同层次的数字之间用小圆点“. ”相隔，末位数字后面不加点号，如“1”“1.1”“1.1.1”等；章、节编号全部顶格排，编号与标题之间空 1 个字的间隙。章的标题一般占 2 行。正文另起行，前空 2 个字符起排，回行时顶格排（图 8-6）。

1 ××××（章大标题）

　××××××××××××××××××××××××
×××××

1.1 ××××（一级节标题）

1.1.1 ××××（二级节标题）

1.1.1.1 ××××（根据需要，也可设三级节标题）

2 ××××（章大标题）

2.1 ××××（一级节标题）

2.1.1 ××××（二级节标题）

图 8-6　某论文章节标号示例

当然，也有的学位授予机构要求按照汉字进行编号，如“第一章”“第一节”等。

2）图、表等标号

论文中的图、表、附注、公式、算式等，一律用阿拉伯数字分章依序连续编码。其标注形式应便于互相区别，如图 1.1（第一章第一个图）、图 2.2（第二章第二个图）；表 3.2（第三章第二个表）等。

图表是论文写作中的重要元素，用来简明地表达主要的实验数据和结论，除了要注意严格的图表标号以外，还要注意制作的美观性。初级作者一般使用 Office 里的 Excel 来进行作图和表，要是对此还不满足可以找一些专门的工具，SPSS、SAS 都可以作图表，Graph 4.0 比较专业，对每一个细节都可以很好地控制。

3）页码、页眉编写规则

学位论文的页码，前置部分用罗马数字单独编连续码，正文和后置部分用阿拉伯数字编连续码。单面印刷时页码排在页脚居中位置，双面印刷时页码分别按左右侧排列。

页眉、页脚文字一般均采用小五号宋体（比正文字体小一号），左侧页眉为“××大学博（硕）士学位论文”，右侧为一级标题名称。

8.2.3　结论

古人云：“结句当如撞钟，清音有余。”结论在一篇论文中的地位是不可忽视的。学位论文的结论是主体部分的最后一部分内容，研究的结论需与研究目的相一致，前后呼应。正如好的开头可以吸引读者，好的结尾也可以抓住读者的注意力，甚至引发共鸣。

1. 结论的含义

对于学位论文而言，结论是学位论文的收尾部分，是学位论文最终和总体的结论，是围绕本论所做的结束语。结论是整篇论文的结局，而不是某一局部问题或某一分支问题的结论，也不是正文中各段的小结的简单重复。其基本的要点就是总结全文，加深题意。

论文的结论应包括论文的核心观点，着重阐述作者的创造性工作及所取得的研究成果在本学术领域的地位、作用和意义，交代研究工作的局限，提出未来工作的意见或建议。论文的结论部分，应反映论文中通过实验、观察研究并经过理论分析后得到的学术见解。它应当体现作者更深层的认识，并且是从全篇论文的全部材料出发，经过推理、判断、归纳等逻辑分析过程而得到的新的学术总观念、总见解。如果对论文的研究工作不能导出一定的结论，也可以没有结论，但需要进行必要的讨论。

2. 结论应包含的内容

结论必须准确、完整、明确、精练、严谨。该部分的写作内容一般应包括以下几个方面。

（1）本文研究结果说明了什么问题。

（2）对前人有关的看法做了哪些修正、补充、发展、证实或否定。

（3）本文研究的不足之处或遗留未予解决的问题，以及解决这些问题的可能的关键点和方向。

"结论"部分的写作要求是措词严谨、逻辑严密、文字具体。它常像法律条文一样，按顺序 1、2、3……列成条文；用语斩钉截铁，并且只能做一种解释，不能模棱两可、含糊其词；文字上也不应夸大，对尚不能完全肯定的内容注意留有余地。

3. 结论写作的注意事项

写好结论，应该注意以下几点。

（1）"结论"并非"摘要"，更不是详细摘要；要使结论部分真正起到收束全文的作用，不应包含不属于结论的词句。

（2）不要简单罗列成果，要突出通过研究所得到的创新性结论。同时，要严格区分自己取得的成果与导师及他人的科研工作成果。

（3）未经充分证明的设想、推测和见解不能列为结论（不应出现"可能是""似乎是"等字眼）。

（4）如无扎实的结论不要勉强杜撰凑数；但当心不要漏过一条真正的结论（否定性的、负面的结论通常也是重要结论）。

（5）对成果和科学结论的自我评价应实事求是、含蓄和留有余地。

（6）结论的语言要简洁有力，给读者留下深刻的印象。要避免两种错误：一是草草收尾，不当止而止；二是画蛇添足，当止而不止。

（7）结论中禁止出现"首次发现"、"首次提出"、"国内领先"及"填补了……领域的空白"等不应在学术论文中出现的词语。

4. 实例

为了便于 MBA 学员体会论文结论的写法，下面给出两个实例。

【实例一】　论文题目：虚拟供应链环境下的协同运作研究

论文的结论：

本论文主要研究了虚拟供应链（virtual supply chain management，VSCM）环境下的协同运作方法，对虚拟供应链环境下的协同管理系统框架、协调机制、协同计划与调度、支持协同运作的物流技术等方面进行了研究。主要结论如下：

（1）通过对虚拟供应链和虚拟供应链环境下的协同问题的研究，提出基于 Multi-agent 技术实现虚拟供应链环境下的协同管理系统框架。它分为四个层级：第一级是供应链的战略管理层，它实现的功能是从供应链的整体来考虑问题，并进行决策和管理；第二级是供应链节点代理层级，它从供应链节点企业本身利益出发，并服从第一级的任务安排，采取行动；第三级是业务操作管理层，涉及企业内部具体职能分工，它接受第二级的命令和指派；第四级就是具体任务的执行层，也是该系统中最基本的单元。虚拟供应链环境下的协调机制包括信息共享机制、任务跟踪机制、利益分配和绩效评价机制、激励机制。

（2）虚拟供应链环境下的协同计划的流程为 VSCM 的初步计划、VSCM 的粗协调计划及下一级的采购计划、生产计划、库存计划、运输计划、销售计划、利益分配等。虚拟供应链环境下的协同计划功能模型，包括技术支持、分级计划、例外情况、计划协调 Agent、协调机制。虚拟供应链环境下的任务分配方法是考虑父节点的需求与子节点的供应之间的优化分配，依照这样的优化算法，从产品顶层到底层进行的任务优化分配和协调，就可得到可行的分级供应链计划。基于交货期窗口约束的协调调度，以最小化供应链的总调度和交付成本为目标，建立基于交货期窗口约束供应商和制造商协同决策下的批量调度模型，解决虚拟供应和制造商各加工任务的加工顺序和合理的调度批量问题。

（3）支持虚拟供应链协同运作的物流管理应是多条虚拟供应链的物流作业都交由专业的物流服务商。在这种情况下，专业物流服务商既可以对多条虚拟供应链中的物流要求集中起来优化运作，又可以实现整合效应，大大提高物流运作速度，降低成本，提高物流服务的水平和柔性。虚拟供应链的物流运作模式采用物流联盟的形式，其指 3PL 提供商、管理咨询顾问、技术供应商、呼叫中心及其他物流增值服务商通过 Internet，由专门、中立的信息支持中心提供支持和服务而组建的物流动态联盟。基于 Petri 网技术，对虚拟供应链的物流网络进行优化，既可以采用数学分析，又可以通过图形形象地表示出物流的运行过程，同时可以解决系统的并行性和存取控制问题。此外，利用 Petri 网的特性，还可以检查、分析、研究虚拟供应链中物流网络的潜在问题（如瓶颈、死锁问题等）。

【实例二】　论文题目：基于绿色理念的企业技术创新战略管理研究

论文的结论：

技术创新是一个错综复杂的过程，它包括科技、组织、商业和企融等一系列活动，随着社会的进步，全球危机的爆发，人们逐步意识到传统的技术创新理论在生态方面的不足和缺陷，基于绿色理念的企业技术创新战略成为发展的一种客观必然性。

基于绿色理念的企业技术创新战略管理，涉及技术创新、绿色、绿色技术、绿色技术创新、基于绿色理念的企业技术创新战略、基于绿色理念的企业技术创新战略管理的概念，这是本文第二章的内容。

本文接着对制定基于绿色理念的企业技术创新战略的内外部环境进行定量和定性分析，也就是对企业进行 SWOT 分析，从而为制定正确的战略做必要的准备。

制定了基于绿色理念的企业技术创新战略，就要对这些可行的战略进行选择，通过对目前我国企业的现状，以及对可施行的战略（被动型战略、参与型战略、主动型战略、全面型战略）的分析，建议我国企业采用主动型战略。运用定量分析的方法，对基于绿色理念的企业技术创新的生态效益进行了评价。我们应当以能否取得好的生态效益作为进行技术创新设计的前提条件，以取得综合效益的多少作为评价技术创新是否成功的价值标准，这样才能保证技术创新活动从一开始就考虑生态因素。

在基于绿色理念的企业技术创新战略的实施过程中，针对我国企业存在的问题，提出了应从以下几个方面来加强基于绿色理念的企业技术创新战略管理的力度：实行清洁生产，建立适应市场机制运行的环境、经济、财政、税收、金融政策体系和法规体系，为企业绿色技术创新创造良好的外部环境：从法律上健全排污权交易体系；建立国民经济绿色核算系统是实现技术革新绿色化、我国走可持续发展道路的经济改良对策；实行绿色审计；构建生态伦理道德观，构建生态伦理观，除了要实现人与自然和谐相处、坚持社会公平的基本原则以外，还必须在许多生活的具体层面上构建相应的道德规范。要想提高企业的绿色技术创新能力，必须从以下几个方面入手：企业必须加大对绿色技术创新的投入，拓宽融资渠道；企业应加强创新人员及管理人员的生态环境意识和专业知识技能的培训。

综上所述，基于绿色理念的企业技术创新战略与可持续发展有着内在的紧密联系。随着人们对技术创新活动的重视，学术界对技术创新理论的不断完善，基于绿色理念企业技术创新战略在可持续发展中的作用得到越来越明显的体现。随着技术创新理论研究和实践的不断深入，我们相信，实现基于绿色理念的企业技术创新、推动可持续发展将是一项前瞻性的研究课题。

本文的不足之处：对基于绿色理念的企业技术创新的生态效益的评价模型太过简单化，在今后对其进行研究时，要构建一个比较合理而又可行的模型。对基于绿色理念的企业技术创新战略的实施对策还不太完善，在今后的研究中要加强实施对策的系统性。

8.2.4　注释

1. 注释的含义

注释，就是作者对论文中的有些字、词、句加以必要的解释和注明来源出处。显然，这与参考文献是有所不同的。当论文中的字、词或短语需要进一步加以说明，而又没有具体文献来源时，采用注释。注释一般在社会科学中用得较多。同时，应控制论文中的注释数量，不宜过多。

注释与参考文献的区别在于：注释是对论著正文中某一特定内容的进一步解释或补充说明，一般排印在该页地脚；参考文献是作者写作论著时所参考的文献书目，一般集中列于文末。

2. 注释的类别及标注方法

注释分为两类：一类是论文作者对文章中的一些字、词、句所做的解释、说明或补充，以便读者对被注释的对象有更好的理解；另一类是对引文的来源出处所做的说明，以表示对他人劳动成果的认同与尊重，增强资料的可信度，也便于读者查对原文。

注释的方式有脚注、尾注和夹注三种。

1）脚注

脚注即页下注。多见于出版之书刊，注在本页的下端是最便于阅读的。它的典型做法是，用一个数字上标来表明脚注，在整个文章中使用连续编号（或每一页重新编号），在当页底部列出文献。

正文中某句话需要具体注释时，在正文中需要注释的句子结尾处用①②③……样式的数字编排序号，以“上标”字体标示在需要注释的句子末尾。在当前页下部书写脚注内容。

常用的几种格式如下所述。

（1）期刊类：作者，篇名，期刊名，年月，期数，页码。

纪宝成,《当前高等教育发展中的五大困境》，载《中国高教研究》，2013 年第 5 期，第 6 页。

（2）著作文献类：作者，书名，出版社，年月，页码。

郭正忠,《宋代盐业经济史》，人民出版社，1990 年版，第 163 页。

（3）其他常用格式。

例如，第 1 个参考文献引用处（作者 1 等，1997；作者 2 等，2005）……第 2 个参考文献引用处（作者 3 等，1995；作者 4 等，1990）……

2）尾注

尾注即所有的注释都置于文章的结尾（距文尾 3 行），或全书结尾。文内统一编码，文末集中注释。尾注有避免编排问题的优点，这种注释方法比较规范，有“学术”意味。学位论文多用这种注释法。它的缺点是，读者必须转到文章的结尾才能找到参考文献来源。杂志编辑常常在提交的文稿中指定使用尾注而不是脚注。

尾注将所引用参考文献的编号置于所引内容最末句的右上角，用比正文小 1~2 号的字体标示。所引文献编号用阿拉伯数字置于方括号中，如“……成果[1]。”

3）夹注

夹注也叫“文中注”、“段中句”或“行中句”，就是在要注释的字、词、句后加括号，在括号中写明注文（如作者、著作或文章名称、出版事项、页码）。一篇论文的“夹注”不能太多，多了不仅会影响文章结构的美观，读者阅读起来也吃力，甚至还会产生误解，认为论文作者是用别人的观点代替自己的论证。

例如，引文可以用类似于（安德鲁和希尔德布兰德）、（安德鲁和希尔德布兰德，1982）或（安德鲁和希尔布兰德，1982，23~26 页）的方式给出。如果同一作者在同一文稿内有一个以上的引文，出版时间就可以是可有可无的。如果同一作者有一个以上同一年份的引文，那么在引文和参考文献目录里就要增加一个标识符，如（1985a）、（1985b）。当需要指明观念、思想引文的具体出处时就要增加页码数。当作者名字在文章中出现时，使用括号来注明参考资料可以从括号里省略作者名字，如“安德鲁和希尔德布兰德（1982 年）指出……”“安德鲁和希尔德布兰德（1982 年，138 页）指出……”。

8.2.5 图表及其他

1. 图

图应具有“自明性”。图包括曲线图、构造图、示意图、框图、流程图、记录图、地图、照片等，应鲜明清晰，具体要求及格式如下所述。

（1）图要有图号、图名、单位。图号和图名要居图下方的正中。

（2）图形要标明目的物的计量单位。

（3）图的资料来源要求示明“作者、来源名称、时间”，置于图下方。

（4）图与上、下正文之间应各空一行。

2. 表

表应具有“自明性”。表的编号和表题规范，并置于表上方。表题应简单明了。表的编排，一般是内容和测试项目由左至右横读，数据依序竖读。具体要求及格式如下所述。

（1）表格要有编号、表名、单位。编号和表名要居表上方正中，单位在表右上方。

（2）表格中要注明“项目”（如数据的名称、时间），表格数据所用字体一般比正文小一号，鼓励使用三线表形式。

（3）资料来源要标明“作者、资料来源名称、时间”，置于表格下方（表 8-1）。

（4）表与上、下正文之间应各空一行。

（5）如某个表需要转页接排，在随后的各页上应重复表的编号。编号后跟表题（可省略）和“（续）”，置于表上方。续表均应重复表头。

表 8-1　1995~1998 年工商银行资产负债情况（单位：亿元）

时间	1995	1996	1997	1998
总资产				
净资产				
总负债				

资料来源：中国人民银行：《1999 年年鉴》，中国统计出版社，2001 年 5 月

3. 公式

论文中的公式应另行起，并缩格书写，与周围文字留足够的空间区分开。如有两个以上的公式，应从“1”开始的阿拉伯数字进行编号，并将编号置于括号内。公式的编号右端对齐，公式与编号之间可用“…”连接。公式较多时，应分章编号。较长的公式需要转行时，应尽可能在“＝”处回行，或者在“+”“−”“×”“/”等记号处回行。

4. 引文标注

论文中引用的文献的标注方法可采用顺序编码制，也可采用著者-出版年制，但全文必须统一，如：

德国学者 N. 克罗斯研究了瑞士巴塞尔市附近侏罗山中老第三纪断裂对第三系褶皱的控制[25]；之后，他又描述了西里西亚第 3 条大型的近南北向构造带，并提出地槽是在

不均一的块体的基底上发展的思想[26]（顺序编码制）。

结构分析的子结构法最早是为解决飞机结构这类大型和复杂结构的有限元分析问题而发展起来的（Przemienicki，1968）（著者-出版年制）。

8.3 结尾部分

8.3.1 参考文献

参考文献，也就是参考书目。文后参考文献是为撰写或编辑论文和著作而引用的有关文献信息资源。对于一篇完整的论著或论文，参考文献是不可缺少的组成部分，它有利于审稿人和编辑评价论著的水平，有利于与读者形成信息资源共享；参考文献还有助于精练论著的文字篇幅，体现了科学文化的继承性和发展历史，是对他人著作权的尊重和保护。

在论文的写作过程中，撰写者大都要翻阅查看大量的有关书籍、报刊，甚至要引用或借鉴其中的某些观点、数据。为了反映论文的科学依据，尊重他人的研究成果，向读者提供有关信息，作者在论文正文结束后，一般应列出主要书刊和网页上文章的目录作为参考文献，置于正文后，并另起一页。

参考文献的著录根据中华人民共和国国家标准《文后参考文献著录规则》（GB/T 7714—2015）进行标注，在“顺序编码制”和“著者-出版年制”两种方法中任选其一，鼓励使用“顺序编码制”（按文中出现的顺序列出直接引用的主要参考文献），或遵照各学科习惯执行。

1. 参考文献著录项目

（1）主要责任者（专著作者、论文集主编、学位申报人、专利申请人、报告撰写人、期刊文章作者、析出文章作者）。多个责任者之间以“，”分隔，注意在本项数据中不得出现缩写点“.”（英文作者请将作者名写全）。主要责任者只列姓名，其后不加“著”“编”“主编”“合编”等责任说明。

（2）文献题名及版本（初版省略）。

（3）文献类型标识。

（4）出版项（出版地、出版者、出版年）。

（5）文献出处或电子文献的可获得地址。

（6）文献起止页码。

（7）文献标准编号（标准号、专利号……）。

2. 参考文献类型

根据规定，以字母方式标识的各种参考文献类型，如表 8-2 所示。

表 8-2　文献类型、标志代码和电子资源载体、标志代码

文献类型和标志代码		电子资源载体和标志代码	
文献类型	标志代码	载体类型	标志代码
普通图书	M	磁带（magnetic tape）	MT
会议录	C	磁盘（disk）	DK
汇编	G	光盘（CD-ROM）	CD
报纸	N	联机网络（online）	OL
期刊	J		
学位论文	D		
报告	R		
标准	S		
专利	P		
数据库	DB		
计算机程序	CP		
电子公告	EB		
档案	A		
舆图	CM		
数据集	DS		
其他	Z		

3. 文后参考文献表编排格式

论文中以“［参考文献］”（居中）作为标识；参考文献的序号左顶格，并用数字加方括号表示，如［1］、［2］、……，以与正文中的指示序号格式一致。

参照 ISO 690 及 ISO 690-2，每一参考文献条目的最后均以“.”结束。各类参考文献条目的编排格式及示例如下。

（1）专著、论文集、学位论文、报告。

［序号］ 主要责任者. 文献题名［文献类型标识］. 出版地：出版者，出版年. 起止页码（任选）.

［1］ 刘国钧，陈绍业，王凤翥. 图书馆目录［M］. 北京：高等教育出版社，1957. 15-18.

［2］ PRAETZELLIS A. Death by theory：a tale of mystery and archaeological theory［M/OL］. New York：Rowman & Littlefield publishing Group，lnc.，2011[2012-07-26]. http://lib.muilibrary.com/Open.aspx?id=293666.

［3］ 辛希孟. 信息技术与信息服务国际研讨会论文集：A 集［C］. 北京：中国社会科学出版社，1994.

［4］ 张筑生. 微分半动力系统的不变集［D］. 北京：北京大学数学系数学研究所，1983.

［5］ 冯西桥. 核反应堆压力管道与压力容器的 LBB 分析［R］. 北京：清华大学核能技术设计研究院，1997.

（2）期刊文章。

［序号］主要责任者. 文献题名［J］. 刊名，年，卷（期）：起止页码.

［6］ 何龄修. 读顾城《南明史》［J］. 中国史研究，1998，（3）：167-173.

［7］ 金显贺，王昌长，王忠东，等. 一种用于在线检测局部放电的数字滤波技术［J］. 清华大学学报（自然科学版），1993，33（4）：62-67.

（3）论文集中的析出文献。

［序号］ 析出文献主要责任者. 析出文献题名［A］//原文献主要责任者（任选）. 原文献题名［C］. 出版地：出版者，出版年. 析出文献起止页码.

［8］ 钟文发. 非线性规划在可燃毒物配置中的应用［A］//赵玮. 运筹学的理论与应用——中国运筹学会第五届大会论文集［C］. 西安：西安电子科技大学出版社，1996. 468-471.

（4）报纸文章。

［序号］ 主要责任者. 文献题名［N］. 报纸名，出版日期（版次）.

［9］ 谢希德. 创造学习的新思路［N］. 人民日报，1998-12-25（10）.

（5）国际、国家标准。

［序号］ 标准编号，标准名称［S］.

［10］ 全国信息与文献标准化技术委员会，文献著录：第 4 部分非书资料：GB/T 3792.4-2009. 北京：中国标准出版社，2010：3.

（6）专利。

［序号］ 专利所有者. 专利题名：专利号［P］. 出版日期.

［11］ 张凯军. 轨道火车及高速轨道火车紧急安全制动辅助装置：201220158825. 2［P］. 2012-04-05.

（7）电子资源（不包括电子专著、电子连续出版物、电子学位论文、电子专利）。

［序号］ 主要责任者. 电子文献题名［电子文献及载体类型标识］. 电子文献的出处或可获得地址，发表或更新日期/引用日期（任选）.

［12］ 王明亮. 关于中国学术期刊标准化数据库系统工程的进展［EB/OL］. http://www.cajcd.edu.cn/pub/wml.txt/980810-2.html，1998-08-16/1998-10-04.

［13］ 万锦坤. 中国大学学报论文文摘（1983-1993）. 英文版［DB/CD］. 北京：中国大百科全书出版社，1996.

（8）各种未定义类型的文献。

［序号］ 主要责任者. 文献题名［Z］. 出版地：出版者，出版年.

需要说明的是，写研究论文和综述是不同的，不需要大量的参考文献，但是参考文献也是很重要的一个部分，参考文献一定是有效发表的文献，最好发表的刊物还要有一定的权威性，否则一个名不见经传的刊物上的文章可能自己都有错误，又如何证明论文的结论呢？尽量取得一次文献，不要从别人的综述里面或者其他二次文献里面找证据。引用文献不要总是把标注放在句子结束的地方，要放在作者的观点后面，或者作者的姓名处。对于不重要的文献或者一些常用概念的引用可以不要标注，如许多杂志有参考文献个数的限制，写学位论文时也无须为了增加参考文献的数量或显示自己阅读文献的数量而把一些无关紧要的文献放到参考文献中。

8.3.2　附录

附录是指毕业论文中有些内容与正文关系密切，包括比正文更为详尽的信息、研究方法和技术更深入的叙述，对了解正文内容有用的补充信息等；而这部分内容又有相对的独立性，可是列入论文往往又会影响正文叙述的条理性和连续性，或有损于编排的条理性和逻辑性，因而将其附加在正文之后作为“附录”以帮助读者阅读，掌握正文中的有关内容。

需要作为附录编于论文后的主要有以下几个方面的内容。

（1）由于篇幅过长或取材于复制品而不便于编入正文的材料。

（2）不便于编入正文的罕见珍贵资料。

（3）对一般读者并非必要阅读，但对本专业同行有参考价值的资料。

（4）有关文章、文件、图表、公式等与论文的阅读有着密切关系的资料。

（5）放在正文中过于冗长的数学公式推导。

（6）重要的原始数据，如调查问卷等。

（7）某些结构图、统计表、计算机打印输出件等。

附录部分一般可用序号编排“附录 1”“附录 2”……或“附录 A”“附录 B”……等。附录的文字、表格、公式编排格式与正文相同。需要说明的是，附录作为主体部分的补充，并不是必需的，由作者根据自己的研究内容确定。

8.3.3　攻读学位期间的主要成果

攻读学术学位的普通研究生在攻读学位期间所取得的研究成果，主要表现在论文的写作与发表上。所以，其学位论文的后面应列出研究生在攻读学位期间发表的（含已录用待发表、已投稿或已成文打算投稿的）与学位论文内容相关的学术论文（有的学校规定以表格形式填写）。

一般情况下，可按科研成果发表时间的先后依次罗列，注明作者、文章题目、期刊名或出版单位、年月；同时可注明论文的检索类型、检索号、影响因子等。研究生主持或参与的科研项目也可在此列出。

对于 MBA 和工程硕士等专业学位的学员来说，一般不要求（也有学校要求）在学术期刊上发表论文。但专业学位论文之后同样也应列出研究生在攻读学位期间取得的主要成果。

8.3.4　致谢

在结论部分之后，可以写上几句话，向在本文的撰写过程中曾给予自己帮助的人表示谢意。内容应简洁明了、实事求是；谢辞要感情诚恳、实事求是、言语得体，切忌感情色彩浓厚和流于俗套的溢美之词。例如，“本文在写作过程中，承蒙我的导师×××教授悉心指导，并得到×××、×××等几位老师的关心和帮助，在此一并谨致谢忱”。

致谢应避免三种倾向：一是对确实给予了帮助的单位或个人，甚至用了他人的方法、思路、资料，为了抢先发表，而不公开致谢和说明；二是出于某种考虑，将应该被致谢的人放在作者的位置上，混淆了作者和被致谢者的权利和义务；三是以名人、知名专家包装自己的论文，借以抬高论文的身价，将未曾参与工作甚至未阅读过该论文的知名专家写在致谢中。

致谢对象通常包括以下几类。

（1）导师和给予指导的人。

（2）对研究提供资助的单位和个人、合作单位、资助或支持的企业。

（3）协助完成研究工作和提供便利条件的组织和个人。

（4）在研究工作中提出重要建议的人。

（5）给予转载和引用权的资料、图片、文献、研究思想和设想的所有者。

（6）做出贡献又不能成为作者的人，如提供技术帮助和给予财力、物力支持的人，阐明其支援的性质。

（7）其他需致谢者。

第 9 章　学位论文答辩与评价

学位论文的答辩与评价是研究生环节的最后一道工序，是对学位论文进行综合评价，并确定是否可以授予答辩申请人学位的阶段，同时也是检验学位论文和研究成果的重要阶段。

9.1　学位论文答辩的特点与目的

研究生学位论文通过其指导教师审核及评价后，必须进行答辩，以保证论文具有基本的学术质量，且可防止作弊现象的出现，其目的主要体现在：核查论文的真实性（毕业论文是否是自己独立完成的）；评估研究生对专业知识的掌握能力与应用能力；评估研究生的综合素质和创新能力。

9.1.1　学位论文答辩的特点

学位论文答辩是一种有组织、有准备、有计划、有鉴定性的比较正规的审查论文的重要形式，答辩委员会成员或答辩教师与撰写 MBA 毕业论文的学员面对面，由答辩教师就学位论文提出有关问题，让学生当面回答，即有“问”有“答”，还可以进行“辩”。

答辩是辩论的一种形式，辩论按进行形式不同，分为竞赛式辩论、对话式辩论和问答式辩论。答辩就是问答式辩论的简称，论文答辩有以下几个特点，具体如图 9-1 所示。

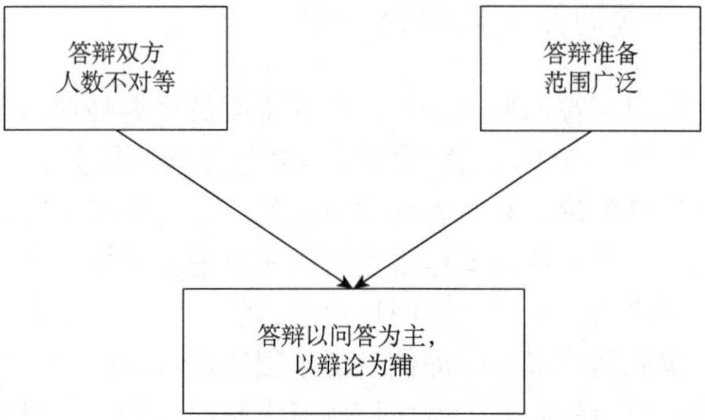

图 9-1　论文答辩的特点

1. 学位论文答辩，答辩双方具有明显的不平等性

毕业论文答辩组成的双方人数不对等，一方面，学位论文答辩委员会一般由 5 名专家组成，包括指导委员会委员 2 人、外校教授 1 人、企业高层管理人员 2 人（研究生导师最好不要参加）。论文必须提前 1~2 个月分发给答辩委员会每个成员，以便他们有足够的时间进行论文审阅，提出意见，如果有 3 位委员同意答辩，则可按原计划的时间进行；若同意者不足 3 位，答辩委员会就会通知其导师和研究生不能如期答辩的原因并提出修改意见。按照答辩委员会的意见对论文进行充分修改后，学生可重新申请答辩。另一方面，参加答辩的是撰写论文的研究生本人。答辩小组或答辩委员会始终主动提出问题、评价和审核论文，而学生始终是被评审的对象，双方的知识、阅历、资历、经验等方面都会存在差异，双方处于不平等地位。答辩结束后，答辩者和旁听人须退出，由答辩委员会民主评议该学员是否达到研究生毕业水平并是否授予其学位。

2. MBA 毕业论文学员的答辩准备范围广泛

为了顺利通过答辩，研究生在答辩前需要先做好充分的准备。然而，毕业论文答辩会上的提问题目是由参加答辩会的专家根据学位论文拟定的，答辩的题目一般有 3~5 个，并且答辩小组拟定的问题对研究生事先是保密的，在答辩会上才呈现出来。答辩专家提出问题后，一般情况下不会给学员准备的时间，须当即做出回答。因此，在举行论文答辩会前，学员就要为参加答辩会做准备，但很难抓住答辩会上提出的问题（因为事先不知道），只能就自己所写的论文及有关的问题做广泛的思考和准备，所以即使在提交了毕业论文之后，也不能有松一口气的思想，而应抓紧时间积极准备论文答辩。那么，答辩学员在答辩之前应该从哪些方面去准备呢？第一，要写好毕业论文的答辩稿，熟悉自己所写论文的全部，尤其是熟悉主体部分和结论部分的内容；第二，要了解和掌握与自己所写论文相关联的知识和材料；第三，弄清楚论文还有哪些应该涉及或解决的问题；第四，对于优秀论文的研究生来说，还要搞清楚哪些观点是继承或借鉴了他人的研究成果，哪些是自己的创新观点，这些新的观点、新见解是怎么形成的；等等。这样在答辩时就可以做到心中有数，从容作答。

3. 表达方式以问答为主，以辩论为辅

毕业论文答辩一般以问答的形式进行，由答辩委员会老师提出问题，研究生做出回答。在一问一答的过程中，有时也会出现研究生与答辩委员会的专家的观点相左的情况，这时也会而且也应该辩论。有时答辩委员会的专家对答辩人所做的回答不太满意，还会进一步提出问题，以求了解论文作者是否切实搞清和掌握了这个问题。遇到这种情况，答辩人如果有把握讲清，就可以申明理由进行答辩；如果不太有把握，可以审慎地试着回答，能回答多少就回答多少。即使讲得不很确切也不要紧，只要是同问题有所关联；如果确是自己没有搞清的问题，就应该实事求是地讲明自己对这个问题还没有搞清楚，表示今后一定认真研究这个问题，切不可强词夺理，进行狡辩。当然，所有问题都

答不上来或一问三不知就不正常了，这样学位论文答辩很难通过。但从总体上说学位论文答辩是以问答的形式为主，以不同观点的辩论为辅。

9.1.2　学位论文答辩的目的

对毕业论文进行评审和答辩，是对研究生所撰写论文的两种不同的考核方法。评审只是对论文进行单向、书面、静态的考核。举行学位论文答辩的目的是进一步审查论文，包括鉴别论文真伪、考核研究生知识运用能力、深化对研究的理解、展示学生的专业研究水平、评价学位论文成绩等方面（图 9-2），但毕业论文可能更注重实用性，所以以案例或实证研究为主，也会比较容易通过答辩，但也有一部分研究生却完成不了或完成不好毕业论文。

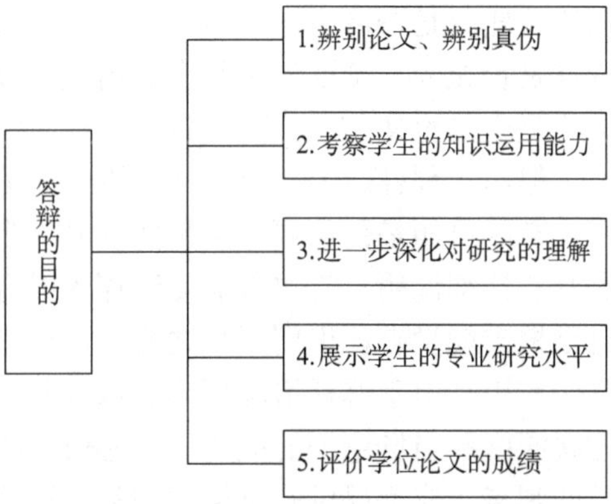

图 9-2　学位论文答辩的目的

1. 鉴别论文真伪（或是否是自己独立完成的论文）

评价学位论文的首要工作是核查论文的真实性，这是一个最起码的要求，只有在辨别了真伪的情况下，才能对学位论文做出准确、科学的评价。所谓真实性问题，也就是毕业论文是否是研究生本人独立的研究和写作成果，有没有抄袭他人的成果或有他人代作的行为，这是毕业论文能否顺利通过答辩的一个原则性问题。撰写毕业论文，要求学员在教师的指导下独立完成，但它不像考试、考查那样，在教师严格监视下完成，而是在一个较长的时间内完成，难免会有少数不自觉的研究生会投机取巧，采取各种手段作弊，也有的是研究生并非故意抄袭，往往是因为他们不了解文献哪些可以接受，哪些不可以接受。所以，答辩小组或答辩委会的专家通过论文答辩辨别论文真实性是一种有效的途径，而且在答辩会上还可以通过提问与答辩来暴露作弊者，从而保证毕业论文的整体质量。

2. 考查研究生知识运用能力

考查知识运用能力就是考查论文作者对论文研究对象所涉及的基本理论和其他相

关知识的掌握程度，从而考查学位论文作者对论题进行研究的理论准备和相关知识的掌握情况。通过论文答辩也可以看出研究生已掌握知识面的深度和广度。但是，撰写毕业论文的主要目的不是考查学员掌握知识的深广度，而是考查学员综合运用所学知识，独立地分析问题和解决问题的能力，以及培养和锻炼研究生进行科学研究的能力。研究生在写论文中所运用的知识有的已确实掌握，能融会贯通；有的可能是一知半解，并没有转化为自己的知识；还有的可能是从别人的文章中生搬硬套过来的，其基本含义都没有搞清楚。在答辩会上，答辩专家把论文中阐述不清楚、不详细、不确切、不完善等问题提出来，让作者当场做出回答，从而可以检查出作者对所论述的问题是否有深广的知识基础、创造性见解和充分扎实的理由。

3. 深化对研究的理解

通过答辩论文是否贴题（题目是否恰当）、布局篇章是否得当、运用材料是否恰到好处、论点是否准确、论据是否充分、论证是否有力等情况可以了解学员对研究的理解程度。一般来说，从学员所提交的论文中，已能大致反映出研究生对自己所写论文的认识程度和论证论题的能力。但由于种种原因，有些问题没有充分展开、细说，有的可能是限于全局结构不便展开，有的可能是受篇幅所限不能展开，有的可能认为这个问题不重要或者认为没有必要展开、详细说明，有的可能无法深入或者说不清楚而故意回避了薄弱环节，有的还可能自己根本就没有认识到不足之处，等等。通过对这些问题的提问和答辩就可以进一步弄清研究生是由于哪种情况而没有深入分析，从而了解学员对自己所写论文的认识程度、理解深度和当场论证的能力。在答辩过程中，答辩专家也会对论文中的某些问题阐述自己的观点，或者提供有价值的信息。这样，学员又可以从答辩专家那里获得新的知识。当然，如果学员的论文有独创性见解或在答辩中提供最新的材料，也会使答辩专家得到启发。

4. 论文答辩是全面展示自己专业研究水平的时刻

研究生通过学位论文答辩，可以全面系统而又有深度地展示自己对此专业研究方向的研究水平，表达自己对此专业方向的研究内容和前沿问题，同时也是一种向导师和同行专家进行的汇报表演。所以，研究生对毕业论文答辩不能敷衍了事、马虎从事，更不可轻易放弃。

5. 评价论文成绩

毕业论文在答辩以前经过学员的多次修改且经过论文导师指导，论文导师评价论文成绩，最后通过学生答辩，答辩委员会最终审核其综合成绩，做出论文成绩的最终评定。

9.2 学位论文答辩的过程与内容

9.2.1 学位论文的答辩过程

学位论文的答辩过程如图 9-3 所示。

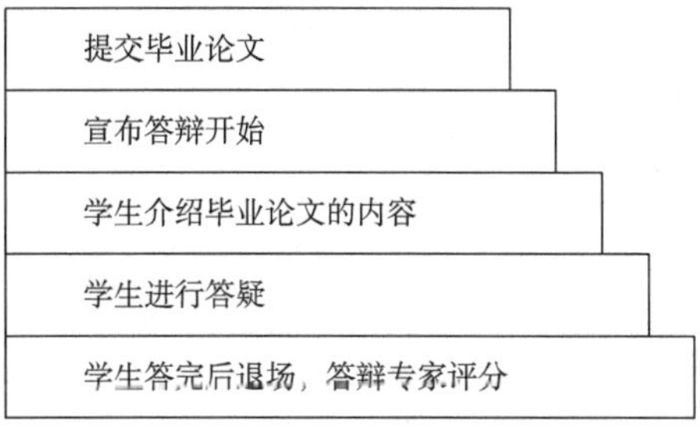

图 9-3 学位论文的答辩过程

第一，学生必须在论文答辩会举行之前 1~2 个月时间之内进行学位论文预答辩，通过预答辩的学员，将经过指导教师审定并签署过意见的毕业论文进行提交。答辩委员会的答辩专家在仔细研读毕业论文的基础上，拟出要提问的问题和评审意见，然后参加答辩。

第二，在答辩会上，答辩委员会主席或秘书进行学位论文答辩开场，答辩委员会主席介绍答辩委员会成员，然后进行正式答辩。

第三，学生汇报自己论文的简要情况，时间控制在 10~15 分钟，准备 20 页 PPT 就可以了（不同学校，要求可能不同）。答辩介绍的内容包括：学生自身的工作背景；选题的目的与实际工作的关系；较详细地介绍论文的主要论点、论据；如何应用实践；写作体会与能力的提高等。

第四，答辩专家提问题。提问内容一般包括：需要进一步说明的问题；论文所涉及的有关基本理论、知识和技能（这个 MBA 学位论文问到的很少，除非特别地牵强附会）；考察学生综合素质的有关问题；研究方案的可行性和改进建议；现实意义。

答辩提问的类型包括：对选题意义的提问；对重要观点及概念的提问；对论文新意的提问；对论文细节的提问；对论文数据来源的提问；对论文薄弱环节的提问；对建议可行性的提问；对自己所做工作的提问；对超出论文范围的提问；没有标准答案的提问。

第五，学生进行答疑。答辩专家提完问后，一般要求学生立即做出回答。可以是对话式的，也可以是答辩专家一次性提出问题，学生在听清楚记下来后，按顺序逐一做出回答。根据学生回答的具体情况，答辩专家随时可以有适当的插问。学生的答辩时间（包括答题时间）一般需要 20~30 分钟。

第六，学生逐一回答完所有问题后退场，答辩专家根据学位论文的质量和学员答辩时的表现和能力、个人见解及论文指导教师的意见，对论文做出整体评分，并填写或修正论文答辩评定及建议的分数和评语，之后，答辩委员会就是否通过答辩，给学员以肯定的答复，并向学员解释答辩后的建议及修改事项的详情。

9.2.2 学生答辩前的准备

学生要顺利通过答辩，并在答辩时真正发挥自己的水平，应充分做好准备（图 9-4）。

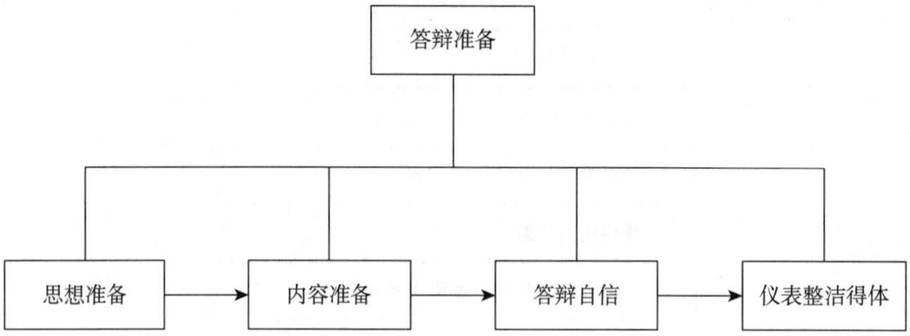

图 9-4 答辩准备

1. 思想准备

答辩是对学位论文成绩进行考核、验收的一种形式。学员要明确目的、端正态度，通过学位论文答辩这一环节，提高自己的分析能力、概括能力及表达能力。

2. 内容准备

在反复阅读、审查自己论文的基础上，编写答辩提纲报告（特别是那些临场应变能力欠缺的 MBA 学员），背熟讲稿。

3. 要以必胜的信心、饱满的热情参加答辩

树立信心，消除紧张慌乱心理很重要，因为过度的紧张会使本来可以回答出来的问题也可能答不上来。只有充满自信，沉着冷静，才会在答辩时有良好的表现，而自信心主要来自事先的充分准备。

4. 仪表整洁，穿着得体

行动要自然，姿态要端正。答辩开始时要向答辩专家问好，答辩结束时要向答辩专家道谢，体现出良好的修养。

9.2.3　答辩专家的提问内容

在 MBA 毕业论文答辩会上，答辩专家有必要讲究自己的提问方式，以便让学生的答辩水平得到充分的体现。一般来说答辩专家在提问时，首先，要贯彻先易后难的原则，这样学生就会放松紧张心理，增强答题的信心，从而有利于在接下来的几个问题的答辩中发挥出正常水平。其次，为了正确地检测学生对专业知识掌握的情况，有时需要把一个大问题分成若干个小问题，并采取逐步深入的提问方法。再次，当学生的观点与自己的观点相左时，应以温和的态度、商讨的语气与之展开讨论，即要有“长者”风度，施行善术，切忌居高临下，出言不逊。不要以“真理”的掌握者自居，轻易使用“不对”“错了”等否定的断语。要记住“是者可能非，非者可能是”，要有从善如流的胸襟。如果学生的观点言之有理，持之有据，即使与自己的观点截然对立，也应认可并乐意接受。最后，学生答不到点子上或者一时答不上来的问题，应采用启发式、引导式的提问方法。如果学生对所提的问题答不上来，答辩专家不能让学生尴尬地“呆”在那里，应当及时加以启发或引导。

根据以往的经验，结合一些学者的分析，在进行学位论文答辩时，答辩专家的提问内容一般包括以下几个方面（图 9-5）。

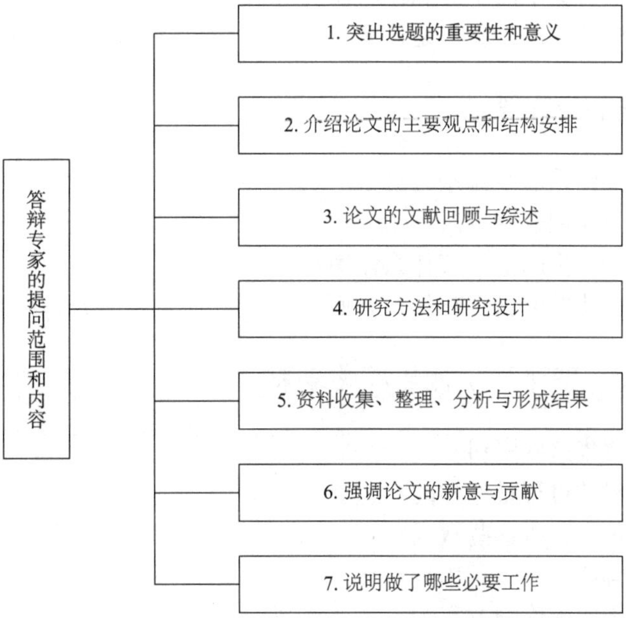

图 9-5　答辩专家的提问范围和内容

1. 突出选题的重要性和意义

（1）你为什么选这样的题目？

（2）论文研究的问题，意义何在？

（3）论文研究的背景对你的工作有什么作用？
（4）你的选题对你从事的工作有什么作用？
（5）你选这个题目对你从事的工作有何意义？

2. 介绍论文的主要观点和结构安排

（1）请介绍你的论文的主要观点。
（2）在你的论文中，最想强调和说明的是哪些观点？
（3）请你阐述论文结构，你的论文结构合理吗？如有改进，请提出你改进论文结构的设想。
（4）你的论文结构中，最重要的是哪一部分？

3. 论文的文献回顾与综述

（1）你看过哪些著作和杂志？
（2）你的论文中引用了哪些文献？
（3）这些文献你是怎样归纳的？
（4）你的文献综述的主要观点是什么？
（5）你怎样评价文献的不足和你所做的贡献？
（6）你的文献研究的创新点是什么？

4. 研究方法和研究设计

（1）你在论文中采取了哪些方法？
（2）你是如何应用这些方法的？
（3）这些方法对你的论文有什么作用？
（4）你研究方法的创新点在什么方面？

5. 资料收集、整理、分析与形成结果

（1）你怎样收集这些资料？
（2）收集资料的过程是怎样的？
（3）怎样整理和分析这些数据？
（4）形成了哪些结果，有用吗？
（5）准备怎样实施你的方案？
（6）提出了哪些有意义的策略和措施？

6. 强调论文的新意与贡献

（1）在你的论文中，提出了哪些创新性观点？
（2）在你的论文中，做了哪些理论上和实践上的贡献？

（3）在你的创新性观点中，还有哪些论据支持你的观点？
（4）你能否对你论文中的贡献的前景做一个展望？

7. 说明做了哪些必要的工作

（1）你在研究中做了哪些主要的工作？
（2）在你的后续研究中，将从哪些具体方面进入研究？
（3）在你的研究中，你的同事协助你做了哪些工作？

9.2.4　答辩应注意的问题

（1）答辩中存在的问题：准备不充分、紧张不自信、汇报不成功、答题不清楚、临场发挥不够、答题不懂装懂。

（2）怎样汇报效果好：脱稿汇报、突出重点、抓住兴趣、掌握时间。

（3）巧妙回答提问：听清问题并记下来；围绕论文回答问题，简练一点；不会回答就直截了当说不会；答辩态度要诚实、谦虚。

（4）听清问题后经过思考再回答。答辩专家在提问题时学生要集中注意力认真聆听，将问题略记在本子上，仔细推敲答辩专家所提问题的本质和核心，切忌未弄清题意就匆忙作答。如果对所提问题没有判断清楚，可以请提问专家再说一遍，免出差错。

（5）介绍内容时，应突出论文独到之处，估计专家已经知道的可加以忽略，以节约时间。不可吞吞吐吐，含糊不清。但被误解时，一定要清楚说明。

（6）当论文中的主要观点与答辩专家的观点相左时，可以与之展开辩论。一般来说，应以维护自己的观点为主，反驳对方的论点要尽可能采用委婉的语言、请教的口气，用旁说、暗说、绕着说的办法，不露痕迹地把自己的观点传输给对方。让提问专家感受到虽接受你的意见，但自己的自尊并没有受到伤害。

（7）注意礼貌和仪容仪表。在进答辩教室时，应敲门或向答辩专家示意，得到批准后方可进入教室。专家请你坐下时，应向专家道谢，稍做准备后应示意专家可以开始答辩。答辩过程中应注意专家的表情，应积极去回答有关问题，要注意坐姿及仪态，注意与专家的交流，要从容、严谨。在自述时要非常从容地讲述论文的内容，所带的资料要整齐地摆放在桌面上，不可杂乱无章，更不可空手不做准备地进行答辩，必要时，应对专家提出的问题做简要记录，以示尊重和重视。答辩结束离开时，应向专家道谢。

9.2.5　答辩的评价

参加答辩的研究生在答辩会上要完成两方面的内容：一是就自己论文的选择、实施、结果和总结完成陈述；二是就答辩专家提出的一些具体问题做出合理的回答。作为一名答辩专家，主要有两方面需要注意：一是就答辩人陈述过程做一简单评价；二是就答辩人的论文内容提出一些相关的、感兴趣的问题，具体如图 9-6 所示。

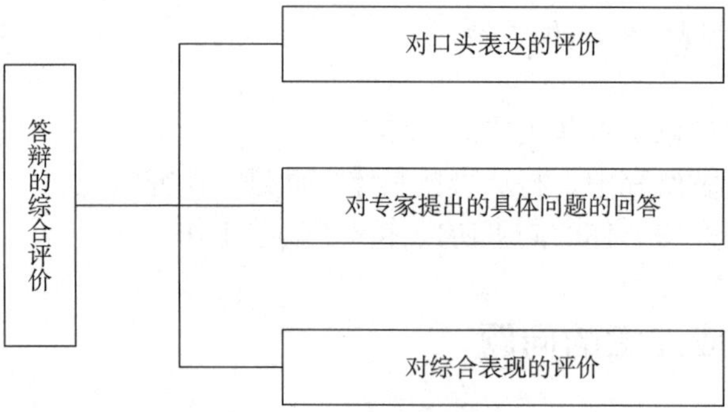

图 9-6 答辩的综合评价

第一，对学生的口头陈述做出评价：选择的论文是否具有一定的特色？研究过程是否与论文的目的相一致？研究的深度够不够？资料转化为成果时是否具有科学性？成果的表达方式是否合理？陈述是否重点突出，具有条理性？陈述能否让人比较清晰地了解学生所做的工作及学位论文研究的成果？

第二，对学位论文提出问题并对答辩学员的回答做出评价。在这里提出的问题最好是和 MBA 学位论文有关的一些问题，包括与本学科相关的问题、研究过程中的一些问题。在学生回答问题时，对其回答的问题的满意程度做出评价。

第三，综合表现评价：理论水平；提出问题、分析问题及解决问题的能力；文字和口头表达能力；沟通能力；创新能力与实际结合能力；论文有突出的创新性，或者论文成果具有高度的实际应用价值或理论研究价值等。

9.3 学位论文的评价

9.3.1 论文导师及同行专家的评审

学位论文初稿完成后，就进入导师修订和评审阶段，导师评审结束之后再由其他机构及专家对已完成的学位论文进行评审。这是学位论文进入答辩之前保证论文质量最重要的两个环节。

1. 导师评审与修订

论文初稿完成后，首先应由导师进行修订与评审。导师要对学生的学位论文在框架、主题、逻辑结构及语言表达等方面进行审核，如有问题，需要提出相关修订意见，并交由学生进一步修改。

2. 同行专家评审

为了保证研究生学位论文质量，提高论文质量监控力度，很多高校的学位论文设置了其他专家评审制度，即组织校外专家或其他非导师专家进行评审。其他专家或外审单位专家评审一般采用双盲审制度，即评审人和被评审人双向匿名的评审制度。论文双盲审提高了对学位论文的监控力度，通过盲审机制，可获得同行专家客观、公正的学位论文评价，以及建设性的修改意见，保障研究生学位论文的质量。

一般来说，导师或同行专家的评价要点如下所述。

第一，选题的前瞻性或预见性，选题的实用性或解决问题的可行性。

第二，毕业论文的中文、英文摘要与关键词。其中，摘要应提出探讨的问题，描述研究对象、研究方法和工具及论文的重点、研究结果、结论及建议等。

第三，绪论中应明确说明论文的研究背景、研究的问题、选题的原因、与实际工作的关系、研究的目的或待答问题，包括论文研究具有新颖性的观点和思路，并有重要实用价值或理论和现实意义。

第四，文献综述的基础理论准确，对文献做出系统的归纳和比较，能有效运用理论，与实际紧密结合；有一定的理论深度（可就事论理，不要就事论事）；文献评论时提出个人见解，建立研究的线索与思路。

第五，研究方法或设计应明确说明研究取样对象，详细描述论文资料收集和实施的过程及收集资料的有效性；研究方法具有科学性、先进性的特点，正确运用这些研究方法（包括统计方法、案例方法等）；建立论文的结构等。

第六，资料整理与分析。资料或数据来源可靠，有详细的基础统计调研资料；合理地将资料整理和分析，提出明确的研究方向，理论与实践相结合；形成论文的研究结果和方案，且论文具有应用价值（行业、企业或具体单位的参考价值和借鉴意义，直接或间接的经济效益和社会效益）；最好具有可操作性或可行性。

第七，结论中说明论文的研究结果、可能的创新，提出方案的具体实施或改善建议；指出论文的不足。

第八，整体内容格式与排版。论文的整体结构合理、紧扣主题、观点明确、论据充分、条理清晰、层次分明、逻辑性强；论文的文字表达流畅、准确；论文的格式规范、合理，内容完整，符合 MBA 学位论文具体要求。

第九，论文的综合能力评价。其主要包括综合运用知识能力、分析问题能力、调查研究能力等，且论文具有创新性，或者说论文成果具有实际应用价值或者理论研究价值。具体见表 9-1。

表 9-1　论文评价表

序号	评价指标	具体定义	权重	成绩
1	选题	论文题目是否紧扣主题；是否具有前瞻性；选题的实用性或解决问题的可行性	5%	
2	学位论文的中、英文摘要与关键词	摘要是否描述研究对象、方法和工具，以及重点论文的内容、研究结论和建议等简要阐述；英文翻译、关键词是否恰当、合理	10%	

续表

序号	评价指标	具体定义	权重	成绩
3	绪论	绪论中应明确说明论文的研究背景、问题、选题原因、与实际工作的关系、研究的目的，是否有新颖性的观点和思路	10%	
4	文献综述	文献综述的基础理论准确，对文献做出系统的归纳和比较；理论运用与实际结合；评论时提出个人见解或建立研究的线索与思路	10%	
5	研究方法或设计方法	方法是否明确说明研究取样对象、论文资料收集和实施的过程，以及资料的有效性；研究方法具有科学性、先进性，并正确运用研究方法	10%	
6	资料整理与分析	资料或数据来源是否可靠或基础统计调研资料是否详细；合理地将资料整理和分析，提出明确方向，形成论文的研究结果和方案；最好具有可操作性或可行性	30%	
7	结论	是否说明总结论文的研究结论、可能的创新，以及具体实施或改善建议	10%	
8	论文内容格式与排版	论文的整体结构合理、紧扣主题、论据充分、条理清晰、逻辑性强，文字表达流畅；论文的格式规范、合理，符合MBA学位论文具体要求	5%	
9	论文的综合能力	综合运用知识能力、分析问题能力、调查研究能力等，论文具有突出的创新性，成果具有实际应用价值	10%	
10	导师评语	导师可针对1~9项的“评价指标”给出有针对性、详细的专业评语	合计	

9.3.2　学位论文评价范例借鉴

根据以上评价标准和内容，本书列举余来文教授、石良平教授、晁钢令教授、唐朱昌教授、王玉教授、胡建绩教授等导师对MBA学位论文的评价，因保密的需要，做出了相应的修改和处理，具体评价如下所述。

1.《LS公司的发展战略研究》的评价

战略管理是企业管理的核心。一个好的战略，能够使一个病态企业走向健康；使一个处于彷徨的企业选择好正确的投资方向；使一个辉煌的企业走向更加辉煌。因此，战略管理理论与方法是企业高层管理人士的必备知识。在已形成的战略管理理论中，迈克尔·波特的竞争战略是战略管理的理论基础，在内外环境分析基础上的各种战略类型形成了企业战略的基本框架，而战略分析、战略制定、战略实施、战略评价又形成了制定与实施战略的基本步骤。在高级工商管理课程教育中，战略管理课程就是力图使学生能够扎实地掌握这些战略管理理论、思想、步骤、方法和分析技巧。

这篇关于LS公司发展战略的论文就是研究公司战略方面的一篇较为优秀的论文，这篇论文的优秀之处表现在以下几个方面。

第一，选题有意义。一般情况下，学生不太注重论文的选题，以为任何选题都可以进行深入分析，这是错误的。实际上，从论文选题开始就已决定了论文研究的深度。这篇论文选择了一个比较特殊的企业——血液制品企业。这类企业生产的产品具有相当的特殊性，因此对规模报酬的要求高，但我国近十年来对这类企业采取了过度竞争的市场战略，从而导致生产规模和血液的综合利用都达不到最优配置的效果。过度竞争的结果也使作为国内最大的血液制品企业的LS公司的利润明显下降，债务问题严重。针对这样一个特殊企业，以及面临着的这样一系列严峻的问题而展开战略研究是很有意义的。

第二，论文的文献归纳与综述相当出色。对文献的归纳整理，对重要文献核心思想的理解与阐述，以及将这些文献思想与自己的论文结合起来进行研究是能综合体现作者学习能力、理解能力和理论运用能力的。对于一个企业高层管理人员来说，这种能力既是基础性的，又是至关重要的。只有具有踩在巨人肩膀上的能力，才有可能有所创新。从这方面看，这篇论文对各类战略管理理论的归纳相当精致、到位，表明作者已较为全面地掌握了战略管理的理论，并且已具备了灵活运用的能力。

第三，整篇论文的行文与结构相当规范。论文遵循战略管理的基本逻辑，针对公司存在的主要问题，从战略环境分析、建立战略目标、制定战略步骤、实施战略管理、评价战略绩效等几方面展开自己的研究，在读者面前展开了一个清晰而富有逻辑的战略研究思路，使读者感觉到这是一个受过正规训练的企业高层管理人员的思想展现，同时，作者还在论文中引入了一些营销管理和生产管理的方法，使自己的观点更具说服力。

论文的不足之处在于：对战略评价部分的研究与分析过于简单；战略管理的分析方法运用还不够。

2.《SX 茶叶市场细分研究》的评价

第一，本文首先在体例上是比较规范的，对于问题的提出、研究的目的、概念的界定、研究的方法及相关文献的介绍等都表述得比较全面。而且，所引用的理论与方法在之后的具体问题分析中也得到了应用，所以在全文的结构上比较完整。

第二，本文是在对 SX 茶叶市场的全面调查的基础上，对 SX 的本地消费市场进行细分的。整个调查做得细致规范，分别从定量分析和定性分析的不同角度对 SX 茶叶消费群体的购买时间、消费习惯、购买动机、消费用途及购买偏好等进行了详尽的调查，并运用了聚类分析等统计方法对数据进行了分析，从而得出了家用茶消费市场、礼品茶消费市场、茶艺馆消费市场三个主要的茶叶消费子市场。整个分析是规范、到位的。

在调查分析和市场细分的基础上，本文还对 SX 茶叶公司的营销策略进行了设计，分别在产品品质提高、品牌延伸、商品包装、渠道选择、促销组合等方面提出了建议。其中对茶叶加工基地的建设，用联营或股份合作的形式在全国市场进行品牌拓展，进行茶叶的反季节销售，以及开设茶叶连锁专卖店等建议是较有新意并很有操作价值的。

第三，本文主要的不足之处是：由于 SX 是全国茶叶的重点产区，所以其市场肯定不能局限于本地市场，本文仅对 SX 本地市场的调查分析还不足以对企业的营销策划给予有力的支撑，应当有对 SX 茶叶全国市场和出口市场的调研与分析。此外，论文的写作应以观点为主导，各层次的标题应当直截了当地反映作者的观点，而不应当采用教材的表述方式。

3.《DY 公司员工绩效考核研究》的评价

合理的绩效考核对优化人力资源的管理与开发具有十分重要的意义。本文以此为出发点，运用标准化管理、绩效管理的基本理论，借鉴绩效管理的基本方法，从 DY 公司实际出发，以研究员工绩效考核为重点，在比较系统地剖析传统的人事考核制度弊端的基础上. 对 DY 公司的绩效考核制度进行了规划，试图探索更符合现代企业制度的科学的考核制度，表明论文作者较好地掌握了相关的基础理论，具有较强运用相关理论分析现实问题的能力。本文是一篇有较高质量的工商管理研究论文。其特点如下所述。

第一，论文选题有理论与现实意义。论文通过借鉴经典的绩效考核理念和国内外相关的考核标准，结合本单位对员工绩效考核过程中存在的主要问题，对进一步完善本单位的员工绩效考核制度进行了制度创新构想，使论文选题富有理论意义和实际应用价值，体现了论文理论与实际相结合的特点。

第二，论据充分、可靠，能较好地对相关文献和理论进行综述和归纳。通过有关文献的查阅、实地调研、访谈、案例分析等方法，掌握了比较充分的第一手资料，从中发现传统的人事考核制度的一系列弊端，并从制度设计入手，进行制度创新的探索。论文作者在资料掌握、研究方法、理论基础、分析能力诸方面都达到了较高的水平。

第三，论文重点突出，全文始终能以员工绩效考核制度设计和创新为研究重点。论文题目也能清楚表达论文的写作重点。全文结构合理、层次清晰、资料运用合理、观点明确、文笔流畅。

第四，写作规范、认真。论文的整体安排、图表的运用、注释及附录的运用等都能符合工商管理研究论文的基本要求。本文虽然致力于从制度创新角度探索员工绩效考核，但对制度创新的成本效益分析较薄弱。另外，本文对传统的人事考核弊端的原因分析不深，这也在一定程度上影响了新制度探索的深化。

4.《SJX 物资管理研究》的评价

从《SJX 物资管理研究》论文中可以看出，作者就该专题的研究进行了较深入的调查，同时作者对调查资料的处理也是合理恰当的。《SJX 物资管理研究》论文的特色表现在以下三个方面。

第一，论文研究的是一个实际存在、需要解决、具有普遍运用价值的问题，所以研究具有较高的实践价值。

第二，论文在结构设计上比较严谨。摘要部分简明扼要，清晰地介绍了论文的整体结构；文献概览部分归纳了现代物资管理理论的一些重要概念。论文的第四、五、六章应该是一个整体，其中，第四章在比较全面分析 SJX 物资管理现状的基础上，逐一对现状中出现的问题提出了解决的对策，第五章和第六章是第四章的深入，探讨了物资管理中的库存管理和物资管理流程。在第五章中，作者介绍了基本的库存管理概念，比较详细具体地分析了 SJX 在库存控制上的现状，提出了用 MRP 方法确定物资需求计划，并进一步在第六章中对 SJX 物资需求再造进行了探讨。作者根据 SJX 物资采购流程中出现的弊端，提出了采购流程再造的基本目标、适合 SJX 的供应商管理模式、物资招标采购制度、物资集中管理方式等方案。

第三，《SJX 物资管理研究》一文的欠缺之处，一是第四章中将现状分析和对策直接对应的方式，可能会造成对策的相对孤立。因为造成现状的原因往往是多方面的，直接对应现状提出对策，可能会忽视更综合和更深入的因素。二是第四、五、六章实际上是一个整体，如果在绪论中说明这一关系，会更有助于读者的理解，同时也使论文的逻辑性得到认可。

5. 《NX 公司实施 ISO9001 质量管理体系对策研究》的评价

质量管理是企业管理的重要组成部分，实施 ISO9001 质量管理体系是提高质量水平的重要工具，论文以 NX 公司为研究对象，探讨 NX 公司实施 ISO9001 质量管理体系，具有很强的实践意义。

《NX 公司实施 ISO9001 质量管理体系对策研究》一文，首先从理论上研究了质量管理的起源和发展、质量管理和 ISO 的有关理论动态，并通过质量管理有关理论的比较，阐述了自己对这些理论的理解。这为本文的研究提供了充分的理论依据。然后，论文通过对 NX 公司内外部环境的变化研究和 NX 公司质量管理的历史回顾，得出 NX 公司质量管理已进入了第四个阶段，从而提出 NX 公司必须实施 ISO9001 质量管理体系。最后，论文通过对 NX 公司质量管理状况、问题与原因的剖析，研究了 NX 公司实施 ISO9001 质量管理体系的具体对策和措施。这些具体措施具有很强的可操作性，其中论文对三个关系（质量管理与客户满意度管理、质量管理体系与生产管理体系、提高质量管理水平与提升市场竞争力）的研究，具有一定的普遍指导意义，可供实施 ISO9001 的其他企业参考和借鉴。

综观全文，结构清楚，紧扣主题，观点明确，层次清楚。能正确、清楚及合理地将资料交代、整理和分析，懂得将管理理论和工作实践相结合。

本文的不足之处，正如作者所讲的那样，没能“使质量管理起到有效支持企业战略目标实施的作用”。但是这里要注意，这一不足的造成不仅仅是作者所认为的“资料收集的局限性、研究时间问题”，还在于本文作者在研究中仅从职能管理层面去研究质量管理体系问题，把该工作仅仅看成改进日常管理的一种手段，停留于“我要搞”与“要我搞”的思考层面上，未能从战略管理层面去分析和研究影响 NX 公司质量管理水平的关键因素，从而就无法围绕这些深层次的关键问题去研究提高质量管理水平的方法。

9.3.3　学位论文评阅书

以下为云南大学硕士学位论文的评阅书格式。

材料之二（一式两份）

雲南大學

硕士学位（毕业）论文评阅书

学 院（研究院）________________

专　　　　　业________________

研　究　方　向________________

研　　究　　生________________

指　导　教　师________________

评　　阅　　人________________

云南大学研究生院　制表

年　　月　　日

填　表　说　明

一、请用黑色钢笔或碳素笔认真填写，**不要使用纯蓝色钢笔或圆珠笔填写**，可以下载表格电子文档填写后打印，但不能以打印后纸质粘贴的方式填写。如不够填写，可另附页。

二、本表从云南大学研究生院网站（http://www.grs.ynu.edu.cn）下载，并以 A4 纸双面打印装订。

三、评阅时，请参考下列几个方面：

1. 研究成果的理论意义和实践价值。

2. 论据是否充分、可靠。

3. 掌握基础理论、专门知识、研究方法和技能的水平。

4. 写作的逻辑性、技巧及其他优缺点。

研究生姓名		所学专业	
论文题目：			
学术评语：（一）包括选题意义，文献资料的掌握，所用资料、实验结果和计算数据的可靠性，论文创新之处，写作规范和逻辑性等。			

（二）明确指出论文中存在的问题和不足之处：			
论文是否达到硕士学位学术水平		是□　否□	
是否同意参加论文答辩		同意□　修改后答辩□　不同意□	
评阅人工作单位		职称	
评阅人（请用正楷签名）： 年　月　日			

注：1. “论文是否达到硕士学位学术水平”栏如果选“否”，“是否同意参加论文答辩”则只能选“不同意”；2. 不够填写，可另附页。

第 10 章　MBA 学位论文体裁与写作技巧

学术性学位论文是表明作者从事科学研究取得创造性结果或有了新的见解，并以此为内容撰写而成的学术论文。这类普通研究生的学位论文展示了研究生在科学研究工作中取得的成果并全面反映了研究生对本学科基础理论和专业知识的掌握程度，是申请和授予相应学位的基本依据。

专业学位论文是特殊研究生申请和授予相应学位的基本依据。MBA 是专业学位的一种，其学位论文必须体现出 MBA 的特点，其论文形式可以是专题研究报告、调查研究报告、企业诊断报告、案例分析或商业计划书等。其中，专题研究报告同常规的学术性学位论文，此章节不再重复讲述，重点对其他几种不同于学术性学位论文的体裁形式进行重点论述。

10.1　调查研究报告

调查研究报告是运用科学的调查研究方法，对相关部门或单位的现实管理问题进行深入、系统的调查研究，应用管理理论与方法对相关数据、资料进行科学分析，从而总结归纳、推论出正确的结论。

为保证调查研究报告型论文的质量和应有的水平，学员在撰写时必须注意下列要求。

（1）选题具有理论和实际意义。

（2）方法科学且有先进性。

（3）调查工作由作者本人完成，且调查工作量较大。

（4）数据、资料处理工作由作者本人完成。

（5）调查研究结论正确且具有一定范围和一定程度的普遍意义。

（6）调查研究报告由作者撰写，必要的第一手调查资料应作为附录与调查研究报告一起提交评审与答辩。

10.1.1　调查研究报告型论文的一般结构

（1）摘要（中、英文）。

（2）目录。
（3）绪论。
（4）正文。
（5）结论。
（6）参考文献。
（7）攻读硕士学位期间发表的论文和取得的工作业绩（可选项）。
（8）致谢。
（9）个人简历。
（10）附录（可选项）。

10.1.2　调查研究报告型论文的写作要求

调查研究报告应注重数据资料的翔实性和可靠性，说明调查对象的典型性和在多大程度上调查报告有普遍意义。调查研究报告中引用的事例、数据应有调查期间的手稿笔记备查。

（1）论文的绪论应介绍论文的背景、意义，只说明论文调查对象的典型性、普遍意义和论文内容的前瞻性。

（2）论文的正文是对所调查问题展开和分析的过程，要通过典型事例对问题的各个层次、各个侧面进行剖析。文中的数据必须真实全面，所采用的调查方法必须注意科学性、先进性。正文部分直接综合运用学到的理论、方法、工具，通过翔实的资料数据揭示问题的本质，找出深层次原因，有针对性地提出建议措施。

（3）结论部分应概括调查和研究工作得出有意义的观点、思想和建议。

（4）论文全文字数一般在 2 万~3 万字。

10.1.3　对调查研究报告型论文的开题报告的指导要求

（1）明确调查研究的题目，该题目必须具有一定的理论和实际意义。
（2）确定调查单位，该调查单位必须有一定的规模。
（3）明确调查方法及获取数据资料的方法。
（4）阅读与调查研究有关的国内外主要资料。
（5）制订明确的调查研究工作计划。
（6）写出 3 000 字的开题报告。

10.2　企业诊断报告

“企业诊断”是指由具有丰富经营管理知识和经验的专家，深入企业现场与企业管理人员密切配合，运用各种科学的方法，找出经营管理上存在的主要问题，进行定量或确有论据的定性分析，查明产生问题的原因，提出切实可行的改善方案，进而指导实施改善方案、提高企业素质、增强企业活力、谋求企业建康发展的一种改善经营管理的活动。

学生所做的企业诊断报告，则是运用管理理论及方法，在对企业或行业调查分析的基础上，找出被诊断的企业在经营管理中存在的一个或几个问题，进行定量或定性分析，找出产生问题的原因，提出具体的改善方案。

为保证企业诊断型论文的质量和应有的水平，学员在撰写时必须注意下列要求。

（1）所完成的企业诊断报告必须具有一定的典型性和代表性，所反映的是当前某领域的重要问题。

（2）企业诊断报告必须真实可靠，不允许虚构企业或杜撰其经营状况。

（3）报告应反映对企业进行调查、对调查资料进行分析、提出解决问题的措施或方案等全部工作。

（4）应符合企业诊断报告的规范要求。

（5）企业诊断报告提交答辩前，应在所诊断企业举行诊断报告会，并由企业出具书面评价意见。

10.2.1　企业诊断报告型论文的一般结构

（1）摘要（中、英文）。

（2）目录。

（3）绪论。

（4）正文。

（5）结论。

（6）参考文献。

（7）攻读硕士学位期间发表的论文和取得的工作业绩（可选项）。

（8）致谢。

（9）个人简历。

（10）附录（可选项）。

10.2.2　企业诊断报告型论文的写作要求

企业诊断报告型论文应具有一定的代表性，所反映的应是当前某个领域的重要问题，对该行业企业或相关企业具有一定的参考价值。

（1）企业诊断报告型论文的绪论应介绍论文写作的背景、意义，应说明论文内容的典型性、前瞻性、新颖性和重要性。

（2）诊断报告正文部分应介绍被诊断企业的基本情况，诊断类型和范围，并综合运用所学的理论、方法、工具进行剖析，提出诊断意见、改进方案和措施等。

（3）如果确有保密的必要，在论文中可对诊断对象的有关资料（如企业名称、有关人物姓名、有关数据等）进行适当的处理。

（4）诊断报告的结构严谨、语言流畅，具有可读性，字数一般为 2 万~3 万字。

10.2.3　对企业诊断报告型论文的开题报告的指导要求

（1）选定所诊断的企业，并取得对方的同意和支持。
（2）所诊断的企业必须有一定的典型性和代表性，具有一定的规模。
（3）诊断的课题必须具有某一领域的理论和实际意义。
（4）明确企业诊断方法。
（5）阅读与本企业的诊断有关的文献资料。
（6）制订可行的工作计划。
（7）写出 3 000 字的开题报告。

10.3　案 例 分 析

工商管理案例是对某一特定工商管理情景的客观描述或介绍其主题对应于某种具体的管理理论。采用工商管理案例教学的主要目的在于培养学生独立的分析判断能力，是工商管理教学中独特而有效的手段。在教学效果上，根据联合国教科文组织的调查，“案例法被列为诸法之冠”，已经被世界各国工商管理教育界普遍采用，美国的哈佛大学在这方面最为突出。

相当多的 MBA 学生在入学前已经是所在单位或企业的管理者，在实际工商管理工作中有许多成熟的经验或教训，有些目前仍面临着一些重大的疑难问题。因此，以案例形式将其宝贵的经验和教训总结出来，或将其所面临的问题暴露出来，结合所学 MBA 课程，组织 MBA 学生进行讨论或咨询，无论是对案例编写者本人，还是对 MBA 学生及所涉及的企业，都具有十分重大的意义。

因此，MBA 教育鼓励 MBA 学生撰写高质量案例型的学位论文。

10.3.1　案例型论文的一般结构

（1）摘要（中、英文）。
（2）目录。
（3）案例正文。
（4）案例讨论题（可选项）。
（5）案例分析。
（6）案例使用说明（可选项）。
（7）参考文献。

（8）攻读硕士学位期间发表的论文和取得的工作业绩（可选项）。
（9）致谢。
（10）个人简历。
（11）附录（可选项）。

10.3.2　案例型论文的写作要求

案例型学位论文必须具有一定的典型性、代表性和实用性，并取得模拟单位的同意。所选材料的内容必须真实，能体现现代管理理论与方法在实际中的应用，反映当前某个领域的主要问题，是具有一定理论和现实意义的典型事件。

案例一般包括案例正文（主体）与案例分析两大部分。案例正文是对案例人、地、时、事等基本事实的真实、生动、客观而完整的描述。案例分析则是通过综合运用学到的理论和方法，针对案例正文进行全面、系统、深入细致的分析，揭示问题的本质，找出深层次原因，进而得出值得借鉴、教育意义深远的结论。

在撰写管理案例的过程中常常会发现前期调研不充分的情况，进行补充调研有时是非常必要的。

1. 案例的标题应含蓄、客观、具有新意

案例的标题应注意避免加入作者的主观倾向，也应避免带有不必要的感情色彩。

2. 案例正文是案例的主体部分，应介绍案例的人物、组织及事件的经过

可按事情发展的逻辑顺序组织案例的主要内容，尽量加入一些数字和图表，以加深读者对案例的理解。

（1）在案例正文写作中，要做到全面、周密、客观，避免加入作者的主观分析评价。同时，要注重情节的真实感和生动性。
（2）案例正文中涉及的组织、人物等，可以做适当处理。
（3）案例正文中的内容可根据编写需要进行适当标注。

3. 案例分析报告是对案例正文的全面、系统、深入的分析

（1）分析报告的内容必须针对案例正文。案例正文中的重要信息与内容应在分析报告中得到全面体现；案例分析报告中用到的素材应是案例正文所提供的。
（2）对案例中某些有价值的问题可做适当的引申与探讨，但所做的引申与探讨必须与正文相关。

4. 案例讨论题是为案例的教学与研究提供的参考内容

在案例中列出案例讨论题时，须结合案例的主要问题进行设定。

5. 案例使用说明是为教学中使用本案例提供的参考内容

案例使用说明是教学案例的重要组成部分，主要包括：适用的课程及潜在用途、教学内容、建议向学生布置的任务与时间安排、教学思路（可能的课堂讨论题、主要问题的分析思路、建议的附加读物或参考书、建议的教学方式等）及案例所涉及事件的后续发展等内容。为了取得更直观的教学效果，还可以做一些能与案例一起使用的电影、录像带、幻灯片、剪报、样品和其他材料。

6. 附录

若想更好把握案例，但又限于篇幅较长，将附录放在案例正文不利于读者对案例的整体把握，可以放在案例正文后面作为补充。

7. 全文字数一般应在 2 万~3 万

其中案例正文和案例分析报告均需 1 万字左右。

参 考 文 献

陈国海. 2009. 商科学位论文写作与研究方法. 北京：清华大学出版社.

陈维政，张丽华. 2008. 中国 MBA 论文选（第三辑）. 大连：大连理工大学版社.

陈又星，徐辉，吴金椿. 2003. 管理科学研究方法：数据・模型・决策. 上海：同济大学出版社.

风笑天. 2003. 社会研究方法. 4 版. 北京：中国人民大学出版社.

侯先荣，曹建新. 2006. MBA 学位论文写作指南. 广州：华南理工大学出版社.

黄晓治，孔庆民. 2014. 管理学的实证研究方法入门. 北京：机械工业出版社.

黄津孚. 2000. 学位论文写作与研究方法. 北京：经济科学出版社.

李怀祖. 2004. 管理研究方法论. 2 版. 西安：西安交通大学出版社.

李孟楼. 2009. 科学研究方法. 北京：中国农业出版社.

林作新. 2009. 研究方法. 北京：中国林业出版社.

林毅夫. 2005. 论经济学方法. 北京：北京大学出版社.

刘顺忠. 2012. 管理科学研究方法. 武汉：武汉大学出版社.

刘军. 2008. 管理研究方法：原理与应用. 北京：中国人民大学出版社.

马庆国. 2004. 管理科学研究方法与研究生学位的评判参考标准. 管理世界，（12）：99-108.

欧阳桃花. 2004. 试论工商管理学科的案例研究方法. 南开管理评论，7（2）：100-105.

彭金玉，肖蔚，吴湘萍. 2006. 浅议高校硕、博士学位论文提交中的实际问题及解决办法. 农业图书情报学刊，18（10）：129-130.

赛卡瑞安 U. 2005. 企业研究方法. 4 版. 祝道松，林家五译. 北京：清华大学出版社.

孙国强. 2010. 管理研究方法. 上海：格致出版社.

韦里克 H，坎尼斯 M V，孔茨 H. 2015. 管理学——全球化、创新与创业视角. 14 版. 马春光译. 北京：经济科学出版社.

卫海英，刘红艳，杨德锋. 2012. 管理研究方法. 北京：中国统计出版社.

闻邦椿，闻国椿. 2014. 学位论文撰写方法学：怎样写好硕士和博士论文. 北京：高等教育出版社.

吴明隆. 2017. 结构方程模型：AMOS 的操作与应用. 2 版. 重庆：重庆大学出版社.

西宝，马永驰. 2008. 管理科学研究方法. 北京：高等教育出版社.

席酉民. 1996. 管理与管理研究. 中国科学基金，（4）：297-303.

肖东发，李武. 2009. 学术论文写作与学术规范. 北京：北京大学出版社.

余菁. 2004. 案例研究与案例研究方法. 经济管理，（20）：24-29.

余来文. 2014. MBA 论文写作与研究方法. 北京：经济管理出版社.

于丹，赵丽洲. 2014. 管理科学研究方法. 北京：清华大学出版社.

于志刚. 2013. 学位论文写作指导：选题·结构·技巧·示范. 北京：中国法制出版社.

杨杜. 2013. 管理学研究方法. 2 版. 大连：东北财经大学出版社.

阎海峰，关涛，杜伟宇. 2008. 管理学研究方法. 上海：华东理工大学出版社.

张积玉. 2001. 学术规范体系论略. 文史哲，（1）：80-85.

张文彤. 2017. SPSS 统计分析基础教程. 3 版. 北京：高等教育出版社.

Colin F，John B，Diannah L，et al. 2005. 博士、硕士研究生毕业论文研究与写作. 徐海乐，钱萌译. 北京：经济管理出版社.

DOW S C. 2002. Economic Methodology. Oxford：Oxford University Press.

Kerlinger F N. 1986. Foundations of Behavioral Research. New York：Holt, Rinehart and Winston.

King A W，Fowler S W，Zeithaml C P. Managing organizational competencies for competitive advantage：the middle-management edge. The Academy of Management Executive，2001，15（2）：95-106.

Neuman W L. 1994. Social Research Methods：Qualitative and Quantitative Approaches. Boston：Allyn & Bacon.

LeCompte M，Preissle J. 1993. The role of theory in the research process//Anderson R E, Leslie L L, Breneman D. ASHE Reader on Finance in Higher Education. New York, London：Ginn & Company.

Leedy P D，Ormrod J E. 1993. Practical Research：Planning and Design. New York：Pearson.

Lundberg G A. 1942. Social research：a study in methods of gathering data. American Journal of Sociology，12（6）：315-318.

Royer I，Zarlowski P. 2001. Research design//Thietart R A. Doing Management Research：A Comprehensive Guide. Thousand Oaks：Sage Publications.

Sekaran U. 2003. Research Methods for Business：A Skill Building Approach. Hoboken：John Wiley & Sons.

Stake R E. 1995. The Art of Case Study Research Methods. Thousand Oaks：Sage Publications.

后　记

在给工商管理类的学术型、专业型研究生上课的过程中，我发现许多研究生在管理研究方法的运用方面很欠缺，论文写作的规范性也有待提高，科学研究的不规范性一定程度上影响了学位论文的质量。鉴于自身的授课体会及研究生指导工作的需要，在多年授课的基础上，整理课件及日常科研工作所积累的素材，逐步编撰形成初步书稿。

本书是在“云南大学研究生优质课程建设项目——管理学研究理论与方法（C176230200）”基础上整理和提炼，并经过反复研读、论证来修改和完善。作为课题组集体劳动的成果，本书也凝聚了课题组邵慧敏、秦超、赵德森、陈军、何梦丹等成员的辛勤汗水。

本书在定稿及出版过程中得到了云南大学研究生院的大力支持；同时，也得到了云南大学工商管理与旅游学院吕宛青教授、田卫民教授、姚建文教授、陶小龙副教授等领导和同事们的支持与帮助。在本书即将付梓之际，编者一并表示衷心的感谢。

本书只是一个教学和科研工作的初步成果，学术研究永无止境，书中的不足之处在所难免，恳请读者批评指正。

秦德智

2018年11月于云南大学东陆园